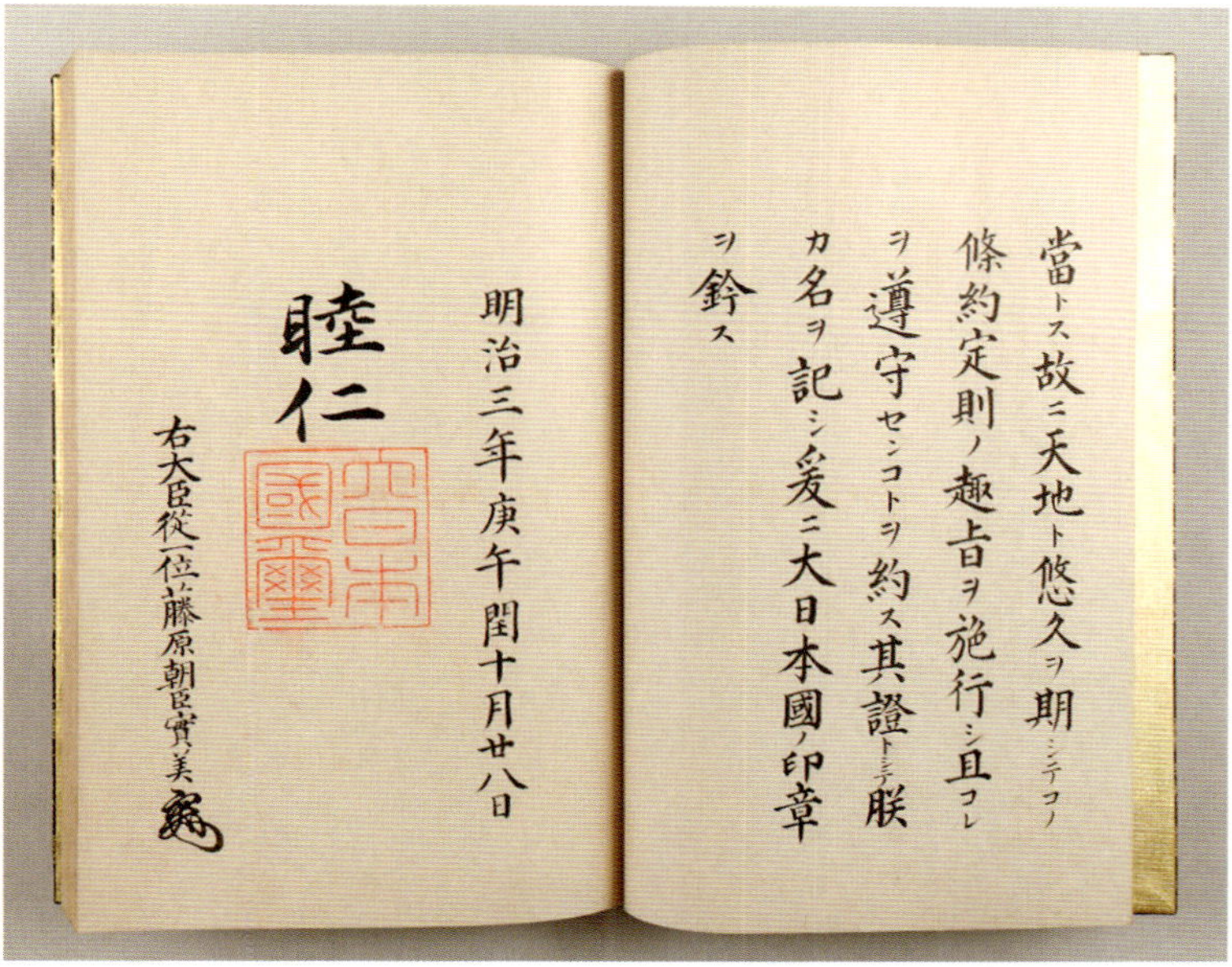

大日本国瑞典国条約書 批准書◉日本側
外務省外交史料館所蔵

同 批准書◉スウェーデン側
外務省外交史料館所蔵

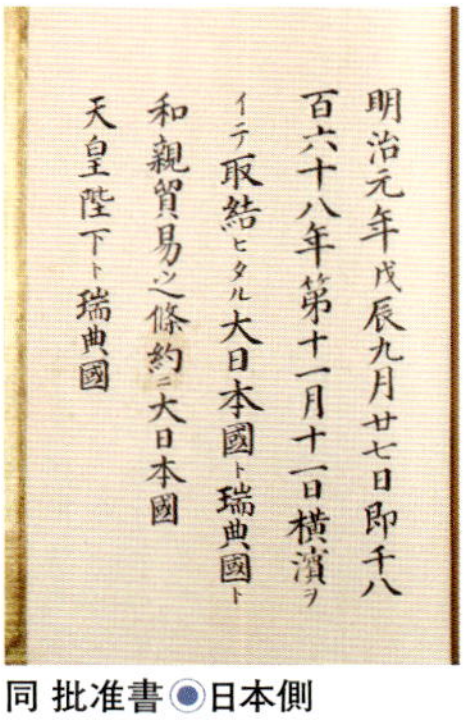

同 批准書◉日本側
外務省外交史料館所蔵

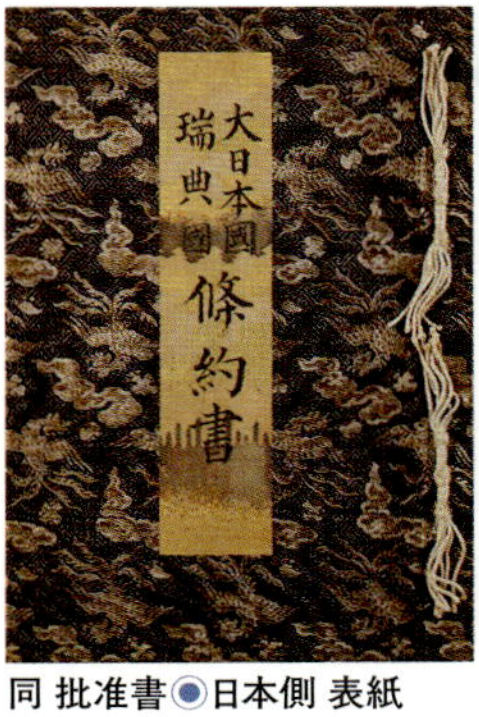

同 批准書◉日本側 表紙
外務省外交史料館所蔵

岡澤憲芙――【監修】
日瑞150年委員会――【編】

日本・スウェーデン交流150年

足跡と今、そしてこれから

彩流社

はじめに

日本とスウェーデンの外交関係が正式に結ばれたのは一八六八年。日本が開国し明治時代を迎え、近代化の道を歩み始めた際、いち早く友好関係を築いた国のひとつがスウェーデンでした。それから一五〇年の年月を重ねる中、日本とスウェーデンはビジネス、貿易、科学技術、イノベーションや学術、文化など幅広い分野で交流を深めてきました。現在では、民主主義、人権、法の支配といった基本的価値や原則を共有する、互いに多くを学びまた協力し合える素晴らしいパートナーとなっています。

現在の日本とスウェーデンの友好関係を語る上で欠かせないのは、両国の皇室・王室の方々による親密な交流の歴史です。カール一六世グスタフ国王陛下は、二度の国賓としての御訪日に加え、王立工学アカデミー科学技術代表団の御引率や世界スカウト財団関連会合への御出席などのため、これまで日本を十数回にわたり御訪問されています。二〇一七年には、国際連合の持続可能な開発目標（SDGs）普及の役割も担っておられるヴィクトリア皇太子殿下が、環境や持続可能な開発に関する御講演やそれに関連した御視察のために御訪問されました。日本からは、皇太子殿下であられた時代も含め、天皇陛下がスウェーデンを四回御訪問されています。二〇一〇年のヴィクトリア皇太子殿下の御結婚式には、日本から皇太子殿下が御出席になりました。このように、両国の皇族・王族がお互いの国を御訪問になり親密な御関係を培ってこられたことは、現在の良好な二国間関係の重要な礎となっています。

日本とスウェーデンの交流の始まりは、外交関係開設以前に遡ります。鎖国時代の日本に西洋の知見を伝えた一人は、スウェーデン出身の植物学者・医師であるカール・ペーテル・トゥンベリでした。トゥンベリは、オランダ商館付医師として一七七五年から七六年にかけ日本に滞在し、日本における植物学や医学の発展に大いに寄与しました。当時の江戸で出会った蘭学者との交流は、トゥンベリの帰国後も続きました。トゥンベリが師事したのは植物学者として有名なカール・フォン・リンネですが、二〇〇七年、リンネの生誕三百周年の折には、祝賀行事御参加のため天皇皇后両陛下がスウェーデンを御訪問されています。

近年、日本人による自然科学分野のノーベル賞の受賞が相次いでいます。また、本年三月には、日本で三度目となる、複数のノーベル賞受賞者をパネリストにした「ノーベル・プライズ・ダイアログ」が成功裡に開催されました。これは、日本とスウェーデン両国共に、科学技術の重要性を深く認識し、それを大事にする文化が長年根付いてきたことの成果であると言えます。トゥンベリの時代に端を発する科学技術分野での交流は現在に至るまで時空を越えて連綿と続いており、大変喜ばしいことです。

政治分野においても、多くの閣僚や国会議員が双方向に訪問を重ねています。これは両国が互いに学びあうことが多い重要なパートナーであることを示しています。二〇一七年七月には、安倍総理大臣が現職の総理大臣として一一年ぶりにスウェーデンを訪問しました。ロヴェーン首相との首脳会談では、幅広い分野で両国の協力関係を一層発展させることで一致し、大変実り多い訪問となりました。この会談で言及されたワーキング・ホリデー制度に関する協定や日本スウェーデン社会保障協定については、現在両国政府間で交渉が進められています。これらが締結されれば、二国間の人的交流や経済交流の更なる促進が期待されます。

また経済分野において、近年スウェーデン企業が日本で大きな成功を収めている一方、スウェーデン各地に展開する日本企業もさまざまな分野で大いに活躍しています。これは、日本の高い技術力や信頼性がスウェーデンにおいて広く評価されていることの証と言えます。二〇一七年一二月には、日EU経済連携協定の交渉が妥結しましたが、この協定が発効すれば、自由貿易の重要性につき認識を共有する日本とスウェーデン両国の間で、経済・貿易関係の更なる発展が期待されます。

これまで多岐にわたる分野で良好な関係を築いてきた日本とスウェーデン。その外交関係樹立一五〇周年という歴史的な年を、駐スウェーデン日本国大使として迎えることができ、大きな喜びを感じます。日本国大使として、微力ながら両国間の友好関係の更なる発展に貢献できれば、これほどの幸せはありません。この記念すべき年において、多くの分野で相互理解が促進され、両国の緊密な関係の幅が広がりかつ深化することを確信しています。

一五〇周年を記念して企画された本書が、より多くの方々に日本・スウェーデン関係に関心を持って頂く契機となり、また、この分野に既に関与されている方々にとっても知識を一層深めるものとなることを願って止みません。

駐スウェーデン王国日本国特命全権大使
山崎　純

目次

日本・スウェーデン交流一五〇年　資料篇

第二部　スウェーデンのこれまでと今

序章　スウェーデンと日本の一五〇年

岡澤　憲芙

一．ヨーロッパとの遭遇

日欧間交流の歴史は古くない。国家レベルでの企図としては、一八七一年から約二年かけて欧米一二か国を情報収集した岩倉使節団。近代国家への方策を探る国家プロジェクトであった。「富国強兵」「殖産興業」「文明開化」という近代化スローガンが策定された。それ以前にも、時には活発な、時には不作為の結果として、交流活動がサブシステムのレベルで実行されていた。まったくの偶然の出来事がドアを開くことになった事例もある。

はやくも一五四三年、時は戦国時代。シャムからポルトガル人を乗せた中国船が暴風雨に遭い、種子島に漂流した。最初の来訪ヨーロッパ人となった。鉄砲が伝えられ、戦闘方法に革命的な技術革新が発生した。ヨーロッパからの最初のドアノックは偶然の産物であった。だが、持ち込まれた鉄砲が戦術を変え、天下統一への歯車の速度に弾みをつけた。

一五四九年、イエズス会の宣教師フランシスコ・ザビエルが鹿児島に到着した。一五八二年二月二〇日にはキリシタン大名の大友宗麟、大村純忠および有馬晴信の名代で、天正遣欧使節として四人の少年たちが、ローマ教皇のもとへと長崎を出帆した。彼らは一二歳から一四歳の少年であった。喜望峰を回ってローマへたどり着くのに三年かかった。ヨーロッパへ向けた最初の情報発信であった。帰国後の政治状況は、キリスト教禁止・鎖国令であった。そのため、貴重な持ち帰り品も記録も残されなかった。その時描かれた伊東マンショの修復画を二〇一七年に上野の国立博物館で見たが、旅の途中やローマの生活について詳細な日記か記録が残っていたらと残念に思った。母国へ持ち込まれなかったが、行き先で残された記録もある。伊東マンショの肖像画も出先で描いてもらったからこそ残っている。

一六一三年には、伊達正宗の命を受けて、支倉常長ら慶長遣欧使節団がメキシコ経由で、スペイン、ローマを目指した。その壮大な事業は、発想という点で画期的であった。逆サイドからまず、太平洋を渡り、アメリカ大陸を経由してヨーロッパ大陸を目指し、往復するという航路図は、スケールの大きさで圧倒的である。当時の造船技術と航海術から考えても、前例のないような壮途であった。七年後の一六二〇年に帰国した。残念ながら、この航海についても記録がない。記録があったという記録はあるが、記録そのものは残っていない。ローマでの肖像画は残っていても、持ち帰られた文章記録がほとんど残っていない。帰国後の政治状況は、残っていた記録・文物も破棄・処分の対象にしたのであろう。支倉常長ほどの人物である、回顧録を縦横に書き、それを残せる自由があった時代なら、多くの貴重な情報を残せただろう。スウェーデンは一七六六年に世界に先駆けて出版の自由法を制定した国であり、この二〇〇年間戦争を回避した国でもあるので、やたら古い文書・古書が残っている。この点では激しく対照的である。

交流史は一度ここでフォーマルな終止符を打つことになった。その後、幕末期に渡航熱や留学意欲が高揚する。ジョン万次郎や大黒屋光太夫のような、偶然の難破がヨーロッパ・アメリカとの遭遇に繋がった例もあるし、密航というスタイルも多くあった。

第一次鎖国令が発布され（一六三三年）、鎖国体制が完成したのが一六四一年。それ以来、約二世紀半の間、ヨーロッパからはオランダ人だけが渡来できる時代となった。だが、その時代にも、カール・ペーテル・トゥンベリ（Carl Peter Thunberg, 一七四三年～一八二八年）やケンペルやシーボルトのようにオランダ以外から来訪した人たちがいた。学術的好奇心やビジネス・マインドは、ルールだけでは簡単に抑えきれなかった。

二　閉じられた国と周辺の国――スウェーデンとの出会い

（一）鎖国政策

一七世紀初頭、江戸幕府は、キリスト教を禁止し、外国貿易をオランダ・中国に限定し、日本人の海外渡航と帰国を禁止した。そして一六三九年にポルトガル船の来航を禁じた。そして一六四一年には、オランダ商館を人工の島・出島に移し、江戸幕府が管理貿易を行うことになった。ここで、鎖国が完成したと言われている。

少し詳しく説明すると、一六一六年に徳川家康はキリスト教の布教を禁止した。その六ヵ月後家康が死去した。家康が去ったあとを継いだ徳川秀忠の時代になり、大殉教の時代が始まった。踏み絵が始まり、過酷な拷問と惨たらしい処刑の時代。長崎の街中にはまるで森の中のように十字架がたくさん立ち並んだ。最も多く使われた処刑法は「穴釣り」であった（ムレーン 二〇〇一a：一九）。リアルな描写はここでは差し控える。残酷で悲愴な儀式は一六三八年には最高潮に達した。ついに島原の乱へと突入した。幕府はオランダ人に援助を依頼。オランダ船が洋上より砲撃し、天草城城門を爆破した。オランダはこれ以後、海外貿易の特権的地位を確立した。そして、一六三九年に「世界でも珍しい過酷な鎖国条例を発布した」。外国人の日本上陸を禁止、日本人の海外渡航禁止、六〇トン以上の船の建造禁止、と続いた（ムレーン 二〇〇一a：二〇、三六）。グンナル・ムレーンはコイエットの長崎時代を細かく記述しているが、日本におけるキリスト教内のセクト間の争い、弾圧の厳しさ、出島での生活ぶり、江戸参府・将軍拝謁過程の情景、直接拝謁がならなかったプロセス、当時の日本人論、が描かれている。

一八五四年にペリー提督が来航し、開国を要求した。押されて、江戸幕府が下田・函館開港に踏み切った時まで、約二一〇年間、閉ざされた国が継続した。狭い人工の島は、「鎖国下の牢獄の島」（ムレーン 二〇〇二：一）であった。コイエットは、雇用主であるオランダ東インド会社への業務報告書であろう、こと細かく、その空間について描写している。ムレーンの表現は見事に活写している（Müllern 1963）。延岡繁の翻訳は丁寧で慎重。イキイキと描き出されている（ムレーン 二〇〇一a、二〇〇一b、二〇〇二、二〇〇三）。

（二）出島での封じ込まれた生活

出島は、歩いて数分で横断できる小さな人工島であり、行政上は天領である長崎の街の一部であり、治外法権が認められた外国人用の居留地ではなく、もちろん植民地でもなかった（スクリーチ 二〇一一：ii）。ヨーロッパ人は、「幕府にとって必要がなくなれば立ち去らなくてはならないのである。ヨーロッパ人は日本に根づいてはならないのであり、それは生きている間だけのことではなく、死んだ後も同様なのである。江戸初期には、ヨーロッパ人が死ねばその遺体は海岸から遠い海上に運ばれて捨てられていたが、（中略）幕府にとっての異国との交流とは、異国の人間が日本に来ることでもあるが、同時に、最後には必ず日本を去らなければならないということをも意味していたのである」（スクリーチ 二〇一一：一一七―一一八）。

そして、出島そのものの位置については、「オランダ東インド会社は出島を借りることはできるが、黙許によって日本に居られるのであり、日本滞在は彼等の権利ではない。さらに、オランダ側は必要に応じて幕府に仕えねばならず、幕府はいつでも退去を命じることができる」（スクリーチ 二〇一一：四六）。

長崎港図（早稲田大学會津八一記念博物館所蔵）

（三）出島の大きさ

幅が約六〇メートル、長さ約一三〇メートルの扇型をした中洲（ムレーン 二〇〇一a：一二）。許可なく入れるのは遊女と僧侶のみであった。「日本人たちは西洋人を南蛮人と呼び、（中略）彼らを隔離し、厳しい脅しと謙虚さでもてなし、牢獄のような狭くて不便な所に押し込めたのである」（ムレーン 二〇〇一a：二八）。

そんな時代に、外に出た日本人もいた。一八世紀には大黒屋光太夫が、一九世紀にはジョン万次郎が、漂流という思いもよらない事故に遭遇しながらも、海の向こうにしぶとく辿り着き、その後の日本に貢献した。一七八二（天明二）年、江戸に向かう回船が漂流し、一七九二（寛政四）年に根室に戻るまでの約九年半ロシアで想定外の生活をした大黒屋光太夫の人生は、サンクトペテルスブルグでロシア帝国の女帝エカテリーナ二世に謁見する機会に恵まれるなど、数奇という表現しかない。

一八四一(天保一二)年、一四歳の少年が漁に出て、嵐にあい、漂流という想定外の事故に遭遇しながらも、助けてくれた米国船長の厚遇を得て、アメリカ本土で学問を修め、一八五一(嘉永四)年に琉球に帰国上陸するまでの一〇年間の人生は劇的である。大黒屋光太夫に比べ、ジョン万次郎の帰国は約六〇年後であったが、時代は、ペリフェリーにもセンターからの波濤が及び始めていた幕末であった。ジョン万次郎は、唯一無二の先進国アメリカ経験者であった。もう少し早かったら、また、上陸したのが薩摩藩管轄の琉球でなかったら、国禁を破った犯罪者として裁かれたかもしれない。外交政策の助言者として意見を求められるパイオニアであった。フロントランナーの人生は、「計算出来ない運次第」という側面が強い。

(四)スウェーデンとの出会い:閉ざされたドアを入ってきた

鎖国体制が整備され、オランダ人と中国人しか入国できないはずの国に、スウェーデン人が入港した。その来航は偶然ではない。明確なシナリオを持った来訪であった。オランダ人しか入れないなら、オランダ東インド会社に入社すれば良い。そんな風に考えたわけでもなかろうが、出入国を管理する長崎奉行所も、持ち物を一つずつ詳細に検査し、キリスト教関連書籍は帰国時まで預かり厳重に管理する業務が優先されたのではないか。オランダ船か中国船しか入港しないのなら、南蛮人はすべて阿蘭陀人と判断した方が作業は楽なはず。国籍を一人ずつ尋問して、オランダ以外の国が出て来た時、どう対応するか——そんなマニュアルはなかったのではないか。持ち物検査は得手だが、国籍調査は緩やかだったのだろう。出島のオランダ商館長もオランダ船籍の船長もオランダ人であったであろうから、ヨーロッパ人の国籍は分かったはずなのに、オランダ人以外でも出島まで連れてきて雇用しているのには長崎奉行所と出島商館長の大人の判断があったようである。オランダ東インド会社船舶に乗っていた非オランダ人ではドイツ人とスウェーデン人が多かったようである。

「江戸期の日本に入ったヨーロッパ人達は、一括りに「阿蘭陀人」と呼ばれてはいたが、その全てがオランダ人であったわけではない。北ヨーロッパ全域からのさまざまな国籍の人間がいて、なかでもドイツ人とスウェーデン人は特に多かった」（スクリーチ 二〇一一：ii）。

その証明が今も残るおむすび型石碑。出島におむすび型の石がある。シーボルトが建造した記念碑で、ケンペルとトゥンベリの名が刻まれている。三人に共通していることがいくつかある。先ず何よりも、三人ともオランダ人ではない。トゥンベリはスウェーデン人で、あと二人はドイツ人である。オランダ東インド会社は当時の多国籍企業であったようである。第二は、三人とも医者であること。第三に、この三人は、当時のヨーロッパで、日本に関する重要な書物を著したこと。医者という職業柄、より科学的、学術的な興味を持っていた。商人や経営者でなく、高い教育と専門の訓練を受けた医者として滞在した。なかでもトゥンベリは、「当時のヨーロッパ科学の第一人者として名高い植物学者のリンネ教授に師事した経歴をもち、最先端知識を備えた真の学識者」（スクリーチ 二〇一一：一四）だった。

三、鎖国時代に来日したスウェーデン人

鎖国時代に来日したスウェーデン人として語られることが多いのは次の五人である。

① ヨーハン・オーロフソン・ベリエンシェーナ（Johan Olofsson Bergenstierna）、一六四七年来日

② フレデリック・コイエット（Fredrik Coyet）、一六四八年来日

③ オーロフ・エリクソン・ヴィルマン（Olof Eriksson Willman）、一六五一年来日

④ カール・ペーテル・トゥンベリ（Carl Peter Thunberg）、一七七五年から七六年にかけて来日

⑤ ヘルマン・トロツィグ（Herman Trotzig）、一八五九年来日

（一）ヨーハン・オーロフソン・ベリエンシェーナ

一六四七年八月八日に来日したヨーハン・オーロフソン・ベリエンシェーナ（一六一八年六月二三日～一六七六年五月二〇日）は、オランダ東インド会社の社員を務めた後、軍人生活を続けた。一六四七年八月八日に長崎出島に来た。北欧人はつくづく海洋民族だと思われる。とにかく、海外に出ること、海外で学ぶこと、海外で働くこと、海外で恋愛すること、海外で結婚・離婚することを厭わない人がいまも多い。彼は、来訪年月から、日本を訪れた最初のスウェーデン人と考えられている。自筆のノートもメモも残されていない。ストックホルムの郊外ノールテリエ（Norrtälje）で生まれた。一六四〇年に海軍に入り、一六四六年から一六五一年まではオランダの東インド会社に勤務した。一六四七年八月八日に日本を訪れ、一六五一年に帰国して海軍に戻り、一六七六年には大将となった。スウェーデンの人物事典（Svenskt biografiskt lexikon）に記載されている情報がすべてである。世界中を航海した軍人であ

り、数多い航海の寄港地の一つが長崎であったという以上の意味を持っていないようである。ベリエンシェーナと同年にスウェーデン人のフレデリック・コイエットが出島オランダ商館長として赴任しているが、日本到着はベリエンシェーナの方が三ヶ月程早い（ムレーン二〇〇一b：四八）。

「長崎出島に来たスウェーデン人の多くはオランダ経由だった」。このことを説明するキーワードは《オランダ》である。北欧最大の港湾都市であるヨーテボリ（Göteborg）が建設開始されたのは一六二一年である。ヨーテボリ最古の建物であるクロンハウス（Kronhuset）が建設されたのが一六四二年から一六五四年にかけてである。日本に来た最初のスウェーデン人は、そんな時代にヨーテボリを出てオランダに渡っている。初期のヨーテボリはオランダの助力を得て建設された都市である。軍事都市であり、交易都市であった。運河中心の開発技法は如何にもオランダ流であった。オランダは、当時、アジア、アメリカ大陸に向かう海を支配する海洋大国であった。ヨーテボリからオランダに渡り、オランダの東インド会社に就職をして、日本を目指すしか方法はない。

最初に来たベリエンシェーナは、一六四七年八月八日長崎出島着であるから、まさにこの頃であった。オランダの東インド会社に就職し、航海力と軍人力で船に乗れた。長崎出島とスウェーデンを繋いだのはオランダの東インド会社であった。最初に日本に来たポルトガルでも、次に来たスペインでもなく、将軍に受け入れられたのがオランダであったことが日瑞交流の重要な要素であった。実際、一五〇年前に締結された大日本国瑞典国条約書は、スウェーデンに代わってオランダが日本と結んだのである。スウェーデンにその頃まだ、正式の政府機関を日本に設置していなかった。オランダが日瑞締結の繋ぎ役を務めたのである（ヴィルマン一九五三、二〇一〇）。

(二) フレデリック・コイエット

最初に日本に来たスウェーデン人として紹介されることが多いのは、フレデリック・コイエットである。ストックホルム生まれのコイエットは、オランダ東インド会社に奉職した初期のスウェーデン人の一人である。スウェーデン人でありながら、長崎出島のオランダ商館長（カピタン職）を二度経験した（一六四七～四八年および一六五二～五三年）。「台湾でオランダ総督となるまでに数回のカピタン職をこなしている」（スクリーチ 二〇一一：一二六―一二七）。

なぜ、オランダ人しか入れない鎖国の国に敢えてスウェーデン人が来たのであろうか。当時のスウェーデンの実情と海の民族のDNAであろうか。基本的には、出島に来る西洋人は、国籍を超越して《阿蘭陀人》として登録されたかのようである。

コイエットは、その後、オランダが支配していた台湾で長官に任命された。「全台湾を征服することはオランダ人にとって、非常に簡単な作業で達成できたが、そこを支配し、管理して行くことは大変な苦労であった」。「オランダ東インド会社は当時、社内で最も頭の切れる男としてフレデリック・コイエットを台湾総督という肩書きでゼーランディア城に派遣した」（ムレーン 二〇〇二：一〇）。そして、次のステップとして、コイエットは、一六五六年六月三〇日付けで台湾長官に任命された（ムレーン 二〇〇二：一三）。第一二代目で最後の台湾長官となったのである（ムレーン 二〇〇二：一六）。

当時、スウェーデン人にとって海外で働く方法は、基本的にはこのルートであった。海洋民族でヴァイキングの末裔でもあったので、航海技術は発達していたのであろう。そして貧しい北欧では職に恵まれていなかった。身につけていた操舵技術を武器に海外企業で働くことは、体力と好奇心に恵まれていた若者には自然な選択肢であったのであろう。コイエットは典型的な海外派であった。オランダ人でもないのに鎖国時代の出島で商館長を務め、オランダ領台湾の長官にも任命された。些細なことに気を留めない、いかにもスウェーデン流の生き方である。

台湾長官時代に、厦門を拠点に台湾解放を唱える鄭成功の攻撃を受けた（一六六二年）。武運拙く停戦協定に追い込まれた。台湾におけるオランダの利権は失われ、オランダ政府はコイエットに終身刑を科した。国姓爺合戦のシーンである。厦門港の入り口の岸壁の上に、巨大な鄭成功の石像が文字通り、周囲を威圧するような佇まいで、そそり立っている。だが、一六七四年に、スウェーデン国王カール一一世の仲立ちで無罪放免となり、釈放された。オランダに戻った。ただし、生涯、オランダを出てはならないという刑罰であった。貿易情報がライバル国に漏れることを恐れた刑罰であろう（ムレーン二〇〇一a：六六―六七）。彼は青年時代に夢に誘われて故国を離れ、遂に、一六八九年、スウェーデンに帰ることなくオランダで人生を終えた（ヴィルマン二〇一〇：九四）。

(三) オーロフ・エリクソン・ヴィルマン

一六五一年八月一九日、出島に上陸。「すべて書き物は没収され、およそ字の書いてあるものは一枚の紙切れまでも、残らず取り上げられてしまっていた」（ヴィルマン二〇一〇：四〇）。一六四七年にオランダに渡り、オランダ東インド会社に就職し、ようやくにして、長崎に辿り着き、一六五二年オランダ使節が四代将軍家綱に謁見のために、江戸城に参府した時に、使節に随行したスウェーデン人、それがヴィルマンであった。

『東インド、シナ及び日本への旅行 *Een Reesa till Ost Indien, China och Japan*』は、長崎と江戸を往復した最初のスウェーデン人が残した《日本旅行記》である。彼が残した本はもう一冊ある。『日本略誌』（『日本王国、その皇帝及び政治についての略誌 *Een kort berättelse om Kongarijket Japan,thess Keysare och Regimente*』）である。どちらも、本国でもその他の国でも、ほとんど読まれなかったようである。ほぼ一〇〇年後に出島を訪れたトゥンベリの書が、観察力でも分析力でも文章力でも、「さすがに当代きっての植物学者」の冴えをみせたからであろうか。ただし、「楽な生易しい旅行ではあり得なかった」一六〇〇年代に東のペリフェリーである日本に渡航したのであるから、「冒険気性の、実行力の強い、肉体力に恵まれた若者と想像される」アドベンチャーであった。それだけで充分リスペクトの有資格者である（ヴィルマン 二〇一〇：一〇一―一〇二）。この時代に、知恵と工夫を巡らして、とにもかくにも地の果てを目指して、それに成功した。逆のコースを辿ろうとしたツワモノは皆無であった。

　当時の将軍との拝謁の記述が印象的で興味深い。

　一六五二年二月七日

　一段と高い部屋に皇帝が座っていた。周囲には高官らが脚を組んで座っていた。献上品は皇帝の真正面に置かれてあった。われわれは、頭をあげてよい、との許可があるまで、顔を床につけて頭を下げていなければならなかった。年老いた一参議官が皇帝に代わって、献上品は結構なものであった、よってポルトガル人と協同しないことを約束するならば、オランダ人には今後とも従来通り日本での自由交易を許す、と述べた。これに対して使節は、ポルトガル人とは協同しないことを固く誓った。これで今回の謁見は終わり、引き下がって、宿へ還った（ヴィルマン 二〇一〇：六二―六三）。

　オランダ人でもないヴィルマンは、謁見に列席する貴重な機会に恵まれた。いったい、このやりとりをどう聞いたのであろうか。

　一六五二年八月六日に、ペリカン Pelican 号が長崎に入港。この船でコイエットが到着。そして、一六五二年一一月三日にはこう書いている。

「コイエットが、私の使節の後任に任命されたのであるから、私は同日直ちに解任方を申し出た。それから荷物を船に積み込み、長崎出島を出帆した」（ヴィルマン 二〇一〇：七六）。オランダ人しかいないはずの出島でスウェーデン人からスウェーデン人への管理職交代劇であった。

当時の日本―スウェーデン間の交通ルートの一つであろうか、一六五四年七月八日にこんな記録がある。「喜望峰からアイスランド、フェロー諸島の間を迂回し、ノルウェーのベルゲンに入港。そこで下船して、時間をおいて、デンマークに渡り、ヘルシンゴア Helsingør を出帆して、ストックホルムの多島海の入り口にあるダーラレー Dalarö に着いたのは、七月七日。そこから借りた手漕ぎボートでストックホルムに帰着したのが七月八日。彼が一六四四年同月同日デンマークに向けてストックホルムを出発したときから、奇しくも正に一〇年目であった」（ヴィルマン 二〇一〇：七九）。

（四）カール・ペーテル・トゥンベリ

カール・ペーテル・トゥンベリは三二歳の時来日。ウプサラ大学で、植物分類学の父とも呼ばれたカール・フォン・リンネ（Carl Von Linné）の下で、植物学や医学を学んだ医師であった。当時、医師の多くは、必然的に植物学者であった。当時の薬といえば、薬草がほとんどであったからである。トゥンベリの行動はすべてが、医者であり植物学者のそれであった。《リンネの弟子》で、《スモーランド出身》と言えば、同郷の師弟というイメージが浮かんでくる。リンネの生家は、ロースフルト（Råshult）である。スモーランド地方のステンブロフルト教区に属する小さな村である。現在は、エルムフルト・コミューン（Älmhult）に属している。ちなみにこのエルムフルト（エルムートと発音することが多い）は

1973年発行の切手に描かれているトゥンベリ

ＩＫＥＡの発祥地であり、今も本拠地である。トゥンベリの植物細密画のほとんどはウプサラ大学図書館に残されているが、数枚はベクショー図書館に残されている。スモーランドはリンネにとってもトゥンベリにとっても植物学に興味を持つようになった共通の故郷である。

「十九世紀以前の日本研究者で真に科学的な視点を持って日本を視た人物はおそらく彼だけであろう。（中略）ツンベルグによる日本の植物に関する膨大な研究は、現代でも有用な知識として色褪せていない」（スクリーチ 二〇一一：一二四）。

ドイツ人ケンペルと同様、オランダの東インド会社社員として滞在した。当時はこの方法しかなかった（スクリーチ 二〇一一：一二五）。彼は、一七七五年から七六年にかけて約一九ヵ月日本に滞在した。長崎に来るまではオランダ東インド会社の船上医師として、その後は出島付きの医師としてである（スクリーチ 二〇一一：一二八―一二九）。

オランダ商館長は年に一度江戸に赴き将軍に拝謁することになっていたので、船医であるトゥンベリは商館長の旅に同行できた（Thunberg 1980）。植物採集の好機であった。

ヨーロッパに日本社会を紹介してくれた科学者として、彼の貢献は大きい。彼の旅行記が出版されていた頃は、「フランス革命やアメリカ独立戦争など国際的にも動乱の時代だ。こうした歴史的大事件に埋もれて、スウェーデンの果たした先進的な役割は忘れられがちである。が、スウェーデンのグスターヴ三世は、若い頃にフランスのルイ一六世と親交があったにせよ、フランス共和国を承認した最初の王であった。また、ベンジャミン・フランクリンの息子が大使としてストックホルムにいたという経緯もあるが、アメリカ合衆国を認めた最初の王もやはりこのグスターヴ三世だったのだ。常に時代の先端をいち早く評価するスウェーデン人として、ツンベルグも文化的政治的な評論を加えながら、意識的に日本を国家の新たな形態として提示しようとしているかのよう」（スクリーチ 二〇一一：一三四）でもあった。

昭和三年に翻訳した山田珠樹は、現代風の文章に書き換えると次のように述べている。

こうした高名な学者が一五〇年前の昔に日本を訪れたということは、日本にとって非常な幸福であった。長崎出島の和蘭屋敷に関係の多くの外人が忘れられても、C・P・トゥンベリの名は、ケンペル、シーボルトと共に、常に記憶に新しいのは当然のことである。かかる人の著述があればこそヨーロッパ人は初めて極東に日本という文明国のあることを信ずるに至ったのである。かかる人の訪日によってこそ初めて泰西の文化が我が国に輸入されたのである。その功績は忘れることのできないものである。C・P・トゥンベリの名は、桂川甫周、伊藤圭介の名に親しむ人々により日本の医学界、植物学界の一大恩人として広く知られている。しかし、彼が同時に、日本文化の鋭い観察者であったことは余り知られていない。その理由は、C・P・トゥンベリの旅行記がこれまで翻訳されなかった故であると思う。この旅行記の翻訳がこれまでなされなかったことは思えば不思議なことである（ツンベリィ 一九四一：Ⅶ―Ⅷ）。

日本文化史に関係のある人々には貴重な文献の一つに違いないと推測し、翻訳されたようである（ツンベリィ 一九四一：Ⅸ）。山田珠樹が翻訳の経緯を書いたのは昭和三年五月であった。ドイツ語版とフランス語版の非常に大きな違いを発見しながら、選択と決定を繰り返す作業をしたのであろう。大変な努力の跡が偲ばれる。スウェーデン語版の復刻版を持っているが、大量印刷時代の書物ではないのでたしかに読みにくい。

C・P・トゥンベリの日本報告は興味深い。スウェーデンの伝統なのか、詳細な記録を残す、メモ魔である。植物の詳細までも正確に描写せずにはおれない国民性なのか。微にいり、細にいる。観察好き、記録好きのおかげで北欧人から見た鎖国時代の日本および日本人論を手にすることができる。

彼は日本人の顔貌、日本人の性格を次のように描写している（ツンベリィ 一九四一：第一〇章、表記を現代漢字に改めている）。「日本人は一體に体格がいい。身軽で均整がとれ丈夫で筋肉が逞しい。然し欧州北部の人と力闘することは出来ないだろう。男子は、一般に普通の背丈で過度ならざる程度に肥えている。かなり過度に肥満している人も沢山見た」。日本人の眼は特別な形をしている。「細長で深く落窪み、かつ絶えず眼を瞬いている。瞳は褐色というより黒色に近く、眉毛は馬鹿に上の方にある」。「巨頭でこれが非常に短い頸の上にのっている」。「髪は黒く、太く、且つ油を塗っているために光っている」。「鼻は低く大きく且つ押し潰されたような格功である」。「地球上にこの国民ほどその主に束縛され」、上下関係に敏感な儀礼を尽すことに熱心な国民はない。人間関係がタテ関係で、上の権威に弱い体質を次のように表現している。「幼年の時から、主君及び両親に服従することを原則として教えこまれる」「年長者の行動は若年者の規範とされる。さらばこの国の子供はこの従順なる心のお陰により、我々欧州人が子供に頻繁に課する譴責及び刑罰を免れているのである」（ツンベリィ 一九四一：二〇八）。

また、彼は日本人がよほど気に入ったようである。「清潔ということはこの国民の特質である。この特質は衣類の上にも、住宅のうちにも、食卓の上にも輝いている。この特質により食事の淡白に過ぎる欠点も償われる」（ツンベリィ 一九四一：二一二―二一三）。

「日本国民と外国民との関係からいうならば全アジア中この国民ほど外国民を厳重に監視し、またこの国民程賢明に外国人の奸策及び暴力の厄から免れているものはない」。「日本国民はこの国から出でたり、海岸を遠く離れたりすることを厳禁され、これを犯すものは死罪に処される」。中国人と和蘭人だけが、（しかもごく僅かにすぎない）、「恰も国家的入獄者の如く厳重な監視の下に置かれているのを除けば、外国人は凡て日本に留まることを禁じられているのである」（ツンベリィ 一九四一：二〇七）。

カール一一世とケンペル、繋いだのはウプサラ大学

トゥンベリが来日する八五年も前に、スウェーデンから出島に来た植物学者がいた。ドイツ人のエンゲルベルト・ケンペルである。ドイツ人であるケンペルを出島に向かわせたのは、ウプサラ大学であったかもしれない。ウプサラ大学の先輩後輩であった。スウェーデン・ウプサラ大学繋がりで紹介しておきたい。ノーベル賞もそうであるが、国籍を問わずチャンスを与える、いかにもスウェーデン流の話である。

読売新聞で記者を続けた後、政治の世界を志し、中曽根康弘事務所の秘書として任用されて国政参加の準備をしていた岩松睦夫は、記者時代から出島とウプサラを結ぶ緑の回廊に興味を持ち、地道な研究を重ねていた。若くして急死したため、政治家への夢は絶たれてしまった。ストックホルムにいる時に写真や資料を依頼され、ウプサラ大学やストックホルムの王立図書館に通ったことがある。『緑の大回廊：森が語る日本人へのメッセージ』（岩松 一九八四）として発表された。この研究を通して、政治的行動の基線を確認されていたのであろう。

ハノーバーの近くのレムゴの町でエンゲルベルト・ケンペルは生まれた（一六五一年九月一六日生）。語学力に秀でていたらしく、オランダ語、ラテン語、スウェーデン語、ポルトガル語、英語、ロシア語、ポーランド語までマスターしていたという（岩松 一九八四：六五）。希望にあふれたドイツ青年はスウェーデンに向かい、ウプサラ大学に入学。このスウェーデン留学が彼の人生を大きく変える。ウプサラ大学では、植物学者として有名なウーロフ・ルードベック（Olof Rudbeck, 一六三〇年～一七〇二年）の下で勉強した。ルードベックは『アトランティカ *Atlantica*』の著者として有名であった（岩松 一九八四：六五―六六）。さらに、彼は解剖学者としても有名で、リンパ腺の発見で知られていた。一六五三年、このリンパ腺の発見がウプサラ大学の自然科学研究を刺激したといわれている。ルードベックはさらに、ウプサラに植物園を作った学者でもあった。この時代の植物学は、国家経済の基本となる学問として最も重要視されていた学問であった。産業革命のはるか前の時代である。食糧生産が決定的に重要な意味を持っていた。時代は大航海時代である、遠く海外から新しい植物がヨーロッパに運び込まれていた時代であった。植物学、博物学は当時、スウェーデンで発達していた。ちなみに世界で最初に政治学が大学で講義されたのはこのウプサラ大学であった。ウプサラ大学で植物学を学んでいたケンペルにはラッキーであった。カール一一世（一六六〇年～一六九七年）がスウェーデンの国力を背景に、列強に負けずに対外進出を画策していたからである。

スウェーデンは、いまでこそ二〇〇年間も戦争を回避してきた中立・平和の伝統を持っているが、かつては戦争好きの北の暴れん坊であった。一七世紀の中頃には、「バルト帝国」と呼ばれ広大な国土を有していた。だが、一八世紀になると国運が傾き始めた。頭角を現し始めた新興国家ロシアと正面衝突した。北方戦争である（一七〇〇年～一七二一年）。北方戦争でスウェーデンは敗北。一七二一年のニスタット条約で、バルト海沿岸地方をそっくりロシアに、ポメラニアの一部とブレーメンをドイツに譲り渡すことになった。スウェーデンの領土は大幅に縮小した。現在のスウェーデン、フィンランド、北ドイツの一部だけがスウェーデンの領土になった。バルト海東部沿岸からスウェーデンを放逐しようとするロシアのピョトル大帝と、ポーランド、デンマークがスクラムを組んだ反・スウェーデン同盟、それが北方戦争であった。ストックホルム中心街に王様公園（Kungsträdgården）がある。そこにはカール一二世の立像があるが、その指先はライバルであるピョトル大帝のサンクトペテルスブルグに向けられている。サンクトペテルスブルグにはストックホルムを向いているピョトル大帝の馬上の姿がある。

「北のライオン」はまだ静かにならなかった。一七四〇年に、オーストリア継承戦争で失地回復を試み、さらにプロシャとオーストリアとの間の七年戦争の際にも、ドイツ領のポメラニア地方に出兵した。かつて失った領土の回復を願った。だが、またも敗戦。戦果はほとんどなかった。あるとしたらそれはジャガイモだけであった。この七年戦争で兵士が持ち帰ったのが敗北とジャガイモであった。成果はジャガイモだけ。「ジャガイモ戦争」と七年戦争が別称されるのはそのためである。食糧として貴重な植物となった。

ケンペルがウプサラ大学で学んでいたのは、「北のライオン」が静かになる前の一七世紀後半であった。カール一一世は対外進出を真剣に考えていた。しかし、既に、オランダ、イギリス、フランス、スペイン、ポルトガルが、世界の海を支配していた。喜望峰を回ることは出来ない。北極に向かうには未知で非力。そうなれば陸路しかない。カール一一世の考えは南下コースである。これならヴァイキングの歴史がある。ストックホルムから陸路を南下し、中近東からアジアへの最短距離を開拓するという野望であった。大胆だが、いかにもスウェーデン流である。まさかまさかのツーリストをその後大量に生産した国である。

一六八三年には、南下ルートの探索をかねて使節団が結成され派遣された。使節団のメンバーとしては当然のことながら植物学の専門家が必要である。ドイツ人ケンペルはここでチャンスを掴んだ。もしウプサラ大学に留学しなければ、オランダ人しか入れない長崎の出島にまで行ける好機を掴めたかどうか疑問である。書記として参加を許された。

コースはユニークである。ストックホルム⇕ヘルシンキ⇕ナルヴァ⇕モスクワ⇕ロシアを一直線に南下⇕アストランカン⇕カスピ海を渡る⇕バクー⇕当時のペルシャの首都イスファハンに到着。所要期間ほぼ一年間の行程であった。探査団の使命はここで終了。ケンペルはここで決断。東への夢を実現するための決断をした。帰国をせず、さらに南下。海岸都市バンダル・アッバスに向かった。バンダル・アッバスは、アラビア半島との間にあるホルムズ海峡に面した町であった。当時の世界を縦横に動き回っていたオランダがこの町に、「オランダ植民地商会」をもっていた。東に向かうには、オランダ東インド会社に就職するしかない。

ケンペルはこの暑い街に二年間も滞在してチャンスを待った。東への憧れもこうなると見事。いやパイオニアはどんな分野でもそれくらいの忍耐を必要としたのであろう。そして、ついに、インドの沿岸各都市をまわるという約束でインドネシア行きの船に乗り込むことができた。一六八七年のことである。

ケンペルがその後、念願としていたジャワ島のバタビア（ジャカルタ）に到着できたのは、それから二年後のことであった（一六八九年）。岩松睦夫はこのあたりの推移を淡々と紹介しているが、江戸幕府初期に展開されていた、日本人がだれ一人と知らない世界でのドラマである。一年後の一六九〇年に、オランダ船ワールストローム号に乗り、バタビアを出港した。この船は五ヵ月かけてアユタヤ王国経由で日本に到着した。ケンペルが故郷を出て、七年間経過していたことになる。一六九〇年九月二四日に長崎出島に着いた。五代将軍綱吉の時代、元禄時代である。

既に何度か述べたように、出島の住人は幕府への届け出では全員がオランダ人ということになっていたようだが、そうでなかったことは容易に推測がつく。僅か五〇〇〇坪足らずの人工の小さな島である。実際に修復された出島を見ると、窒息しそうな狭い島である。キャピタンはオランダ東インド会社日本支社の商館長で、もちろん原則として、オランダ人。その下に数名のオランダ人がいた。そして、バタビアから連れてこられたインドネシア人もかなり住んでいたようである（岩松　一九八四：七二）。日本人で出島への出入りを許されていたのは、長崎奉行所の者と僧侶と丸山の遊女らだけだったらしい。

長崎出島記念碑

出島には小さな三角形の岩で作られた顕彰碑がある。このおむすび石は今も健在。ラテン語で、

ケンペル、C・P・ツンベリィへ、
見てください、この植物は、のちのちまでも光り輝き、生き続け、花を咲かせるでしょう。
この草木を植え育てた、あなた方への追憶は消えることなく、思い出させてくれるでしょう。

フォン・シーボルト

と書かれている（岩松 一九八四：一六四―一六五）。

出島の三人の学者として有名であるが、そのうちケンペルはドイツ人、C・P・トゥンベリはスウェーデン人であり、シーボルトもドイツ出身。そして、ケンペルとC・P・トゥンベリ二人には、出島滞在期についてはかなりの時間的隔たりがあるものの、スウェーデンのウプサラ大学出身という共通の経験がある。国境線を越え、大きな海を越え、同じ大学で植物学を学んだ二人の研究者が、遠いアジアの国の小さな人工の島で研究を続けていたことになる。有名大学の社会的機能であろうが、壮大な話である。こうした研究に惜しみなく資金とチャンスを与えるスウェーデンらしい話である（岩松 一九八四：七二）。二人ともチャンスを活かした研究者であった。

（五）ヘルマン・トロツィグ

本格的な開国間際の直前期に来訪したスウェーデン人がいた。日米和親条約で下田・函館は開港されたが、日本人に海外渡航は許されない時期であった。

一八五九年に二七歳の時、長崎に到着。下田・函館開港後である、来訪手段はやや多様化し選択できた。オランダ東インド会社以外の用向きで来日することが可能になっていた。彼が来たのはイギリスの蒸気船であった。就職先はイギリス人グラバーの商社であった。ストックホルム出身の青年で、結局は、スウェーデンに帰らず、長い人生を日本で送り、日本で死去した。

一八五四年の日米和親条約締結で下田・函館が開港されたとは言え、日本人にとって海外渡航は厳禁であった。依然として御法度であった。禁を破れば死刑。だが、海外渡航の思いは、禁止令を突き破ろうとしていた。青年は荒野を目指す。いつの時代でもそんな青年はいる。伊藤俊輔（博文）と井上聞多

（馨）はそんな掟破り派青年の二人であった。トロツィグはこの二人に、脱日本、ヨーロッパ遊学の希望を打ち明けられた。「トロツィグと友人は、二人の青年を小舟に乗せて、翌朝早く出発する外国船まで漕いで運んだ」（Bass and Holmqvist 1990:29）。スウェーデン人らしいエピソードである。この脱出劇は上首尾に運ばず、二人は別の機会を待たなければならなかった。

エピソードには続きがある。それから一〇年後、神戸外人居留地の警察署長にトロツィグが任命された。どういうわけか、兵庫県令は伊藤博文であった。

トロツィグは、遂には、スウェーデンに帰らず、日本で一生を終えた。一九一八年のクリスマスに八七歳で死去した（Bass and Holmqvist 1990:29）。

幕末の志士たちが未来について思いを馳せていた時代である。その頃、吉田松陰も密航を試みている。密航断行は時代の移り目にはそれほど珍しいことではないのかもしれない。一八五四年、来日中の米軍艦に密航を試みて断られ、自首。投獄された（朝日新聞二〇一七年九月一〇日）。一八三〇年生まれであるから、二四歳の時であった。松下村塾を主宰したのは一八五七年であったから、密航が成功していたら松下村塾はどうなったであろうか。伊藤博文、高杉晋作、山県有朋、久坂玄瑞など、松下村塾の輩出した人材はどうなっていただろうか。トロツィグについては、『ガデリウス一〇〇年 *Gadelius 1890-1990*』（Bass and Holmqvist 1990）が興味深い。ガデリウス家との個人的交流が濃密であったようである。

四．システム変換

（一）明治維新後：大日本帝国・瑞典国外交関係樹立

一八五三年にペリー提督が浦賀沖に来航し開国を求めた。翌一八五四年日米和親条約を締結して、下田・函館を開港した。そして、一八六八年に明治維新。時代は大きく変わった。同年にスウェーデンと日本の間で外交関係が樹立された。スウェーデンも日本もそれぞれの国で外交公館を開設していないので、日本と長い交流の実績を持つオランダが、代わって締結した。同年、大阪と神戸が開港された。

一八六八年はスウェーデンにおいても重要な年であった。伝統的な四身分制議会が終焉し、二院制議会にシステム変換した年であった。スウェーデンはイギリスについで古い議会政治の国といわれる。一四五三年に中部スウェーデンのアルボーガで、エンゲルブレクト・エンゲルブレクトソンが招集したアルボーガ会議が議会政治のシンボリックな起源・先行者といわれている。大陸の身分制議会と違い、スウェーデンでは、貴族、聖職者、市民のほかに農民議会が認められていた。代議政治へのうねりの中で、一八六八年に二院制に変換され、本格的な政党政治へと進み始めた。一八六八年は、日本にとってもスウェーデンにとっても大きな転換点であった。

（二）横浜・象の鼻から世界へ　一八七一年一二月二三日

明治神宮外苑聖徳絵画館にある山口蓬春画の横浜から出航する「岩倉大使欧米派遣」の絵の前に立つと、希望と不安、伝統と革新が交錯する歴史の潮目を感じさせる。小さいボートには、烏帽子直垂姿の特命全権大使・岩倉具視が立ち、その左右に洋式礼服姿の侍者が立っている。象の鼻を今まさに出よう

岩倉使節団が入ったマルメの中心街（現在）

岩倉使節団が入ったマルメ港（現在）

とする瞬間である。沖合には、巨大なアメリカの外輪船「アメリカ号」が黒煙を吐きながら待機している。その大きさと威力に驚いたはずである。

明治維新後、わずか三年、不平等条約の是正と欧米視察のために、果敢に実行された国家事業であった。国際社会にようやくデビューを果たした国に、外交交渉で成果を上げることなど期待できなかった。使節団の目的は、成果を上げるという視点で見れば、学習と顔見せに限られた。そのどちらも成功したのではないか。正規の団員が四六名、留学生も多く乗り込んだ。新生国家としてその覇気やよしである。木戸孝允、山口尚芳、岩倉具視、伊藤博文、大久保利通、渡邊浩基などその後の日本をリードする人材が乗り込んだ。留学生の中に満六歳の津田梅子が入っていた。政府が幼い子を国を背負った留学生に指名したこと。親がそれを認めたこと。本人が同意したこと。どれもが時代の変わり目の意欲と高揚感を抱かせる。武雄藩の山口尚芳も九歳になる長男の俊太郎を同行させイギリスに留学させている。後半、初代会計検査院長に就任している（佐賀県武雄市資料館）。渡邊浩基は初代帝国大学総長に就任した。

（三）スウェーデンとの遭遇

岩倉使節団はコペンハーゲンからマルメに入港した。一八七三年四月二三日。スウェーデン人の来日（一六四七年）から遅れること二二六年後、日本人がスウェーデンに上陸した。物珍しさであろう、見物人が溢れたようである。マルメの船着場からホテルに移動して二時間ほど休憩して、マルメ駅からストックホルムに向かっている。使節団が見たであろう旧市街は歴史文化ゾーンであり、グスタフ・アドルフの像や、ペトリ教会、休憩したであろうホテル、マルメ旧総督府などは、今も残っている。

岩倉使節団の大きな特徴は、詳細な記録が残されたことである。四人の少年が出かけた天正遣欧使節団も支倉常長らの慶長遣欧使節団も、記録を今に残せなかった。岩倉使節団が一年九ヵ月余（六三二日）をかけて行なった貴重な米欧の条約締結国一二ヵ国歴訪の旅は、使節団書記官として同行した久米邦武によって詳細に記録され、編纂され、一八七八年に『特命全権大使 米欧回覧実記』全一〇〇巻（五編五冊）として刊行された。

— Den japanesiska ambassaden ankom hit i går kl. 1 e. m. med ångfartyget "Thunberg" från Köpenhamn och afhämtades vid skeppsbron af landshöfdingens och tvenne privata ekipager till Kramers hotell, der middag var beställd för de resande. De nyfikna, som samlats vid ångbåtsbryggan och på vägen dit, fingo dock ej se något särdeles ovanligt, ty de resande japaneserna, ambassadörer så väl som uppvaktning och tjenare, voro iklädda europeiska drägter, och endast den egendomliga ansigtstypen och den mörkare hudfärgen antydde främlingar från ett annat luftstreck. De resande åtföljdes af chefen för utrikesdepartementets handels- och konsulsafdelning, grefve Carl Lewenhaupt, som, tillika med löjtnanten vid skärgårdsartilleriet C. E. de Champs blifvit anställd som uppvaktande hos beskickningen under dennas vistande i Sverige och hade nedrest för att möta densamma i Köpenhamn. Ett extratåg med två kungliga vagnar samt tvenne 1:sta och 2:dra klassens sofkupéer hade blifvit ställdt till ambassadens disposition och med detsamma skedde afresan härifrån kl. 3,30 e. m. Extratåget väntas till Stockholm i dag vid middagstiden. Å Innocence-ordens högtidsdag, som firas i morgon afton på börsen, blir tillfälle för ett större antal af hufvudstadens societet att göra närmare bekantskap med denna ambassad, hvars medlemmar blifvit

日本の大使一行がマルメに到着したことを報じた新聞記事（Sydsvenska 1873年3月24日）

全一〇〇巻の構成と明治三～四年の留学生の数、それに訪問日数を見ると、訪問した一二ヵ国の相対的比重がわかる。アメリカについては二〇巻で滞在日数は二〇五日で、留学生数は一五二名であった。イギリスについては二〇巻で滞在日数は一二二日で、留学生数は一二四名であった。ドイツについては一〇巻で滞在日数は三三日で、留学生数は六一名であった。フランスについては九巻で滞在日数は七〇日で、留学生数は四一名であった。イタリアについては六巻で滞在日数は二六日であった。ロシアについては五巻で滞在日数は一八日であった。ベルギーについては三巻で滞在日数は八日であった。オランダについては三巻で滞在日数は一四日であった。オーストリアについては三巻で滞在日数は一六日であった。スイスについては三巻で滞在日数は二七日であった。スウェーデンについては二巻で滞在日数は八日であった。デンマークについては一巻で滞在日数は五日であった。これを見ると、明治初期の日本の関心度は、米英、次いで独仏という順序であった（田中 二〇〇二：一〇六—一〇七）。英米への関心は圧倒的であった。

明治維新後の国家戦略の基本である《富国強兵 A Rich Country and a Strong Military》、《文明開化 Civilization and Enlightenment》、《殖産工業 Increase Production and Promote Industry》というスローガンは、プロイセンを念頭に置いたようである。大国それ自体でもなく、さりとて小国をモデルにするのでもなく、相対的に共感と親近感を抱いていた「小国から大国へのプロシャの道」が選択された。「アジアのなかのプロシャの道」であった（田中 二〇〇二：二二一）。

デンマークとスウェーデンが使節団派遣の主要な目的地ではなかったことは、滞在日数と記録の情報量でも簡単に類推できる。実際、使節団の行程は、次のようであった。

一八七三（明治六）年四月一八日　コペンハーゲン着、滞在は五日間
四月二三日　マルメ到着
四月二四日　午前　ストックホルムに到着
四月二九日　ストックホルム発、マルメへ
スウェーデン滞在は八日間でマルメ発、コペンハーゲンを経てリューベック経由で五月一日ハンブル

グに到着した（田中二〇〇二）。

マルメその頃

《ニシンの街から学術の街へ》。近年のマルメのキャッチフレーズはこれである。

マルメの始まりはそれほど古くない。一三世紀である。オーレスン海峡の入り口にあることが都市発生の大きな理由であった。ニシンの漁場に近い。魚市場に好適。当時は、魚が最大の商品であった。シェーランドとスコーネ地方の漁港に魚市場が開かれ、北ヨーロッパ各地から商人を呼び込んでいた。

一六世紀になると、マルメはスカンディナヴィアでは最も大きな都市の一つになっていた。デンマークでは、コペンハーゲンに次ぐ第二の都市であった。そして、一六五八年を迎える。デンマーク王フレデリク三世による突然の宣戦布告に直撃されたカール一〇世は、最終的には、劇的な氷上進攻でコペンハーゲンを包囲した。デンマーク軍は戦意を喪失し、一六五八年のロスキレ条約締結へと追い込まれた。このロスキレの平和で、マルメとスコーネ地方はスウェーデンに割譲された。デンマーク人には、今も衝撃の敗北である。スコーネ地方に対するデンマーク人の思いは独特で、マルメの新しい高級住宅地を購入し、コペンハーゲンに通勤するデンマーク人も少なくない。

岩倉使節団が入港した一九世紀後半のマルメは既にスウェーデン領として定着していた。そして、産業革命が猛烈な勢いで広がっていた。繊維産業とタバコ産業、それに砂糖産業であった。忘れてならないのは、一八四〇年に、その後マルメの代名詞となるコクム製造工場（Kockums Mekaniska Werkstad）が第一歩を踏み出したことである。一〇〇年後、世界最大の造船所の一つになる巨大企業である。今も、そのなごりは、マルメ西港の広大な土地にさまざまな形を変えて残っている。数年前までは、マルメ港の岸壁に巨大なコクムのクレーンがそびえ立っていた。岩倉使節団が到着した一八七三年は、そんな姿を使節団一行に見せたはずである（Malmö 2014）。文字通り《ニシンの街》から《学術の街》へ変身である。二〇〇〇年戦争を回避した国である、港湾部や旧市街の風景は岩倉使節団が見たままであろう。

（四）ニルス・アドルフ・エリック・ノルデンショルド

一八七九年九月二日、つまり明治維新の一一年後に、スウェーデン国旗を掲げた蒸気船ヴェガ号が横浜港に入港した。三〇名で構成された北極探検隊は北東航路を通り、ベーリング海峡を通過して、北ヨーロッパから日本への航行に成功したのである。明治維新直後期の日本で大歓迎を受けた。ユーラシア大陸をヴェガ号で周回した偉業はスウェーデン国内でも大歓迎された。

ノルデンショルドの記念碑

N・A・E・ノルデンショルドは一八三二年一一月一八日にフィンランド大公国・ヘルシンキで生まれたスウェーデン系のフィンランド人。父であるニルス・ノルデンショルド（Nils Nordenskiöld, 一七九二年～一八六六年）は有名な学者であり鉱山の最高責任者であった。母であるソフィア（Sofia Margareta von Haartman）は医者であり経済学者であるガブリエル・エーリク・フォン・ハートマン（Gabriel Erik von Haartman）の娘であった。小さい時からヘルシンキで恵まれた家庭の子供として生まれ育った。一八四九年、一七歳の時、独学で父の調査旅行に同行した。

ヘルシンキ大学に入学。一八五三年に二一歳でマスターの学位を、二年後の一八五五年には博士号を取得した。そして、ベルリンで学問を続けた。スウェーデンからフィンランドに渡ったのは曾祖父であり、一七世紀のことであった。

フィンランドはその後スウェーデンの管轄地となった。そのために、ここでも国籍問題が発生する。有名人が生まれると、いくつかの国が、「わが国生まれ」と言い出す。ノルデンショルドの偉業記念碑はストックホルムにもヘルシンキにもある。

一八五七年にノルデンショルドは非常に愛国的な演説をした。演説は当時のロシア当局と総督であるフォン・ベリィ（von Berg）を驚愕激怒させた。だが、N・A・E・ノルデンショルドは謝罪を拒絶した。そのため一八五七年以後フィンランドから国外追放されスウェーデンに在住した。すぐに、彼は、ストックホルムの学会で中心的な地位を確立した。はやくも、二六歳でスウェーデン王立博物館の地質学部門の最高責任者になった。彼はこのポストに死ぬまで就いていた。

北ヨーロッパと東アジアを結ぶ北東航路の存在は、以前から知られていた。それが最短距離であることも何世紀にもわたって知られていた。部分的には既に多くの人が航海していた。そのため、北東航路の第一発見者というには正確さが欠けるかもしれない。だが、北東航路が西端から東端まで航行可能であるということを初めて証明してみせたのはN・A・E・ノルデンショルドである。そのために与えられた栄誉は小さくない。

N・A・E・ノルデンショルドのもっとも有名な旅は、一八七八年から一八七九年に行われたこの北東航路を通過する旅である。彼はこの旅を一八七八年六月二二日にカールスクローナ（Karlskrona）から始めた。蒸気船ヴェガであった。ヴェガ号は一八七二〜七三年にブレーメルハヴン（Bremerhaven）で建造された。ヴェガ号の司令官はスウェーデン海軍中尉であるルイス・パランデル（Louis Palander）であった。他の三隻の船に付き添われて彼は、ヴェガ号でベーリング海峡へ向かった。そこで、氷の間で一〇ヵ月にわたる冬を消費した。そして、苦難の果てに日本に向かった。突破できた。一八七九年九月二日に航路通過のヒーローとして横浜港に到着した。維新政府樹立後間もない時期に世界的に有名な研究者を迎え入れることができた。長い鎖国ののち、開かれた国としてヨーロッパに知られる絶好の機会となった。歓迎会が開かれ記念メダルが提供された。

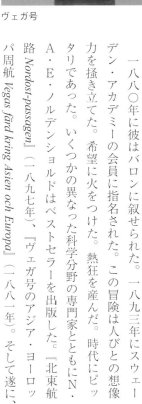

N・A・E・ノルデンショルドはスエズ運河を経由してヨーロッパに戻った。文字どおりユーラシア大陸一周であった。スウェーデンに凱旋した時の光景は、いくつかの絵画に残っている。オーレスンド海峡に入り、ストックホルムを目指す時、ちょうどヘルシンボリィ沖を通過する頃であろうか、白い学生帽を被った青年たちで甲板が溢れかえる帆船たちが歓迎をしている絵が有名である。そして、ストックホルムでは、王宮前のバルト海では盛大な花火大会が開かれた。まるで新しいヴァイキングを迎えるようであったのではないか。

ヴェガ号

一八八〇年に彼はバロンに叙せられた。一八九三年にスウェーデン・アカデミーの会員に指名された。この冒険は人びとの想像力を掻き立てた。希望に火をつけた。熱狂を産んだ。時代にピッタリであった。いくつかの異なった科学分野の専門家とともにN・A・E・ノルデンショルドはベストセラーを出版した。『北東航路 *Nordost-passagen*』（一八九七年）、『ヴェガ号のアジア・ヨーロッパ周航 *Vegas färd kring Asien och Europa*』（一八八一年）。そして遂に、

N・A・E・ノルデンショルドは一八九三年にスウェーデン・アカデミーの会長に任命された。フレスカチにあるストックホルム大学の脇にある自然史博物館の中庭に立っている黄金のヴェガ号はいつもながら、今もなお誇らしげである（Nordenskiöld 1978）。

日本は明治維新直後の変動期。だがノルデンショルドを歓迎した。

明治維新後、まだ国家システムが明確な形で整備される途上にあった時代、混乱はしていても遠来の来訪者を迎え入れる余裕があった。開国直後だが、ひと味違うアジアの国。ノルデンショルド来訪の情報着信と狼狽、そして歓迎会へのプロセスは、近代国家としての面目維持に貢献したようである。有名な科学者の訪問に国際儀礼力を証明できずにいては、不平等条約の是正などおぼつかない。時代の潮流は激しく速かった。だが、小さな混乱でクリアした。始めるのは遅いが、一度始めると完成までは早い。

一八七四（明治七）年一月一七日、板垣退助、後藤象二郎、江藤新平、副島種臣、前東京府知事由利公正ら八名が署名し、政府に対して国会開設を要望した民撰議院設立建白書を提出した。これを契機に、自由民権運動が発生し高揚した。同時に、日本最初の政党が誕生した（一八七四年一月）。愛国公党である。征韓論に敗れて下野した副島種臣、後藤象二郎、板垣退助、江藤新平らが主要メンバーであった。ヨーロッパから帰国した由利公正らも参加した。ついで、明治一四年の政変で政府を追われた大隈重信を中心にした立憲改進党が結成されたのは、一八八二年四月であった。河野敏鎌、前島密らが参加した。

スウェーデンと比べると随分遅れることになったが、議会政治、政党政治、責任政治制へ向けてスタートを切ることになった。大日本帝国憲法が一八八九（明治二二）年二月一一日に公布され、一八九〇（明治二三）年一一月二九日に施行された。そして、一八九〇（明治二三）年一一月二九日に、第一回帝国議会が開設された。公選の衆議院と非公選の貴族院で構成された二院制議会であった。

（五）スヴェン・ヘディン

一八六五年二月一九日にストックホルムで生まれたヘディンは、スウェーデンのマルコ・ポーロとでも表現できる探検家である。シルクロードの探査のゆえにそう呼ばれるようになったのであろう。一九五二年一一月二六日にストックホルムで死ぬまでの八七年間の人生は、冒険家にふさわしい波瀾万丈のそれであった。スヴェン・ヘディンによる *Den vandrade sjön*（1937）（福田宏年訳『さまよえる湖』岩波文庫、二〇〇五年）は冒険好き、シルクロード好きには、血湧き肉躍るような本である。

旺盛な好奇心

一六〇〇年周期で広大な砂漠の中を南北に移動するまぼろしの湖ロプ・ノール（LopNor）を目指して、自ら定立した仮説の実証をフィールドに出かけて試みた。途方もない大遠征を時間をかけて実行。冒険家や探検家、それに文化人類学者や考古学者に特徴的な心性それがこの好奇心を生むのであろう。北欧、特にスウェーデン人、ノルウェー人にこの種の好奇心溢れる果敢なツーリストが輩出する傾向がある。ヴァイキングの精神的DNAを受け継いだのかもしれない。シルクロード探査で令名をはせた後、スヴェン・ヘディンは日本を訪れている。ストックホルムの民俗学博物館には、彼が世界各地の遠征から持ち帰っ

スヴェン・ヘディン（早稲田大学大学史資料センター所蔵）

た学術資料が保存・展示されている。時には、日本を訪れた際に興に乗って撮影したのであろう、和服を着た姿が大きく引き伸ばされて飾られていることもある。なかなか似合っている。

鋭い観察力：観察眼、スケッチ

人物も風景も、什器も発掘した頭蓋骨も、発掘した墓も、棺も、棺に納まった老婦人も、とにかく何でもかんでもスケッチしている。スケッチ力は見事である。その基礎にあるのは、鋭い観察力・観察眼である。特に植物と動物に関する観察は鋭く、博識である。これはスウェーデンの伝統の一つである。カメラを発明した国である。植物図鑑のカール・フォン・リンネの国である。正確にスケッチする能力は見事である。カメラワークも良いが、スケッチは人柄がにじんでくるようで独特の説得力がある。正確な描写・詳細なメモ・記録が群を抜いている。たとえば、調達した食糧品の正確で細かな記録。「卵とガソリンを買った」などという荒っぽい記録は残さない。

スヴェン・ヘディンの人生と深く結び付いていたのが、ロプ・ノール、すなわち《さまよえる湖》であった。この湖の岸に初めてテントを張ってから、四一年の歳月が経ち、それでも思慕はおさまらなかった。ある時はわが手で、またある時はわが探検隊員の調査を通じて、いわば医者が患者の心臓の鼓動や血液の循環を観察するように、タリム川とロプ・ノールの脈搏を追いつづけてきたのである（ヘディン 二〇〇五：一九四）。

一八九六年以来、ロプ・ノールという地理学上の問題に没頭してきた。ロプ・ノールの北岸とクルク・ダリアに沿って昔のシルクロードは伸びていたのであり、幻の都楼蘭（Lou-lan）は、このあたり一帯のシルクロードの中心都市であった。川と湖がおよそ紀元三三〇年頃に南に移ったため、シルクロードは分断され、楼蘭は見捨てられ、忘れられた（ヘディン 二〇〇五：二一九、Hedin 1937:344）。約一六〇〇年単位の地形変化を仮説に立て、それを実証するという途方もない課題に取り組んだ。長い年月をかけて、湖がさまようのだという壮大な構想力は見事。そして、一九二八年二月二〇日にトルファン滞在中にその仮説の正しさを確認する。そこに集まる商人たちにどのルートで来たかを根掘り葉掘り尋ねた挙句、「川が深くて、歩いて渡れないので、人も荷物も渡し舟で川を渡るのです」との証言を得る。つまり、ロプ・ノールとタリム川の最下流部がやがて北の元の河床に戻ってくるという予言がすでに実現していることをここで知るのである。宿願達成の喜びの大きさは、見事な文章で表現されている。原文と照らし合わせて読んだが、福田宏年の日本語訳は原文にもまして、躍動感がある。一九三四年の四月、五月に、ついに、「川面を水に運ばれて自分の征服した国を下った時、私は晴れ晴れと高揚した気分で胸を一杯にしていた。自然が自身の戦勝祝賀会を開いている中に迷い込んだ見知らぬ客人のように自分を感じて、風が蘆の中でさわさわとそよぎ、水が岸の岬のそばをせせらぎ流れるのを耳にすると、凱旋行進の伴奏を聞くような気がした。ほんの数年前にはあれほど静かで、死と移ろいだけが棲みついていたこの砂漠に、生命がさまざまな姿をとって帰って来たのである」（ヘディン 二〇〇五：二五四、Hedin 1937:370）。

スウェーデンでは受け入れられず

優秀な民族学研究者であり、勇敢な冒険家であることは認められてはいるが、「スウェーデン人が愛する探検家」にはなれないでいる。ヒトラーと歓談する写真が熱を冷ます理由の一つであろう。筆者は、偶然、ストックホルムで、スヴェン・ヘディン宅の一軒置いた隣の住居に住んでいたことがある。一階玄関ホールにはシルクロードの風景が壁一杯に描かれていたものである。訪れるものはほとんどいなかった。また、スヴェン・ヘディンの墓は、市内中心部のアドルフ・フレードリク教会にある。この墓地は有名人の墓が多い。ヘディンの墓の斜め前にはウーロフ・パルメの墓がある。一五メートルほど離れた場所には選挙によって初めて社会主義政権を樹立したヤルマール・ブランティングの墓がある。ヘディン家の墓はいかにも立派で、黄金文字で彫り込まれているし、珍しく、金属の塀で囲まれている。元首相の墓は、剥き出しで、さり気ない佇まいである。だが、時折、献花が捧げられている。ヘディンの墓は、塀で、献花を拒否しているようである。訪れる人を目撃したことがない。スヴェン・ヘディンもシルクロードも好きな筆者は花を手にして、アドルフ・フレードリク教会を何度も訪れるが、この頃はパルメの墓とブランティングの墓に、そして残りはミンネスルンデンに献花することにしている。

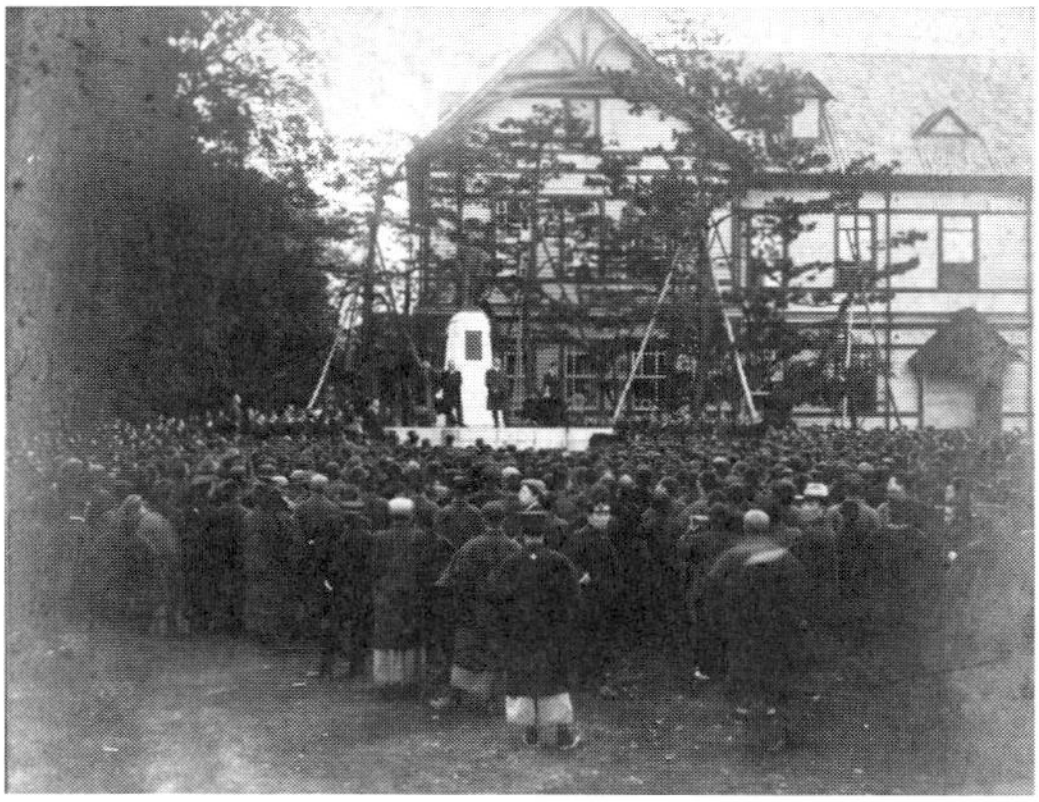
スヴェン・ヘディン—早稲田大学での講演風景（早稲田大学大学史資料センター所蔵）

スヴェン・ヘディン来日

一九〇八（明治四一）年来日。上海経由で長崎に入港した（一九〇八年一一月九日）。シルクロード探査のもう一人のパイオニアである大谷光瑞が、東京地学協会とともに、来日を全面的に招聘・支援したようである。西本願寺を何度か訪問し、また、東京大学、早稲田大学、慶應義塾大学、京都大学などで講演した。シルクロードを旅していると、ガイドの口から、マルコ・ポーロ、大谷光瑞、それにスヴェン・ヘディンの名が出てくる。シルクロードがいつまでも旅情を誘うのは、このパイオニアたちの旅のスタイル、求めていたもの、遺した物、それに旅の哲学に刺激されてのことであろう。

遠来のシルクロード探検者に対する歓迎の式典は、滞在期間一ヵ月強の間、長々と続いたようである。一一月一四日には、皇后・皇族と会い、一一月一五日には東京地学協会での歓迎パーティに出席し、その場で、名誉会員・金メダルを授与された。このメダルは民族学博物館に所蔵されている。

ヘディンはスウェーデン・アカデミー会員であり、ノーベル賞候補を推薦したし、本人自身もノーベル文学賞の候補でもあった。彼が推薦した候補者の一人は賀川豊彦であった。

（六）ガデリウス・ファミリー

スヴェン・ヘディンの来日が一九〇八年。その頃、何度目かの来日を果たして横浜に事務所を開いたビジネスマンがいた。クヌート・ガデリウスである。一八九〇年代にスヴェン・ヘディンがシルクロードを彷徨っていた頃、アジア各地を探索していたのがクヌートであった。

日瑞間のビジネスで知名度が高いのは、ガデリウス。日本の市場にスウェーデン製品を持ち込んだ企業であり、両国間の交流に積極的に取り組んだ親日派企業といえばガデリウスが真っ先に浮かぶであろう。今でこそ、IKEA, H&M, Volvo, Telia, AtlasCopco, Tetra Pak, Saab, AstraZeneca, Ericsson, Electrolux の名が挙がってくるが、少し前まではスウェーデン企業としては、ガデリウスの知名度が抜群であった。総合商社であり機械の製造企業である。日本の工業化過程で果たした役割は小さくない。

「本州と九州を結ぶ関門トンネルと、東京―神戸間の所要時間を二時間短縮した丹那トンネル、この二つの有名なトンネルの完成に、計り知れない貢献をした」のは、ノードマーク社のダイヤモンドボーリング機とそれを仲介したガデリウス社であった（Bass and Holmqvist 1990:44）。一〇〇年以上も日瑞間の物流を続けて来た企業は、ガデリウスを除いてない。

一八九〇年五月二三日、ヨーテボリのドロットニング通でクヌート・ガデリウス商会が設立された。目標は東洋であった（Bass and Holmqvist 1990:16）。一八九六年クヌート・ガデリウス初来日。一八九八年再度来日。貿易、代理店及び委託業務を行うガデリウス商会を設立（Bass and Holmqvist 1990:18）。一九〇四年にシンガポールに進出。日露戦争（一九〇四年）の年であった。

一九〇七年。横浜に事務所を開設。なお、前年の一九〇六年は、スウェーデンが最初の公使としてＧ・Ｏ・ワレンベリ（Gustaf Oscar Wallenberg）を任命した翌年である。大日本国瑞典国条約書が締結されて四〇年後に、公使が任命されたことになる。この一九〇七年は、グスタフ五世が即位した重要な年であった。初代公使のワレンベリのスウェーデン財界における地位を考えるとスウェーデンにとって日本が大切な国と評価されていたのかもしれない。Ｇ・Ｏ・ワレンベリは、クヌートの父であるエドワルド・ガデリウスが若い頃、スウェーデン初のプロペラ船に勤務した時に同年輩の指揮官と一緒に航海した人物であるＡ・Ｏ・ワレンベリの息子であった。このワレンベリがスウェーデンを代表する銀行であるエンシルダ銀行を開設した元軍人のビジネスマンである。両家のメンバー同士が日本で活躍することになる。協調もあり反目もあり、仲違いもあり、亀裂もあり。いかにもスウェーデン的な話である。人口の少ない国なので、政財官学界での著名人はそれぞれが知り合いであることが多い。ゆとりのある家庭では、「お金をかけて息子たちを海外に送り出し、世の中のことを学ばせるのは当たり前のことだった」（Bass and Holmqvist 1990:15）。ますますネットワークは濃密になる。ちなみに、第二次世界大戦中、ハンガリーで数多くのユダヤ人を救出したラオル・ワレンベリの祖父がG・O・ワレンベリである（Bass and Holmqvist 1990:50）。

一九〇九年、クヌート・ガデリウスは横浜を引き上げ、東京の築地に事務所を開設した。スウェーデンでの本拠地をヨーテボリからストックホルムに移したのもこのころであった。政治も経済も激しく動いていた時代である。オーギュスト・パルム（August Palm）がマルメで最初の社民主義演説をしたのが一八八一年。スウェーデン社会民主労働者党がストックホルムで結党されたのが一八八九年。社民党第一号議員ヤルマール・ブランティング（Hjalmar Branting）が誕生したのが一八九六年。LO労働組合全国組織が結成されたのが一八九八年。ノーベル賞が制度化されたのが一九〇一年。スウェーデン・ノルウェー併合が解消されたのが一九〇五年であった。そして一九一四年には、社民党が第二院選挙で最大政党になった。この時以来、現在に至るまで、一〇〇年間もの長期にわたって第一党の地位を保持している。

同じ頃、日本では、一八九四年日清戦争。一九〇二年日英同盟。一九〇四年日露戦争と坂の上を懸命に目指していた。明治天皇が崩御され、大正時代が始まった一九一二年のストックホルム・オリンピックで日本は国際社会にデビューした。このオリンピックのマラソン大会に出場した金栗四三選手が途中で「行方不明」になった。しかし、一九六七年、当時七七歳だった金栗は再びストックホルムの街を走り、五四年余りの時間をかけてゴールしたマラソン・ランナーとなったことはよく知られている。

ガデリウス・ファミリーの親日ぶりは、お子さんの名前を見るだけでおおよそ見当がつく。タロー、ジロー、サブロー、シロー、ゴロー、ヤエコ、それにキクさん（Bass and Holmqvist 1990）。戦後、民間人の立場で、日瑞間交流に貢献された小野寺百合子は、スウェーデンから要人が来ると、ランチがてらに、面会する機会を与えて下さったが、多くの場合、ゴロー会長などガデリウス家のどなたかとご一緒することが多かった。

（七）ペリフェリー国家の交流

未知数が多く、情報もほとんどないペリフェリーの国に、人生と企業の未来をかけたスウェーデン人実業家がいた。逆サイドから、一〇〇年以上もスウェーデン相手に企業活動を続けた日本人実業家はいない。

ガデリウスは、今から二八年前の一九九〇年に百年史を刊行した。刊行年は条約締結後一二二年後であるので、日瑞交流史のほとんどを目撃した企業ということになる。企業活動という視点で二つの国を観察・分析している。いくつかの論点を紹介しておきたい。

遅れたが早い

スウェーデンも日本も、工業化が遅れた。産業革命が遅れて到来した国であった。同時にまた、両国はそれへの対処法が似ていた。「スウェーデンも工業化の面では、ひどく遅れていた。イギリスが一八世紀半ばの産業革命で、世界のトップに立った頃、スウェーデンは農業国だった。五〇年後にフランス、オランダ、ベルギー、ドイツに一斉に工場が建ち始めた頃、スウェーデンはヨーロッパで最も貧しい国の一つだった。そのため、やがて国民の四分の一がアメリカに移住してしまうことになったのである」（Bass and Holmqvist 1990:26）。出発点は次の認識である。「ヨーロッパで最も遅く工業化を実現した国」それがスウェーデン（Bass and Holmqvist 1990:27）。「遅れたが早い」は日本と同じ。

周辺国人は似ている

日本人とスウェーデン人は似ている。「スウェーデン人は北欧の日本人である」。「日本人の長期にわたる鎖国と、ヨーロッパの北のはずれというスウェーデンの地理的条件は、両方の民族を引っ込み思案で無口にした（中略）、目新しい物は好奇心と同時に、猜疑心を呼び起こす。だから受け入れる前に十分調べ、試してみなければ気がすまない。それに何代にもわたって、両民族は意識的に、自分の感情を抑えるようにしつけられてきた。それは日本では面目を失わないためであり、スウェーデンでは自分を道化にしないためと言う」（Bass and Holmqvist 1990:11-12、長谷川「百年前の日本」スウェーデン社会研究所『スウェーデン社会研究月報』vol.22,No.12）。

感情を包み隠す

こうした特性は、他の文化圏から予備知識なしできた人びとには、少し理解しにくいかもしれないが、また別の共通点を引き出すことになる。すなわち、「一度日本人と、あるいはスウェーデン人と信頼関係を築けたなら、それは一生持続すると考えてよい、ということだ。このことは、個人的な付き合いにも、ビジネスの付き合いにも当てはまる」（Bass and Holmqvist 1990:12）。

隔絶された国であった

理由は違うが両国とも隔絶された国であった。「スウェーデンで産業が話題になるのは、一九世紀末のことで、それは鉄鉱石や森林などの天然資源と、鉄道建設がその基礎となっていた。それ以前はスウェーデンも、隔絶された国だった」(Bass and Holmqvist 1990:27)。日本は鎖国政策で隔絶された国であった。スウェーデンは地理的理由で隔絶された国であった。どうしても南ヨーロッパのように陽気になれない。対人接触法がぎこちない。

近代化を受け入れる下地ができていた点は同じ

基礎教育の充実と科学技術の重視が伝統。「政治情勢や労働市場の状況は当時も今も、穏やかなものだし、義務教育は世界のどこよりも早く採用されている。非常に進んだ技術の伝統も、早くから作りだされていた」(Bass and Holmqvist 1990:27)。

日本は鎖国政策の約二二〇年間に、「独特な経済とうまく組織された社会、非常に高度な教育、全くユニークな国家経済と主知主義の融合、そしてそこから生まれる偉大な政治的手腕、それら全てを発達させて来たのだ」。エドウィン・ライシャワーが『日本史』で展開した論理は、日瑞比較の視点で、説得力が大きくなる。鎖国の後の「奇跡」は「奇跡」ではない。近代化の下地はできていたのだ。明治維新直後期に岩倉使節団を編成し送り出せたことが、例証している。一八七一年に学習使節団を派遣するなどという決断は下地がなければ、できそうもない(Bass and Holmqvist 1990:26)。

日本からのスウェーデンへのアプローチはスウェーデンからのアプローチに比べ二〇〇年以上の遅れがあった。そして、鎖国をモノともせずに来訪した大胆さや希望・勇気に匹敵するほどの高揚感も見られなかった。岩倉使節団という整然とした国家企画から始まっているのが大きな特徴でもある。日本でスウェーデンへの期待や関心が高まったのは、戦間期頃からである。長らく、関心度の低い国であった。

スウェーデン社会研究所から北ヨーロッパ学会へ

スウェーデン社会研究所が東海大学創設者の松前重義を中心に結成された。一九六七年八月、東京・国際文化会館で創立を決議し、同年一〇月に、クリスティーナ王女をお迎えして開所式が挙行された。事務所は、東京駅前の丸ビル七階の七八一号室に設置された。設立時のメンバーは、次の通りであった。会長・松前重義、理事長・大平正芳、所長・西村光夫、専務理事・出納功、顧問・十河信二、小野寺信、宮部一郎。理事・平田富太郎、木内信胤、松本重治、気賀健三、土屋清、高須裕三、松本浩太郎、奥原潔、安得三、高橋通敏、石渡利康。監事・丸尾直美、内藤英憲。懐かしい名前が並んでいた。この研究所のメンバーについて言えば、必ずしもスウェーデン研究者が結集したわけでもないし、研究者だけの法人でもなかった。松前重義を軸にして多くの財界人や政治家、知識人らが集まった。研究者はむしろ少数派であった。それに、そもそも、松前重義総長の関心はデンマークであり、大学はデンマークの国民高等学校の思想と哲学を基礎にしていた。それでも、パワフルな磁場であった。その周辺に各界の著名人が集まった。研究所の財政運営や企画については、武市知弘、藤牧新平、中嶋博、小野寺百合子らの貢献が必要であった。そして、堀内六郎、伊藤裕子が事務局で縦横の働きをした。丸ビルの取り壊し、建て替え計画が発表された時、事務所が同時に閉鎖された。それと時を同じくして、東海大学総長の松前紀男を会長にして、北ヨーロッパ学会が設立された。北欧諸国、バルト諸国、それにオランダなど北ヨーロッパ地域の研究者が集まった。

ここで紹介したようなパイオニアたちに匹敵する人物としては、賀川豊彦、藤原銀次郎、それに第二次大戦後、日瑞文化交流に貢献された小野寺百合子らの名が挙がるであろう。

【参考文献】

スクリーチ、タイモン、村山和裕訳（二〇一一）『阿蘭陀が通る：人間交流の江戸美術史』、東京大学出版会
ツンベリィ、山田珠樹訳註（一九四一）『ツンベルグ日本紀行』奥川書房刊
ヘディン、スヴェン、福田宏年訳（一九九〇）『さまよえる湖』（上）（下）岩波書店
ムレーン、グンナル、延岡繁訳（二〇〇一ａ）「日本に初めて来たスウェーデン人フレデリック・コイエットの人生（1）」中部大学『人文学部研究論集』五号
ムレーン、グンナル、延岡繁訳（二〇〇一ｂ）「日本に初めて来たスウェーデン人フレデリック・コイエットの人生（2）」中部大学『人文学部研究論集』六号
ムレーン、グンナル、延岡繁訳（二〇〇二）「日本に初めて来たスウェーデン人フレデリック・コイエットの人生（3）」中部大学『人文学部研究論集』八号
ムレーン、グンナル、延岡繁訳（二〇〇三）「日本に初めて来たスウェーデン人フレデリック・コイエットの人生（4）」中部大学『人文学部研究論集』九号
ヴィルマン・エリクソン、ウーロフ、尾崎義訳（二〇一〇）『日本旅行記』弘文堂アテネ文庫復刻版
石井研堂（一九四四）『明治事物起源（下巻）』春陽堂
泉三郎（二〇〇一）『堂々たる日本人』祥伝社
岩松睦夫（一九八四）『緑の大回廊：森が語る日本人へのメッセージ』東急エージェンシー
奥田環（一九九五）『岩倉使節団がみたスウェーデン：米欧回覧実記』第68・69巻「瑞典国ノ記 上・下」を読む、『川村学園女子大学研究紀要』第六巻 第一号

久米邦武編（一九七七）田中彰 校注『特命全権大使 米欧回覧実記』岩波書店
久米邦武編著、水澤周訳注（二〇〇八）『特命全権大使 米欧回覧実記』慶應義塾大学出版会
田中彰（二〇〇二）『岩倉使節団　米欧回覧実記』岩波書店
田中英道（二〇〇七）『支倉常長：武士、ローマを行進す』ミネルヴァ書房
長谷川「百年前の日本」スウェーデン社会研究所『スウェーデン社会研究月報』vol.22,No.12
宮永孝（一九九二）『アメリカの岩倉使節団』筑摩書店
Bass, Britt and Lasse Holmqvist (1990) *Gadelius 1890-1990, en familj och ett företag*, Gadelius AB.
Bergman, Sten (1948) *De Tusen Öarna i Fjärran Östern*, Bonniers Folkbibliotek.
Edström, Bert (1997) *The Iwakura Mission in Sweden*, Center for Pacific Asia Studies at Stockholm University.
Edström, Bert och Ingvar Svanberg (2001) *Fjärrannära*, Bokförlaget Arena.
Embassy of Sweden, (2013) *Sweden & Japan: A longstanding friendship*
Hedin, Sven (1937) *Den vandrade sjön*, Albert Bonniers Forlag, Stockholm.
Malmö stad (2014) *Besöksguide 2014*, Malmö Turism.
Müllern, Gunnar (1963) *Förste Svensken i Japan: Han som miste Formosa*, Stockholm, Saxon & Lindströms Förlag.
Nordenskiöld, À.E. (1978) *Nordostppagen*, Niloe.
Ramsay, Henrik (1950) *Nordenskiöld Sjöfararen*, Skoglunds.
Thunberg, Carl Peter (1971) *Resa uti Europa,Africa, Asia*, Första delen och Andra delen, Bokfrämjandet.
Thunberg, Carl Peter(1980) *Resan til och uti Kejsaredömet Japan, åren 1775 och1 776*, Bokförlaget Rediviva.
Wallström, Tord (1982) *Svenska Upptäckare*, Bra Böcker.

第一部　日本・スウェーデン関係——人物交流

第一章　賀川豊彦とスウェーデン

斉藤　弥生

一．戦間期のスウェーデンをみた日本人

アメリカ人ジャーナリストのM・W・チャイルズ（一九〇三年～一九九〇年）が出版した *Sweden: The Middle Way*（一九三六（昭和一一）年）は、世界各国にスウェーデンのイメージを多くの国が学ぶべきユートピアとして定着させるきっかけとなった。「この世のユートピア」というスウェーデンのイメージがいかに強かったかは、岡沢（一九九一、二〇〇九）に記されている。世界大恐慌を受けて、アメリカが公共事業による雇用政策であるニューディール政策を遂行するなかで、チャイルズは国家による経済介入が自由主義の脅威でないことを示すために、スウェーデンの経験を参考事例として紹介した。

Sweden: The Middle Way を日本語に翻訳し、一九三八（昭和一三）年に『中庸を行くスヰーデン――世界の模範國』【写真1】として出版したのが、賀川豊彦（一八八八年～一九六〇年）と同志社大学名誉教授の島田啓一郎（一九一〇年・二〇〇三年）であった。賀川豊彦は「譯者序」の中で、「この書の飜譯には専ら島田啓一郎氏の努力によつたものである。私はたゞこれを原書と照し合わせて處々筆を入れたにしか過ぎない」と、当時二八歳だった島田の刊行に至るまでの大きな貢献を述べている。

【写真１】賀川、島田の翻訳による
『中庸を行くスヰーデン―世界の模範國』
（1938 年刊行）

　賀川は一九二四（大正一三）年に欧米各国に最初の巡礼に出かけ、その巡礼先はアメリカ、イギリス、フランス、ロシア、オランダ、ドイツ、デンマーク、イタリアであった。一九三六（昭和一一）年には二回めの巡礼のため、再び欧米に出かけたが、訪問先は一七か国を超え、北欧諸国ではスウェーデン、ノルウェー、フィンランドを訪問している。この頃、日本では大正デモクラシーの時代が幕を閉じ、治安維持法（一九二五年）、満州事変（一九三一年）、五・一五事件（一九三二年）、二・二六事件（一九三六年）、日中戦争（一九三七年）というように、言論の自由の統制とともに、戦争の時代に突き進んでいった。この時代にスウェーデンを訪れた賀川は何を見て、何を感じたのだろうか。

　賀川の欧州訪問の時期は、スウェーデン政治史からみても興味深い。一九二〇年にスウェーデンでは第一次ヤルマール・ブランティング内閣が誕生し、七か月ではあったが、社民党が初めて単独政権を樹立した。また一九三二年に誕生したペール・アルビン・ハンソン内閣は、一九七六年までの四四年間、スウェーデンにおいて社民党による長期政権を築く土台を築いた。ハンソン首相は、スウェーデン・モデルの理念的基盤となった国家ビジョンである「国民の家」（一九二八年）を提唱した人物である。まさにスウェーデン社民党による、「国民の家」ビジョンに基づく社会づくりが始まろうとしていた時期であった。当時、ハンソン内閣の課題は二つあり、一つは社会主義への不安や恐怖を解消して国民に対し社民党の政権担当能力を示すこと、また世界恐慌による大量の失業者への対応であったと岡沢（一九九一）は述べている。

二　賀川豊彦について

賀川豊彦とはどのような人物であったのか。小林正弥（二〇一一）の表現を引用すると「キリスト教説教師として伝道活動を活発に行うと同時に、社会活動家であり、日本の貧民救済運動、労働運動、農民運動に大きな役割を果たし、協同組合運動を創始し、平和運動にも大きな貢献を果たした」人であるが、その活動は広範で多岐にわたり、賀川に関する著作は数も多く、数行でまとめるのはかなり難しい。

隅谷（二〇一二）をもとに、賀川豊彦を紹介すると次のようになる。賀川は一八八八年に兵庫に生まれるが、複雑な家庭環境の中で育ち、また一三歳で肺結核を患うなど、苦悩の多い青少年期を過ごした。キリスト教の宣教師との出会いをきっかけに牧師を目指すが、神学校に進学後、肺結核が進行し、余命二年の宣告を受ける。神学校に通う道中に葺合新川（現在の神戸市中央区の一地域）の貧民窟があったが、賀川は残り短い人生をここに住み、ここに住む人々の救済に尽力することを決意する。ロンドンのイースト・エンドに住みながら、貧しい人たちの救済にあたったアーノルド・トインビーやキャノン・バーネットの活動にみられる、セツルメント活動の日本での実践である。セツルメントとは、知識人の有志がスラム街に住み込んで、住民の生活改善のために、地域の環境整備などに取り組む活動である。

しかし賀川の活動はセツルメント活動に終わらなかった。賀川は自分だけがいくら努力しても、貧困問題を解決できないことに気づき、さらに学びを重ねるために一九一四年にアメリカに留学する。アメリカ生活の中で、賀川はニューヨークのスラム街を訪ね、労働者によるデモに出会い、「労働者自らの力で自ら救ふより外に道はない」と、労働者自身が動かなければ何も実現しないことを肌で感じとった。隅谷（二〇一一）は、賀川が帰国一年後に書いた「日本における防貧策としての労働組合運動」の中にみる賀川の考え方を次のように引用している。「もし今日、貧民階級をなくしてしまふと思へば、今日の慈善主義では不可能である。慈善主義は常に貧民を増加さす傾向がある」とし、「救済思想の徹底はどうしても、労働問題の根底に突き衝らねばならぬと思ふ。それには、社会主義、社会改良主義、国家社会主義と云った様な各種の主義、主張もあるが、日本の今日の現状に照らして、労働組合の健全なる発達をなさしめるより急務なるはないと考へる」（賀川豊彦『精神運動と社会運動』）。

また人々が安価な生活必需品を入手できるよう、賀川は一九一九年に大阪購買組合共益社、一九二〇年には神戸購買組合（現在の「コープこうべ」）を設立した。また農村の貧困問題にも目を向け、一九二二年には神戸で農民組合を結成し、また誰でも医療が受けられるようにと医療生活協同組合という形態で新宿診療所（現在の東京中野組合病院）を設立し、協同組合運動を展開する。賀川の農村振興はデンマークの国民高等学校とその精神から多くを学んでおり、これは吉武（二〇〇三）に詳しい。

三．賀川がみたスウェーデン（一）
——極寒の地の豊かな暮らし

賀川は一九二四年の第一回めの欧米巡礼の旅で、デンマークの国民高等学校と衛生的な農村生活の豊かさに感銘を受け、著書『雲水遍路』に「デンマークの印象」として数ページにわたり記している。イエスの友会機関紙『雲の柱』の「日本農民福音學校生徒募集」の広告では、「趣旨　日本農村の精神的、經濟的更生のために基督精神による訓練と經營技術を與ふるを目的とす。此の為に特にデンマークの復興の指導者グルンドヴィッヒ等の精神に倣ひ、特に人格的村塾的教育を施す」とあり、デンマークの国民高等学校を瀬戸内海に浮かぶ豊島はじめ、いくつかの地で実現した。

賀川によるスウェーデンに関する記述は、第二回めの欧米巡礼のもので、『中庸を行くスヰーデン——世界の模範國』を出版する前年のものである。『雲の柱』第一六巻（一九三七）に「近代國家の模範スヰーデン」という見出しのエッセイが掲載されている。

私がスヰーデンにいったのは、一九三六年の七月七日であった。一旦通り過ぎて、ノルエーに行き、四日程經て、スヰーデンに歸つて來た。現在では、スヰーデンは、世界中で最も幸福な國である。（中略）スヰーデンの南端は緯度五五度、北端は約七二度である。非常に寒いのであるから、日本人等は住めない。それを防寒の設備をして巧く考えて住んでゐる。然も、都會によりも農村に人口が多い。それで居て彼等が幸福に暮して得てゐる理由を考へたい。（「近代國家の模範スヰーデン」三三頁）

「日本人等は住めない」ほど寒い国スウェーデン、「都會によりも農村に人口が多いスウェーデン」、それなのに「世界中で最も幸福な国」として賀川はスウェーデンという国に強い関心を抱いたようである。

賀川は世界的な植物学者カール・フォン・リンネ（一七〇七年～一七七八年）の研究とその偉業に感銘

を受け、リンネの家も訪問している。リンネの弟子の一人、カール・ペーテル・トゥンベリ（一七四三年～一八二八年）は江戸幕府による統治の時代に、長崎の出島に医師として滞在し、日本のことを学び、『日本植物誌』（一七八四）を出版した。トゥンベリが日本から持ちかえった植物標本はウプサラ大学の博物館に保管されている。賀川はウプサラ大学でこの標本を目にしたようで、エッセイの中で「我々が、スヰーデンに學ぶ第一のことは、ここから植物學が起つたことである。リンネは百七十年くらゐ以前に既に日本のことを知つて居た。日本品がその博物館にあるのを發見して驚いた」と述べている。

日本で農村青年に會ふと、農村には娯樂がないといふことを良く聞かされる。私は農村青年が、自然愛好の道樂を持つて欲しいと思ふ。北緯六十五度に近いところで植物園を作り、植物學を組織した努力を學ぶべきであると思ふ。（中略）次に考へたいのは、ニコルソンのことである。ニコルソンは小麦の栽培に貢献した。スヰーデンに適した小麦の種類を摘出した人である。日本人は賢い、然し、研究が足りない。（中略）研究さへすれば農村では燃料、肥料、衣食住に困ることなく行けるものを、工夫することが足りない。動植物の品種の改良をすることが先ず何よりの急務である。（「近代國家の模範スヰーデン」二三頁）

もっと研究をすること、工夫をすることで、豊かな暮らしの実現は可能で、そのために日本人にもまだできることがあると賀川は考えた。

四．賀川がみたスウェーデン（二）
——庶民の生活を支える協同組合

賀川が「次に、スヰーデンに學びたいことは、その發達せる協同組合に就いて」であった。『世界を私の家として』の中で、賀川は「スカンヂナビヤ旅行印象後記」を記し、ノルウェー、スウェーデン、フィンランドの好印象を述べ、一九三六年にストックホルムで設備の整った工場や住宅、住宅内に設置された託児所をみて次のように述べている。

周囲三里に近い大きな島全部に四大工場が立つてゐる。製粉、マカロニ、パン製造、人造バタ等であるが、この大工場に唯の二百五十人しか職工が居ないのに驚く。而も工場は米国ワシントンのホワイト・ハウスより美しい。唯驚異であった。それより職工住宅を見る。室内装飾の美しいこと、教養の高いこと、家賃の高いこと、共に驚異である。（中略）更に八千戸を有する組合住宅を見る。託児場の美観に驚いた。スヰーデンなればこそと思はれた。（「世界を私の家として」四三八頁）

スウェーデンの豊かさの背景に、協同組合活動や連帯に基づく財源調達のしくみがあることを賀川は説明している。スウェーデンでは生命保険組合が基礎となり、他の組合は事業資金をこの生命保険組合からの融通を受けているとし、その結果、さまざまな事業に資金が行き届き、順調な成長を遂げていると、賀川はエッセイで述べている。スウェーデンにおける民間の創意工夫に視点が注がれている点が興味深い。

日本であれば中央金庫の金を借りる譯であるが、これとても利息は約五朱で、決して安い利率の金では無い。生命保険から無利子に近い金が來るのでなければ消費が順調に伸びていくことは困難である。（中略）スヰーデンではこれと反對に、生命保険金を持つて、自作農の創設に、信用組合、消費組合に加工工場などに廻してゐるので、いづれもが順調な發展をなしつゝある。またスヰーデンには優れた住宅組合がその資金の融通を受けて、經營せられて居ることも、附記しなければならぬ。

（「近代國家の模範スヰーデン」三三五頁）

そして「生活権と労働権と教育権が保障されれば、人は罪を犯さない」と賀川は断言する。賀川の代表作でもあり、後に映画化された『死線を越えて』（一九二〇年）には、賀川がセツルメント活動を実践した葺合新川の貧民窟での日常的な盗難、子殺し、人身売買などの経験が生々しく描かれているが、賀川にとってスウェーデン社会のあり様は驚きであったに違いない。

何を言つてもスヰーデンで最も驚くことは、犯罪率の非常に尠いことである。刑務所に行く者は、一年間を通じて約千百人であり、（日本は十二萬六千人）殺人犯は十年間平均で約十一人くらゐだと記憶してゐる―一九三一年恐慌時には少し悪かつたが―そのためにストックホルムは刑務所を廢したと聞いてゐる。その筈である、姙娠に對しては姙娠保険組合があり、病氣に對しては養老年金制度があり、死亡に際しては生命保険組合があり、日用必要品は搾取なき消費組合から求め、住宅は搾取を離れたる住宅組合から借り、又世界一立派な生命保険組合が營利を離れて無産階級の生命保険を司つてゐる。それに被服は手工組合で織り、教育は中等程度まで義務制であり、それより上は學費の半額まで補助がある。（中略）かういふ國では盗棒をすると損をする。僅かばかりの金、五十圓か百圓の金を盗んで、國民としての何萬圓かの權利を失ふことが厭であるからである。實際國民といふものは、生活權と勞働權と教育權を保證してくれるならば、そんなに罪を犯すものではない」（「近代國家の模範スヰーデン」三三頁）

賀川は北欧以外にも実に多くの国々を訪問している。『世界を私の家として』の「協同組合行脚」の章ではドイツやフランスをはじめヨーロッパ諸国の協同組合の成功例、失敗例を紹介している。いつ戦争が起きても不思議でない時期に、多くの国に自ら赴き、記録を残していることからも賀川の新しい社会ビジョンづくりへの熱意が伝わる。格差社会、貧困、社会的排除という社会的課題が深刻化する日本において、賀川がみた自律と連帯のスウェーデンは、二一世紀に暮らす私たちにも興味深いものである。

五．ストックホルムに残る賀川の足跡

『時代』（*Tidevarvet*）は一九二三年から一九三六年にかけて発刊された、フェミニズム系の政治誌のようである。同誌は五人の女性により始められ、創刊者の一人にはスウェーデンの女性解放運動に大きな影響を与えた作家であるエーリン・ウェグナー（一八八二年〜一九四九年）がいる。

『時代』一九三六年七月一八日号に、「実生活におけるキリスト教の人類愛」という見出しで、写真入りで、賀川豊彦のスウェーデン来訪（六四頁）が伝えられている。記事は、日本から来たスウェーデ

ンに強い関心を抱く平和主義者として賀川を紹介し、ブラジエホルムにあるエマニュエル教会の集会で二晩にわたり、賀川が講話を行ったことを伝えている。同誌によれば「過剰な人口、資源ニーズ、解決しなければならない債務問題、複雑な通商問題など、今日では戦争の要因がいくつも存在する。もし私たちが国家間で、国際的な貿易協力を有していたならば、国際的な連帯はもっと強固であったであろう。スウェーデンは小さな国であるが、数多くの協同組合の店舗があり、強力な協同組合事業がある。協同組合は、キリスト教的な協力とは呼ばれないだろうが、協力の象徴であり、すべての領域で実現されなくてはならない」と、賀川はスウェーデンの協同組合を〝協力の象徴〟と述べている。

【写真2】スウェーデン語に翻訳された賀川の著作、Brotherhood Economics（左）、『乳と蜜の流るる郷』（右）。

ブラジエホルムはストックホルム中心部にある半島の部分で、ノーベル賞受賞者が授賞式のために宿泊するグランドホテルもここにある。ブラジエホルムにあったとされるエマニュエル教会の建物は現存しないが、当時の絵を見ると、三階建てで、オペラハウスのように大きく、美しい教会であった。現在は少し北のクングステン通り沿いにイマニュエル教会として、いくつかの教会が合併した形で残っている。

王立図書館の検索サイトLIBRISを使い、「賀川豊彦」で検索すると、四八件の文献が現れる。前述の『死線を越えて』（一九二〇）は、一九二五年にすでにスウェーデン語に翻訳され、刊行された。【写真2】（右）の『乳と蜜の流るる郷』（一九三五）は福島県の会津地方を舞台とする協同組合をテーマとした作品であるが、一九三七年にスウェーデン語に翻訳されている。【写真2】（左）の *Brotherhood Economics* は一九三六年にニューヨークで英語により出版され、今では一七か国語に翻訳されているが、一九三八年にスウェーデン語でも出版された。日本では二〇〇九年に逆輸入され『友愛の政治経済学』として日本語で刊行された。スウェーデンに存在する賀川の著作の多くはキリスト教に関するものであるが、なかにはスウェーデンの作家や宗教者が賀川自身やその家族について記した文献もある。

六．平和への願い

賀川は、一九四〇年八月、反戦運動嫌疑で渋谷憲兵隊に拘引され、同年一〇月、賀川の個人雑誌とも言われる『雲の柱』は一九巻をもって廃刊となった。本章で紹介した「近代國家の模範スヰーデン」が掲載されてから三年後のことであった。そして日本は太平洋戦争に進んでいった。吉武（二〇〇三）が示すように、賀川は『中庸を行くスヰーデン――世界の模範國』の「譯者序」を次のようにしめくくっている。

平和二百年、このスヰーデン國は地球の表面に於て最も理想に近い、社會的水準を我々に示してゐると考へざるを得ない。東洋平和の實現に努力してゐる日本は、大にスヰーデンに學ぶところがなくてはならぬ（『中庸を行くスヰーデン――世界の模範國』「譯者序」五頁）

賀川は戦後三度にわたり、ノーベル平和賞候補者に推薦され、その平和活動は世界的に評価されている。いまだからこそ、スウェーデンの「平和二百年」という言葉が重く感じられる。

【引用文献・参考文献】

賀川豊彦（一九二〇）『死線を越えて』改造社
賀川豊彦（一八三七）「近代國家の模範スキーデン」『雲の柱』第一六巻、イエスの友の会
賀川豊彦（二〇一一）「雲水遍路」「世界を私の家として」賀川豊彦全集刊行会『賀川豊彦全集』第二三巻第二三回配本、キリスト教新聞社
賀川豊彦（二〇〇九）『友愛の政治経済学』日本生活協同組合連合会
小林正弥（二〇一一）「解説　愛の実践者・賀川豊彦の思想的意義——コミュニタリアニズム的観点から」隅谷三喜男『賀川豊彦』岩波書店
M・W・チャイルヅ著、賀川豊彦・島田啓一郎訳（一九三八）『中庸を行くスキーデン——世界の模範國』、豊文書院
岡沢憲芙（一九九一）『スウェーデンの挑戦』岩波新書
岡沢憲芙（二〇〇四）『ストックホルム　ストーリー——福祉社会の源流を求めて』早稲田大学出版部
岡沢憲芙（二〇〇九）『スウェーデンの政治』東京大学出版会
隅谷三喜男（二〇一一）『賀川豊彦』岩波書店
吉武信彦（二〇〇三）『日本人は北欧から何を学んだか—日本—北欧政治関係史入門』新評論
TIDEVARVET　一九三六年七月一八日号

第二章　藤原銀次郎——製紙王がみたスウェーデン

秋朝 礼恵

一．はじめに

藤原銀次郎は、日本とスウェーデンが正式に外交関係を樹立したおよそ半年後の一八六九（明治二）年、長野県上水内郡安茂里村字平柴に、父・茂兵衛、母・タカ子の間の三男二女の末子として生まれた。少年の頃から大変な勉強家で、一四、五歳の頃には長野市の桧垣塾に入門して漢学を学び、朝早くから一日も欠かさず聴講したという。そして、藤原が一七歳の頃、時代はまさしく「維新の革命成つて、あらゆる古きものは打破されて新しいものに變りゆく」（下田 一九四九：四）時で、「志を抱くものは皆東都に向つた」（下田 一九四九：四）。藤原の上京したい情熱は冷めず、医者になる条件付きで父親から東京遊学を許されて、明治一六年、上京とともに獨逸語協會學校に入った。当時、医者になるためにはドイツ協會に入学することが常例であったからである。しかし、福沢諭吉の影響か、医者の志を翻して慶應義塾大学に入学し、卒業後は大学の先輩に勧められて松江日報に就職した。当時弱冠二二歳の主筆であった。ところが経営は惨憺たるもので、借金が膨れ上がり、新聞用紙が購入できず翌日の新聞を出すことができないありさまだった。

その後、藤原は、一八九五（明治二八）年に三井銀行に入行し、さらに富岡製糸場の支配人、三井物産台湾支店長などを歴任する。行く先々で経営上の課題に直面したがいずれも改革を成功させ、ついに、どん底の状態にあった王子製紙で経営再建を果たす。王子製紙では三〇年ほど勤めて昭和初期の「製紙王」と言われ、その地位と名声を確固たるものとした。なお、引退後には米内内閣で商工大臣、小磯内閣で軍需大臣を務めている。

実業家・藤原は教育家でもあった。私財を投じて藤原工業大学（のちの慶應義塾大学工学部）を創設している。また、茶人でもあり、スウェーデン・ストックホルムに茶室を寄附している。第二次世界大戦中のドイツへ親善使節として派遣されるも、現地でその任を断り、その足でストックホルムに赴き自ら茶室の庭を造設して茶会を催したことはつとに知られている。

本章では、藤原自身による著作や口述をまとめた書籍をもとに、藤原とスウェーデンとの関わりについて述べることとしたい。

二　三井物産木材部の改革

藤原は、三井物産で上海支店次長や台湾支店長を務めて貿易実務に携わったのち、経営再建の手腕を請われて木材部長として北海道への赴任の命を受けた。日露戦争中、「三井物産は随分活躍をして巨利も博したが、同時に北海道で買占めた材木では大損となり、三百萬圓といふ損害で」（下田 一九四九：二九）、物産存廃の大問題とまでいわれていた。藤原は「日夜の区別なく、懸命になって事業の挽回発展に意を砕」（藤原 一九八四：二二）いた。伐採された材木の検査員や社員の意識改革に取り組み規律を正すと同時に、大阪や外国へと北海道材の新しい販路を開拓した。

当時檜材はオーク材としてイギリスやドイツでは最上の家具材として珍重されていたが、日本では薪として使われていた。そこで、藤原は試行錯誤の末に北海道の気候にあう乾燥方法をみつけるなどの工夫をこらし、徐々に日本国内でもオーク材の価値が認められるようになった。そのうち、需要に供給が追いつかなくなったため、藤原は長期的に安定してオーク材を供給するため、「思ひ切つてオークの山を買取る方針をとりだした」。購入した山を将来のために伐採せず永く持っておく計画であった（下田一九四九：三四）。のちにスウェーデンを視察旅行した際、藤原はその先駆的な森林事業や森林整備政策に強い関心を示している。

また、政府の要請で樺太開発のため豊富な森林資源を活用することとなった際、藤原は一ヵ月以上の長い時間をかけて樺太の実地踏査を実施した。そして、樺太開発の方策として、木材からパルプを製造することを思いついた。当時、外国では木材からパルプを製造していたが、日本ではそれを輸入するばかりで自ら製造してはいなかったのである。しかし、事業を興すにあたり、樺太の木材がパルプに適しているか、樺太の寒い地に工場を建設して運営できるか、さらにはこの事業の採算性など検討課題が山積していたことから、パルプの本場であるスカンディナヴィアにパルプの技師など三人の専門家を派遣して調査させることとなった。なお、この事業は藤原の手によって実現されることはなかった。というのも、その後まもなく三井物産の木材部長から王子製紙の専務として同社の経営立て直しに奔走することとなるからである。

三．王子製紙時代とスウェーデン製紙工場視察

一九一一（明治四四）年、王子製紙専務に就任した。当時、王子製紙は金融困難に陥っており、配当どころではなく、株は紙くず同然だったという。しかし、藤原は「困難に屈せぬ勇気と熱意、周到緻密な経営的頭脳、部下に対する優れた統率力、製紙業に対する深い関心と理解」（藤原 一九八四：三〇〇）をもって立て直しに尽力した。「製紙王」と呼ばれるようになった藤原にスウェーデンとの縁ができたのも、この王子製紙時代である。

『欧米の製紙界』（藤原 一九二二）によれば、藤原は、大正一〇年一〇月に英米視察実業団に加わり、各国を巡遊した。一〇月一五日に横浜から出発し、同一九日にアメリカ・シアトル市に上陸、その後ヨーロッパに渡り、イギリス、フランス、ベルギー、スウェーデン、ドイツを経てまたアメリカに戻り、カナダ訪問の後、翌年の五月一日に帰国した。およそ二〇〇日間の出張中に五〇ヵ所あまりの工場を視察している。訪問先では公式の視察団歓迎会合が何度も開かれたが、できる限り本業である製紙事業を視察するため、やむを得ない会合以外はなるべく出席を辞退し、訪問国で各地の製紙工場を視察したという。

さて、当時、王子製紙の樺太大泊工場は機械から技術に至るまですべてスウェーデン式そのままを用いて建設されており（藤原 一九二二：一五七）、藤原は実際に現地を視察し、製造過程が酷似していることに改めて驚いたようである。しかも、「木材の如きも全然彼我同種にして樺太のエゾ松、トド松と瑞典のスプルス、ファーは其の品質に於ても歩止に於ても大差なし」（藤原 一九二二：一五七）。このように、ほぼ同一の原料を用いて同一の技術で製造されたスウェーデン製品と樺太製品はほとんど同一であると

感嘆し、「過去十數年の間に於て此の如く長足の進歩發達をなせるは實に瑞典に負ふ處少からざるなり」と述べている（藤原 一九二二：一五八）。また、藤原はさらにスウェーデンに習うべき点として原材料の有効活用を挙げている。スウェーデンでは上等材はサルファイトパルプの製造工場に、中等材は新聞用紙工場に、そして劣等材はクラフト紙製造に送っており、原材料の性質ごとにそれぞれに適する製品を製造することで無駄を省き、かつ製品の品質を維持した。日本ではスウェーデンほど製紙工場やパルプ工場が多くない。しかし、製紙工業の発達に伴いスウェーデン式に原材料を使い分けることが重要課題になると藤原は考えた（藤原 一九二二：一五八）。そのほか、製紙工場等の視察を通して、研究心が強く工夫を凝らす点がスウェーデンの優れている点であること、したがって技術が進歩しており製紙業に関する最新式の発明―スチーム・アキュミュレーター、電気ボイラー、ハイ・ブレッシュア・ボイラーなど―は、スウェーデン人によるものが多いことも述べている（藤原 一九二二：一二四―一二五）。

『欧米の製紙界』によれば、スウェーデンでの調査日程は次のとおりであり、二月の寒さ厳しい時期のわずか五日間で各地の製紙工場などを精力的に視察して回ったことがうかがえる。なお、地名、訪問先表記は『歐米の製紙界』の記述のままとしている。

一九二二（大正一一）年
二月二一日　エー、エス、イー、エ、電氣機械製作所（筆者註：アセアASEA）ヴェストロース
同　二二日　ストラ、コッペルブルク會社　ファルーン
同　二三日　グリグスボー製紙工場　グリグスボー
同　二四日　カールスタツト水車製作所　クリスチネハム

同　　　スコツグホル製紙工場　スコグホル
同　　　カールスタツド製紙機械工場　カールスタツド
同　二五日　ワルゴン製紙會社　ワルゴン
同　　　トロロハツタン發電所　トロロハツタン

この訪瑞中、新聞用紙工場がストライキ中で操業を停止していたことから期待していた視察が十分にはできず工場見学にとどまった点が残念であったと述べているが、労働問題にも強い関心をもつ藤原はそのストライキの背景についても言及している。すなわち、紙の価格が下落傾向にあるにも関わらず、労働者の賃金が高止まりしていたため、製紙会社が賃金の四割削減を要求したところ、パルプと上等紙の職工はそれを承諾したが、新聞用紙製造会社の職工がこれを受け入れず、ついにはストライキに突入したのである。戦時中数回賃上げをした結果、非常に高賃金となっていることから、四割とは過酷であるものの無理なからぬ要求である、と藤原は評している（藤原 一九二二：一三一―一四）。

ところで、スウェーデン視察では製紙業以外の発見もあったようだ。それは副業としてのアルコール醸造である。アルコール醸造はアメリカの工場でも行われていたが、スウェーデンのアデホルム会社のスコグハル工場を見学して、「日本製紙業者にとりては本問題は相當研究の價値あるべし」（藤原 一九二二：一三七）と考えた。スウェーデンでは木材からとった澱粉でアルコールを作り、それをガソリンと半分ずつ混ぜて自動車用燃料に使用していた（下田 一九四九：一三三）ほか、アルコールから毒性のあるフューデルを除去して飲料アルコールを作っていた。視察した藤原は非常に驚いた。製紙業先進国・スウェーデンでは早くからパルプ廃液が再活用されており、木材から出る澱粉から良質なアルコールを生産し、相当の利益を挙げていたという。そこで、翌年五月に帰国すると、藤原は早速アルコール製造の研究を始めた。何年も苦心を重ねたもののアルコール製造事業は法規制により「税金面で放棄せざるを得ない破目に陥ってしまった」（下田 一九四九：一三五）。しかし、その努力は最終的には樺太における新産業として、樺太酒料工業会社の設立につながった（下田 一九四九：一三六）。

四．再度のスウェーデン訪問

さて、藤原の再度のスウェーデン訪問が当初から計画されていたものかどうかは定かでない。しかし、茶室・瑞暉亭を寄付したものの庭が完成していなかったことに心残りがあったようだ。

藤原について記された『一業一人伝』には、スウェーデンを訪問することとなったいきさつが次のように書かれている（桑原 一九六一：一三六―一三七）。

「…というのは自分はイギリスに対して、不親善の気持ちは少しももっていない。英独の間が平和であればこそ、ドイツへの親善使節の意義もあるが、英独が戦うことになっては、ドイツへだけ親善使節として、赴くわけにはゆかない。というのがその考え方だった。（中略）ドイツから引き揚げるにしかずと考えた藤原さんは、ブレーメンからハンブルグに移り、オランダを経由してスウェーデンに逃避した。スウェーデンのストックホルムには、昭和十年に同所の国立博物館の懇望に応じて、瑞暉亭という茶室を寄贈し、日本の文化勲章に相当するワザ勲章の贈与を受けたこともあったが、造庭がそのままになっていたので、この機会にその責を果たそうとしたのだった。」

このような経緯で藤原はストックホルムを訪問し、造庭のため二週間ほど滞在することになる。なお、勲章が贈られた一九二九（昭和四）年に藤原は日本スウェーデン協会副会長に就任している（桑原一九六一：二三八）。

瑞暉亭とは、藤原銀次郎がストックホルム王立民族博物館に寄贈した日本の茶室である。一九三二（昭和七）年に、スウェーデン王立博物館のリンドブロム博士から、日本の茶室を博物館内に建設したいと日本の国際連盟日本支部に要請があり、支部から当時の茶道の第一人者でもあった藤原にその相談が持ちかけられた。藤原は、北欧の気候に向く適当なものが見つからなかったため、新しい茶室を建築して贈ることを決めた。スウェーデンへ積み出す前に慶應義塾大学（三田）の敷地に仮建築し、その茶室を当時の日瑞協会総裁だった秩父宮殿下が「瑞暉亭」と命名されたのである。なお、スウェーデンに輸送される際、二人の棟梁が同船したこと、そして彼らが見事な働きぶりを見せたことは藤原のほか小野寺の著作に詳しい。そして、一九三五（昭和一〇）年にこの茶室が完成し落成式の際には皇太子（のちの国王グスタフ六世）と妃殿下、イーダ・トロチック、リンドブロム博士、そして駐日初代公使だったワーレンベリィ夫人などが臨席した（小野寺　一九八九：二二一―二二三）。なお、茶室とともに庭も造る予定でスウェーデンの気候にあう樹木を北海道や樺太から取り寄せて茶室とともに船に積み込んだが、ストックホルムに到着するまでに笹以外はみな枯れてしまった（下田　一九四九：二五六）。

藤原は、再度の訪瑞で庭づくりに専心したほか、国王と皇太子に謁見し、ハンソン首相にも面会している。藤原はハンソン首相やその夫人に対して非常に好感を抱いたようである。

たとえば、藤原はハンソン首相について次のように述べている。スウェーデン国民は概して豊かだがハンソン首相の出身地・スコーネでは貧富の争いがもっとも激しかったこと、首相自身はスコーネの貧しい家庭に生まれ高等教育を受けていないこと、労働者階級のために資本家と戦い、新聞記者として活躍し、のちに代議士となり、ついには総理大臣になった人物である（藤原 一九四〇：二七二—二七七、下田 一九四九：二六四—二六五）。

また、労働者と資本家との関係について、アメリカのルーズベルト大統領との対比で次のようにも述べている。すなわち、ルーズベルト大統領が労働者の味方となり社会主義的な政策を次々に実行し人気があるが、同時に、資本家側から非常な反対を受けていた。これに対して、ハンソン首相は労使双方から支持を得ており、労働者階級の信望を集めるとともに産業界からも大きな反対を受けず、資本家と労働者との争いはほとんどないように思われた。「この総理大臣はよほど卓絶した一種の英傑ともいうべき人物であると思った」（藤原 一九四〇：二七二—二七七、藤原 一九八四：一八九—一九〇）。

また、藤原はハンソン首相が労働者の住宅改良に努力していることを挙げ、首相自身が労働者と同じ住宅に住んでいることに驚きを隠さない。労働者の住宅街の一端にあるハンソンの家は他の長屋と何の変わりない小さな造りであり、首相になる前からそこに住み、首相就任後も大きな住宅に住もうとせず、その家から通っていることに藤原は非常に驚いた。口では何を言っても実際にこのような立派な行動はとれるものではない—「藤原氏は心の底からしみぐ〳〵頭の下る氣持がした」（下田 一九四九：二六六）。「藤原氏にとつては社会全體の幸福、多くの人が惠まれ榮えることは、自分の一身の榮達や、派出な生活よりも遙かに望ましく悦しいことであつた。（中略）かうした心持を抱いてゐる藤原氏にとつて、スエーデンの社會制度は、また新しい感動」をもたらしたのであった（下田 一九四九：二六二—二六三）。

なお、帰国後、藤原は大臣職の要請を受けるが、スウェーデンでの見聞が内閣の一員として国の政策に関与することを促したのではないかと指摘されている（下田 一九四九：二七二—二七三）。というのは、スウェーデンでは実業界で成功を収めた人たちの才能を他の分野でも発揮させるべく政府の重要なポストに任用していた。当時、スウェーデンのベアリングが世界的シェアを誇るに至った主要な産業であったが、そのベアリング事業で活躍した人物が駐英大使となり、また、銀行界の成功者が駐トルコ大使となっていた。藤原は「實業家と云へば別個の人種のやうに扱ひ易い日本のあきたらなさを異郷にあつてしみぐ〵と感じさせられた」ようである（下田 一九四九：二七二）。

五．おわりに

藤原が寄贈した茶室・瑞暉亭はスウェーデンにおける親日感情の拠り所となっていた（小野寺 一九八九：二三）。残念なことに、落成から三〇年ほど経った一九六四年、不審火のために焼失してしまった。その後、一九九〇年に再建され新瑞暉亭が出来上がったのだが、それを支えたのは初代瑞暉亭をめぐっておりなされた人と人とのつながりであった。そのなかに、藤原銀次郎の養女・阿部喜美子夫人、ガデリウス商会代表タロー・ガデリウス、イーダ・トロチックの孫娘ウメ・ラードブルッフとガビー・コッホらの顔ぶれがあった。また、故藤原銀次郎の縁の事業として王子製紙、十条製紙、本州製紙、神埼製紙が資金を出しあったという（小野寺 一九八九：二一四―二一七）。

【参考文献】

小野寺百合子（一九八九）『バルト海のほとりの人びと：心の交流をもとめて』新評論
桑原忠夫著（一九六一）『一業一人伝』時事通信社

下田將美（一九四九）『藤原銀次郎回顧八十年』大日本雄辯會講談社
藤原銀次郎（一九二二）『歐米の製紙界』博文館
藤原銀次郎（一九二六）『産業上から見た職業指導』藤原銀次郎
藤原銀次郎（一九四〇）『實業人の氣持』實業之日本社
藤原銀次郎（一九八四）『私の経験と考え方：人をつくる経営法』講談社

第三章　小野寺百合子――夫妻でつむいだ心の交流

秋朝 礼恵

一．はじめに

日本とスウェーデンの間で展開された人の交流の歴史をひも解くとき、小野寺百合子の存在が人と人をつなぐまさに糸の結び目であったことに気づく。小野寺は、ストックホルムでの五年間の生活で培った人間関係や生活経験を活かして戦後の日本とスウェーデンの人的交流や文化交流に寄与した。本書に登場する親日家のスウェーデン人と日本人とをつなぎ、信頼関係を構築し、それを広く社会に発信するためスウェーデン社会研究所の設立に尽力した。また、エレン・ケイ、エルサ・ベスコフ、アストリッド・リンドグレーン、トーベ・ヤンソンなどの著作を翻訳して日本に広めたことは既に多くの人の知るところだろう。さらに、スウェーデンの福祉政策や制度について精力的に情報発信を続け、スウェーデンが福祉国家として発展しまた苦悩する姿を長く見つめていた、先駆的なスウェーデン観察者のひとりでもある。

小野寺は行政官でも、政治家でも、学者でもない。夫・信の赴任に伴い、戦時中をストックホルムで生活をした武官夫人であった。しかし、帰国後、日本とスウェーデンの交流促進に大きな役割を果たすに至ったのは、やはり戦時中の「武官夫人」としてのある種特殊な経験と、小野寺自身の温かさや信念にあるのではないかと筆者は推測するのである。小野寺は『バルト海のほとりにて：武官の妻の大東亜戦争』（初版は一九八五年刊）を著した理由の一つを次のように述べている。

「…私は軍人の妻として、平和の時代と戦争の時代と二回の海外生活という特異な経験をさせて頂いたことに心から感謝している。だが、夫に従って外地へ出ていった妻の立場と、子供たちを内地に残した母親の立場との間で、一人の女が揺れ動いた心境は生やさしいものではなかった。書き残しておきたいと思うのである」（小野寺二〇〇五：四）。

ＩＴ技術が発達した現在とは異なる時代に、それも戦時中に、下は小学低学年生から上は女学生までの子ども三人を日本に残してはるか遠くヨーロッパの北の地に赴任する母親の気持ちを、いったい誰が想像できるだろう。子どもたちへの思いは著作のところどころで吐露されている。武官夫人としての立場と、子を思う母親としての立場の間で心が引き裂かれるような思いも度々であったに違いない。そのような苦難を経験したからだろうか、戦後の小野寺の著作には多くの読者をひきつけてやまない魅力がある。子どもや高齢者といった社会的に弱い地位にある人々に寄り添う温かさと、国家運営や日本社会の将来について論じる際のクールさやシビアさがある。

本章では、『バルト海のほとりにて：武官の妻の大東亜戦争』と『バルト海のほとりの人びと：心の交流をもとめて』から、日本とスウェーデンの交流史における小野寺百合子の功績を辿っていく。

二、スウェーデンとの出会い

(一) 北へ

夫・信が一九四〇年に在スウェーデン公使館付武官を拝命したことに伴い、小野寺が日本を発ったのはその翌年、一九四一(昭和一六)年五月のことであった。東京から敦賀を経てウラジオストックに行き、そこからシベリア鉄道でスウェーデンに向かった。ウラジオストックではホテルに二泊したが、そのホテルで大勢の外国人の家族連れと遭遇する。そして彼らは「皆にこにこして私どもに挨拶した。私は生まれてはじめてソ連領にはいったのでホテルでも何となく緊張していたのに、この有様には何が何だか訳がわからず、狐につままれたような思いであった」(小野寺 二〇〇五：九六―九七)。その外国人の家族連れとは、小野寺はずっと後で知るのだが、杉原千畝にビザを発給してもらい、日本経由でアメリカに向かうユダヤ人の一部だった。

(二) スウェーデン生活

ストックホルムに到着したのは、東京を出発して二〇日目の六月四日の朝だった。皮肉なことに、日本がもっとも長く景色も美しい時期に、武官の妻としてのストックホルム生活が始まった。小野寺は先のリガ駐在時代と同様、日本との間の暗号電報の受信発信の解読組立てに従事し、それゆえ、政治や国際関係についても知ることが多かったと思われる。そして同時に、生活者としてスウェーデン社会のさまざまな側面に触れ、観察していた。戦後、日本で発表された数々の著作には、生活者の視点からみたスウェーデン社会や福祉制度について書かれたものが多い。

たとえば、ストックホルムでは、住まいとなったフルスンズガータン七番地のアパートの隣に、「幼稚園兼保育所」があり、唯一ストックホルムにつれてきた二男の竜二をそこに預けていた。その「幼稚園兼保育所」について小野寺は、「朝九時から開いていて、何時まででも親の希望する時間まで子供を預けることができ、赤ん坊から学齢までの子供が二十人ほど居た。小さな庭も付いているし、先生が連れて子供たちを広い原っぱでもよく遊ばせていた。この幼稚園は幼児教育というよりも、親に代って子供を安全に預かることに重点があり、親の都合では夜も泊める用意がしてあった」と書いている（小野寺二〇〇五：一〇五—一〇六）。

また、小野寺はストックホルム到着後まもなくして家探しを始めた。それは、当時使用していたアパートは、前任者がフィンランドから避難してきた際のいわば間に合わせの仮住居兼仮事務所であり、手狭だったからだ。運よく、夏の終わりには、リンネガータン三八番地の大小二つのアパートに引っ越すことができたが、そのアパートで使う家具を探して街中を歩き回るときにもいろいろな発見があったようだ。たとえば、当時の状況として、ストックホルムも第一次世界大戦後は世代が代わり家族構成や家庭経済が大きく変化していること、以前とは異なる近代的なアパートが建設されて先祖代々の立派な家具をもてあましている家庭が多いとみられることなどが述べられている（小野寺二〇〇五：一一三）。

さらに、武官夫人ゆえ公式の社交で上層階級のスウェーデン人と交流することが多くなるが、上層階級以外の「一般の」人たちとつき合う機会もあったようだ。終戦となり帰国後の生計を思案した小野寺は、終戦の翌月からドレスメーキングを習いにスウェーデンの裁断学校に入学した。そこにはスウェーデン全土から縫子さんたちが集まり、生徒仲間や先生、さらにお客さんとも親しくなった。小野寺はこのときの経験を、「私はこの学校で、長年つき合った人たちとは全く違う階層のスウェーデン人たちと話し合う機会を得たのである。これは確かに私にとって得難い副産物だったと思っている」（小野寺二〇〇五：二二八）と述懐している。

（三）人をつなぐ

外国の武官やスウェーデン軍部との社交を重ねるうち、「この国での社交の主力はスウェーデン日本協会に代表される親日家たちであることが会得されるようになった」（小野寺二〇〇五：一二五）。彼らはいわゆる社会の上層階級の人たちであり、知識層であり、かつて日本に住んでいた人、日瑞間の貿易に携わっている人、学術交流の学者らなど日本好きの人たちであった。つまり、戦後の日本とスウェーデンの交流に公的あるいは私的に貢献した人たちである。当時、スウェーデンに住む日本人はまだ少数であったが、彼らは日本人に対して親切で、小野寺夫妻も親交を深めていったようである。

小野寺は、『バルト海のほとりにて：武官の妻の大東亜戦争』のなかで、とくに親交の深い友人たちを紹介している。

まず、駐日初代公使のグスタフ・ワレンベリィである。日本に初めてスウェーデン公使館が置かれたとき、公使は日本と清国を兼任しており、ワレンベリィも東京と北京とに交互に住んでいた。このころ、第二次アジア探検旅行を終えた探検家スヴェン・ヘディンが東京に立ち寄り、東京帝国大学（当時）や早稲田大学などで講演をするなどして過ごしている。小野寺は、それから四〇年後の第二次世界大戦下のスウェーデンでワレンベリィ夫人やヘディンと会う機会が何度もあった。既に、高齢であったヘディン博士と宴席ではよく隣に座り合わせ、目が不自由であったヘディン博士の「鱒の骨をむいたり鳥の身を切ってあげたり」したという（小野寺一九九八：一〇二）。なお、ヘディンの愛弟子であるリンドブロム博士（イーダ・トロチックらとともに日本茶室の瑞暉亭建設に尽力）もスウェーデン日本協会の有力メンバーであった。

また、イーダ・トロチックはヘルマン・トロチックの夫人である。イーダは日本文化に非常に興味を持ち、なかでも茶道と華道をマスターしてスウェーデンで『*Cha no yu*』（茶の湯）という本を出版した。小野寺は晩年のイーダについて、「街なかのきれいなアパートに日本の品物に囲まれながら暮らしていた。私をまるで娘扱いにして、私の訪問を待ちかね、イネツ（筆者註：イーダの娘）ともども聞かせてくれた昔話は大変に面白かった」（小野寺二〇〇五：一三二－一三三）。さらに、在瑞の日本人女性の面倒をよく見たタム・ファミリーのケイティー・タム夫人、そして、ガデリウス商会を設立したクヌート・ガデリウス、その夫人ガブリエラ、さらにタロー以下七人の子どもたちとも末永い交友関係と信頼関係が続いた。なお、終戦の翌年の一月に、ヨーロッパに住む日本人全員がスペインからの船で帰国することとなった際、公使をはじめ主だった日本人のために、スウェーデン日本協会がガデリウス家でお別れのお茶会を催したという。

なお、公式な社交以外に、女性同士、家庭で小さなティーパーティーを開き、自由で気楽な会話を楽しむ時間も頻繁にもった。ヨーロッパの戦局や政府の施政方針に話が発展することもしばしばだったようで、これには小野寺も「婦人たちが時局について自分なりの意見をはっきりと持っていて、誰の前でも憚らず堂々と発言するのに驚いた」。また、「婦人たちの物の考え方や人生観などを知る機会ともなり、またスウェーデン暮しの知恵も授かり、結構楽しかった」と述べている（小野寺二〇〇五：一二七－一二八）。

三　スウェーデンとの新たな関わり

（一）翻訳家として

小野寺は絵本の翻訳家としても知られている。なかでもエルサ・ベスコフの絵本をもっとも好んでいたようだ。ストックホルム在住時、日本にいる子どもたちに送る荷物のなかに何度かベスコフの絵本を入れたという。子どもたちは絵本を読む年齢をすでに過ぎていたが、「彼女の絵本の底を流れる温かい母心が何とも好きで、せめて私の気持を子供たちに届けたいと思った」（小野寺 二〇〇五：一六九）のである。

エルサ・ベスコフのほか、『長ぐつ下のピッピ』の作者であるアストリッド・リンドグレーンの本の翻訳、ムーミンで知られるトーベ・ヤンソンの著作の翻訳も手掛けている。そのほか、夫・信とともにエレン・ケイの『児童の世紀』なども翻訳し、おとなから子どもまでの広い年齢層にスウェーデン作家や教育家の思想や価値観を伝えている。

ベスコフ、リンドグレーン、ヤンソン、そしてケイ。小野寺がこれらの作家に心を惹かれたのは、「母心」や人を包み込む「温かさ」だろう。一九九八年に刊行された『バルト海のほとりの人びと：心の交流をもとめて』（小野寺 一九九八）の、アストリッド・リンドグレーンとトーベ・ヤンソンについて記した章のなかで、小野寺は次のように述べている。

あの辛辣な筆致でときの保守派と教会を攻撃したエレン・ケイを、あの和やかなユーモラスな文学で子どもたちを魅了しているリンドグレンが、すでに少女時代からあこがれていたとは容易に信じられない話である。ところが、「アストリッド・リンドグレンの全文学を通じて貫いているものは、エレン・ケイの真髄たる母心であって、それは彼女の『恋愛と結婚』や『児童の世紀』の底流をなしているものである」と、見抜いた人がいる。それは、トーベ・ヤンソンである（小野寺一九九八：一五四）。

（二）スウェーデン社会の再発見とスウェーデン社会研究

戦後、夫・信が日瑞貿易に携わるようになった関係でスウェーデンを訪れること十数回、また、小野寺も同様にスウェーデンを訪問する機会に恵まれた。小野寺によれば、「この戦後のスウェーデン訪問が私どもにとっては思いもかけない勉強となった。夫が陸軍武官としてこの国に勤務した間のスウェーデンは、交戦国と占領国に周囲をかこまれ、必死になって中立を守るだけが精一ぱいであった。当時すでに社会民主党が政権をとっていたが、党が深刻な失業問題を解決した段階で第二次世界大戦になってしまい、一般国民を対象とする社会保障ならびに社会福祉には何一つ手をつけてはいなかった」（小野寺二〇〇五：二四四）。当時のスウェーデンの印象は、「よく整った当り前の資本主義国」であり、「違和感はなかった」（小野寺二〇〇五：二四四—二四五）という。

小野寺夫妻はそれぞれの関心から、スウェーデン社会を観察・研究し、数々の著作を発表した。夫・信は、とりわけスウェーデンの非同盟中立政策や安全保障政策の研究に力を注いだ。訪瑞の都度、大量の書籍を購入し、翻訳や著述にいそしみ、精力的な執筆生活を送った。信の遺稿集『平和国家への研究：小野寺信遺稿集』によれば、発表論文・記事等は実に八四本、翻訳など未発表のものが一八本とのことである。

小野寺は、夫・信がスウェーデン出張時に購入してきた本からスウェーデン社会の変貌ぶりを知り、高齢者に対する政策の目新しさに興味を覚え、その後、長くスウェーデンの社会保障や福祉の発展過程を追い続けることになったという（小野寺 二〇〇五：二四五）。戦後のスウェーデン福祉国家建設の過程でみられたさまざまな新しい試みを小野寺は訪瑞の際に自らの目で確かめていったのだが、特に感心したのは財源の使い道であったようである。「目を見張ったのは財源であって戦争中中立のために必要であった膨大な軍備費が戦後すぐに要らなくなったとき、国民に強いていた重税を軽減するか、それとも福祉予算にまわすかの岐路に立った。後者にすると決定した大蔵大臣の声明が印象的であった」（小野寺 二〇〇五：二四五）。

四．小野寺の想い

小野寺は『バルト海のほとりの人びと：心の交流をもとめて』の刊行を最後に、一九九八年、九〇歳でその生涯を閉じた。日本とスウェーデンの交流史からみた小野寺は、夫・信と同様、人との信頼関係を築き、育み、拡げることで日瑞関係の発展に貢献した人物である。信頼関係が確かな情報をもたらし、困難を切り開き、新しい時代の礎となる。『バルト海のほとりにて：武官の妻の大東亜戦争』のあとがきに引用されているエレン・ケイの次の言葉はまさしく小野寺の人生そのものではなかっただろうか。

人生は鎖である。先祖から延々と連らなる鎖の一環である『我』は、子孫に対しても延々と環を伝える責任がある（小野寺 二〇〇五：二五〇）。

【参考文献】

エレン・ケイ著、小野寺信・百合子訳（一九七九）『児童の世紀』冨山房
小野寺信（一九八八）『平和国家への研究：小野寺信遺稿集』小野寺百合子
小野寺百合子（一九八一）「スウェーデンの老人福祉：平等政策の一環として」国立社会保障・人口問題研究所『季刊社会保障研究』第一七巻三号．二六四―二七三頁
小野寺百合子（一九九四）「スウェーデン社会福祉の変遷：私の経験から」国立社会保障・人口問題研究所『海外社会保障情報』第一〇七号．二八―三九頁
小野寺百合子（一九九八）『バルト海のほとりの人びと：心の交流をもとめて』新評論
小野寺百合子（二〇〇五）『バルト海のほとりにて：武官の妻の大東亜戦争［復刊］』共同通信社

第四章　ウーロフ・パルメとヒロシマ

秋朝　礼恵

一．はじめに

夏になると、ストックホルムのガムラ・スタン（旧市街）にあるノーベル博物館で開催されるイベントがある。「ヒロシマ・デー（Hiroshima Dagen）」。筆者が二〇一五年に訪問した際には、入り口近くのスペースに折り紙のコーナーが設けられており、小学生くらいの子どもが無言で折り鶴を作っていた。いまでは「オリガミ」はスウェーデンでもよく知られているが、鶴を折るとなるとそう簡単ではないのだろう、その子どもたちはかなり真剣だった。折られた鶴は紐を通して千羽鶴になり、壁にかけられていた。子どもたちは、そしてこの千羽鶴をみる大人たちは何を想い、何を願ったのか。それはおそらく「平和」だろう。

ヒロシマ・デーのプログラム（2015年）

広島の原爆資料館を訪問して衝撃を受けない人はいないだろう。スウェーデンからの訪問者も多いだろう。ここでは、ヒロシマを訪れ、平和を訴えて軍縮を推し進めた政治家－ウーロフ・パルメ（Olof Palme, 一九二七～一九八六年）について紹介しよう。

二．平和運動のリーダー

パルメは一九六九年にエランデルの後継として社民党党首となり、四二歳の若さで首相となったが、苦難の連続であったといっていい。高度経済成長の追い風が止み、政治が混迷した時代の党首であり首相であった。エランデルが経験しなかったような課題にいくつも直面した（Ruin 2007:86）。

他方、国際舞台での活動は華々しく、世界の平和運動のリーダーというイメージが強い。たとえば、ベトナム戦争時には、現職の大臣ながらスウェーデン国内の反戦デモ行進の先頭に立ったことはよく知られている。一九七二年のクリスマスにはラジオ放送で、世界中に大きな反響を起こした声明を発表した。開発途上国の環境改善に強い関心をもっていた（Ruin 2007:92）。つまり、パルメは、小国の側にたつ平和運動のリーダーであった。

三．ヒロシマ訪問

パルメが広島を訪問したのは、一九八二年一二月八日のことである。

当時パルメは野党党首であり、「軍縮と安全保障のための国際独立委員会（通称パルメ委員会）」の委員長を務めていた。広島を訪問したのは、同年一二月七日に開催された、安全保障と軍縮に関する第一回東京セミナーの翌日であった。この東京セミナーには、「軍縮平和を推進する世界の第一線のリーダーたち」（永井 一九八四：三）が集まった。その顔ぶれとは、パルメ委員会メンバーである森治樹元外務次官やスジャトモコ国連大学学長のほか、アメリカからレオナード元国連公使、ソ連（当時）からはアメリカ・カナダ研究所長のアルバトフ氏、ノーベル平和賞を受賞したガルシア＝ロブレス元メキシコ外相などであった（永井 一九八四：三）。「いわゆる東の人もいれば、西の人もいる。北の人も南の人も」いる、ある意味「世界の縮図」（永井 一九八四：一二七）といえる委員会メンバーやセミナー参加者が、その翌日に広島を訪れ、資料館で被爆者の遺品や原爆の惨状を見学し、平和記念館において会議を開催した。

そのとき、パルメはスピーチの冒頭で次のように述べている。

広島に招待していただき、非常に感動的で精神が揺さぶられたことは忘れることのできない経験でございました。

都市には名前があり、それぞれ意味を持っています。そこで生れ育ち、住んでいる人たちにとっては深いものです。遠い国の町の名前は逆に知ることもなく無関心なものです。しかし、広島や長崎だけは、どんな人、老若男女を問わず無関心でいることはできないでしょう。人類史上の最も破局的で凄惨な経験として、忘れ難いものだからであります。その意味で広島は、神話でもあり現実でもあるのです（永井 一九八四：一二一）。

このスピーチ原稿（英語）はストックホルムの労働運動資料・図書館（Arbetarrörelsens arkiv och

bibliotek）に保管され、デジタル化された資料をオンラインで閲覧できる。しかも、一二月八日のスピーチ原稿の後ろには、下書き1（UTKAST 1）と記された、青インクの加筆修正が書き込まれた原稿が付属している。この下書きの日付は一二月三日。東京セミナーや広島会議を控え、直前までスピーチを練っていたのだろうか。

広島訪問時には被爆者との対話の機会も持った。パルメにもそのほかのメンバーにも広島で強い衝撃を与えたのだろう、一九八二年に国連の第二次軍縮特別総会に提出されたパルメ委員会報告書『共通の安全保障（*Common Security*）』には、広島や長崎の状況が随所に引用されている。とくに、パルメは同報告書の序文で、広島での原爆体験者の話を引用し、広島や長崎の被爆後の状況を伝えている。このパルメ委員会は東京を含めウィーン、ジュネーヴ、モスクワなど世界一〇都市で開催された。そして、およそ二年間の討議を経て、「共通の安全保障」の考え方に基づき、軍縮や安全保障の問題に協働して取り組むことの必要性を訴えた。パルメ委員会の成果として、「この困難な国際環境下で、ワルシャワ条約機構とＮＡＴＯ諸国の高名な委員が、中立政策をとる国の委員と合意に至ったのである。すなわち、世界の種々な地域の軍事情勢を事実に基づいて記述し、平和と安全に対する脅威を分析し、これらの脅威を回避するための幅広い行動計画を立てることで一致した」（パルメ委員会　一九八二：

パルメの記念碑「地球の心臓」

一九）とし、このような成果に到達できたことについて、「これはとりわけ、ヒロシマを訪問して得た感動的で衝撃的な経験に負うところが多いと思う」（パルメ委員会 一九八二：一九）と述べている。

なお、パルメは、一九八五年八月六日にストックホルムで開催された労働運動平和フォーラム（Arbetarrörelsens Fredsforum）でも広島と長崎のことを語っている。"40 år efter Hiroshima（ヒロシマから四〇年）"と題されたこのスピーチは、'Aldrig mer Hiroshima – låt oss leva i fred.（ノー・モア・ヒロシマ。私たちは平和に生きようではないか）'で締めくくられる。タイプ打ち原稿にして三六頁。スウェーデン語版のほかに英語版でも作成されている。このスピーチ原稿も労働運動資料・図書館のホームページからデジタル版を閲覧可能である。

四　ヒロシマからみたパルメ

では、広島はパルメをどうみていたのだろうか。広島市に本社を置く中国新聞のアーカイブから、当時、パルメの活動がどのように報じられていたかが伺える。中国新聞・ヒロシマ平和メディアセンターのホームページから「パルメ」で検索すると、一九八一年頃からいくつもの記事がヒットする。なお、同ホームページからみられるものは記事そのものではなく、短くまとめられたものだろう。[1] いくつかを紹介すると、たとえば、

一九八一年八月六日

ヨーロッパの一一九八一年平和大行進」の五、〇〇〇人がパリに到着。シャトー・ド・バンセンヌで平和のための大集会。六月二一日にデンマークのコペンハーゲンを出発、西ドイツ、オランダ、ベルギーを縦断、パリではスウェーデンのパルメ前首相も行進

ほかには、パルメが広島を訪れたときの報道もある。

一九八一年一二月八日
パルメ委員会が広島市で研究討論集会を開き被爆者の声を聞く。広島入りはパルメ委員長ら委員、科学顧問一三人と事務局員ら計三三人。バンス元米国務長官は欠席。原爆慰霊碑に参拝、資料館を見学の後、被爆の実相を大北威広島大原医研教授と今堀誠二広島女子大学長が説明、被爆者代表の栗原貞子、松重美人、秋月辰一郎、深堀義昭の四氏が被爆体験を話す。パルメ委員長は原爆資料館で「ヒロシマの名において決して過ちを犯してはならない」と記帳

一九八一年一二月九日
パルメ委員会のオロフ・パルメ委員長が東京でお別れ記者会見。「広島に足を運べば、『限定戦争での勝利』がいかにバカげたことかがわかると思う」

そのほか、一九八六年一月一日には、原爆の子の像の前の特設電話でパルメ首相と新年メッセージを交換したこと、同年二月二八日付けでは、非同盟中立国のリーダーで平和・軍縮推進に活躍したパルメ

首相がストックホルム中心街の路上で暗殺されたこと、五九歳であったことも報じられている。(2)

五．日本とスウェーデン

パルメによって大きく開かれた広島とスウェーデンとの関係は継続し、たとえば、ストックホルム国際平和研究所（Stockholm International Peace Research Institute; SIPRI）と広島県が二〇一七年五月に協定を締結し、核兵器廃絶や核軍縮などの研究で連携することとなった。

「平和」をキーワードに国際社会における日本の歩みをふりかえると、そこにはスウェーデンとの縁がある。この項で紹介したウーロフ・パルメは重要なキーパーソンである。

また、日本がおよそ六〇年前に国連に加盟した当時の事務総長は、ダーグ・ハマーショルド（Dag Hammarskjöld, 一九〇五年〜一九六一年）だった。一九〇五年にスウェーデン・ヨンショーピン市（Jönköping）で生まれたハマーショルドは、財務省や王立銀行などを経て、一九五三年に四七歳の若さで国連事務総長となり、五七年に再選された。パレスチナ問題やスエズ危機など世界平和の推進と国連組織の強化に尽力した功績が認められ、一九六一年九月に事故死した後、同年ノーベル平和賞を受賞している。

さらに、二〇二〇年には平和の祭典・スポーツの祭典であるオリンピック・パラリンピックが東京で開かれるが、日本が初めて参加したオリンピックが一九一二年のストックホルム大会だった。そのとき、マラソン大会に出場した金栗四三（一八九一年〜一九八三年）のエピソードは"japanen som försvann（消えた日本人）"として知られている。二〇一二年、ストックホルム県ソレンチューナ市（Sollentuna）でストックホルム・オリンピック一〇〇周年を祝う催しが開かれ、その際、金栗のマラソン選手としての功績や「消えた」経過などが刻まれた記念プラークが設置された。

【註】

（1）http://www.hiroshimapeacemedia.jp/?page_id=25612（中国新聞ヒロシマ平和メディアセンターＨＰ）

（2）http://www.hiroshimapeacemedia.jp/?p=25937&query=%E3%83%91%E3%83%AB%E3%83%A1（中国新聞ヒロシマ平和メディアセンターＨＰ、ヒストリー、ヒロシマの記録一九八六　一月）

【引用文献・参考文献等】

パルメ委員会、森治樹監訳（一九八二）『共通の安全保障：核軍縮への道標』日本放送出版協会

永井道雄 編（一九八四）『核時代の平和をもとめて』国際連合大学

Ruin, Olof (2007) *Statsministern: Från Tage Erlander till Göran Persson.* Gidlunds förlag.

中国新聞ヒロシマ平和メディアセンター（http://www.hiroshimapeacemedia.jp/?lang=ja）

日本・スウェーデン交流一五〇年　資料篇

一・皇室と王室の交流

2000年5月29日（月）

スウェーデン国王王妃両陛下主催
晩餐会（王宮）における
スウェーデン国王陛下のお言葉

Eders Majestäter,

Det är en stor glädje för Drottningen och mig att säga varmt välkomna till Sverige. Detta statsbesök av en japansk kejsare i vårt land är en bekräftelse på de långvariga och goda förbindelser som råder mellan Japan och Sverige. Det visar samtidigt på vår ömsesidiga strävan att bredda och förstärka dessa band.

Drottningen och jag har åtskilliga gånger besökt Japan. Vi har alltid särskilt fascinerats och imponerats av landets rika kultur. Japans stora ekonomiska framsteg under efterkrigstiden har också givit resultat som vi med intresse har kunnat bevittna. Min första resa till Japan ägde rum redan 1970 i samband med den minnesvärda världsutställningen i Osaka.

Tjugo år senare, år 1990, inbjöds jag att delta i Japans svar på Vasaloppet, på ön Hokkaido. Tävlingen arrangeras numera regelbundet av entusiastiska Sverigevänner i Asahikawa, där det för övrigt finns ett levande svenskt center, som vårdar kontakterna med Sverige.

Men ett av mina finaste reseminnen härrör sig från samma år, då Drottningen och jag fram emot höstkanten begav oss till Hakone, som min Farfar, Konung Gustav VI Adolf, på sin tid väckt mitt intresse för. Det anrika Hotel Fujiya och dess natursköna omgivningar gav oss ett par dagars avkoppling och oförglömliga upplevelser av japansk kultur.

Drottningen och jag minns naturligtvis också alldeles särskilt vårt statsbesök i Japan år 1980 hos Eders Majestäts far, Kejsar Hirohito. Vi fick ett varmt mottagande som vi nu gärna vill återgälda.

Drottningen och jag hoppas därför att Eders Majestäters statsbesök i Sverige skall ge en god bild och många minnen av vårt land, trots att det inte finns tid till några längre resor utanför huvudstaden. Programmet erbjuder möten med det traditionella Sverige såväl som med vårt unga, moderna samhälle. Jag hoppas också att den vackra svenska naturen skall visa sig från sin bästa sida, när vi besöker Mariefred och gör en båttur på sjön Mälaren.

Eders Majestäter har alltid visat stort intresse för Sverige, vilket vi värdesätter mycket. Redan år 1953 besökte Eders Majestät Sverige första gången och för femton år sedan var Eders Majestäter här som Kronprins och Kronprinsessa. Eders Majestät har ett välkänt vetenskapligt intresse. Ni har bland annat skrivit insiktsfullt om nestorn i de svensk-japanska relationerna, botanisten Carl Petter Thunberg, vars skildring av en resa i Japan på 1770-talet spred kunskaper om Ert avlägsna land i Europa. Detta personliga engagemang vill vi gärna tolka som ett intresse inte bara för vetenskapen utan också för Sverige.

Jag vänder mig nu särskilt till Hennes Majestät. Ert stora kulturella intresse är välkänt. Ni är inte bara en skicklig pianist och harpist utan också mycket kunnig i klassisk poesi. Intresset för barnböcker är något vi i Sverige, med våra många duktiga barnboksförfattare, sätter stort värde på. Hela den Kejserliga Familjen delar Eders Majestäts omfattande kunskaper om och intresse för kultur, vilket betyder mycket för landet och dess medborgare.

Kontakterna mellan Japan och Sverige är sedan länge många och djupa. De vilar på en fast grund och ökar ständigt. På det ekonomiska området spelar Japan en viktig roll i världen och Japan är naturligtvis en viktig partner för Sverige. Finans- och handelspolitiska överläggningar hålls regelbundet.

Handeln mellan våra båda länder fortsätter att utvecklas positivt, och Japan är Sveriges tredje största exportmarknad efter EU och USA. Ett stort antal japanska företag har etablerat sig i Sverige och väljer vårt land som centrum för sina aktiviteter i Östersjöområdet. Strategiskt viktiga investeringar och företagsköp har ytterligare stärkt de ekonomiska banden.

Även inom den nya ekonomins spjutspetsområden pågår ett intensivt japanskt-svenskt samarbete liksom inom forskning och teknik-utveckling. Det regeringsavtal som slöts förra året är ett tecken på den gemensamma ambitionen att ytterligare fördjupa och vidga detta. Informationsteknologi och genetisk forskning är områden med stor potential för djupare samarbete. Det är också glädjande att avtal mellan flera universitet och högskolor har bidragit till ett växande studentutbyte mellan våra länder.

På kulturområdet är kontakterna intensiva. När Stockholm 1998 var Europas Kulturhuvudstad, var Japan den största enskilda utländska deltagaren med många evenemang. Utöver traditionellt kulturutbyte hämtar unga svenska konstnärer, designers och andra kultur-personligheter inspiration och idéer från Japan och vice versa. Flera svenska artister har exempelvis haft stora framgångar i Japan.

På den internationella scenen har Japan och Sverige länge samarbetat på ett stort antal områden. Vi är båda djupt engagerade i arbetet med att stärka och reformera FN. Under de senaste åren har såväl Japan som Sverige suttit i FN:s säkerhetsråd och känner vikten av att stärka detta, för världsfreden, så centrala organ. En regelbunden dialog förs i frågor om utvecklingsbistånd och nedrustning på det internationella planet och där har vi också många sammanfallande intressen.

Våra samhällen grundas inom viktiga områden på gemensamma värderingar. Vi står inför många likartade utmaningar. Miljön är ett sådant område där Japan och Sverige tillsammans kan lämna värdefulla bidrag. Våra länder står också inför förändringar till följd av en ny åldersstruktur i samhället. Här kan vi säkerligen lära av varandra inför kommande behov av nya lösningar.

Jag är övertygad om att våra förbindelser kommer att fortsätta att utvecklas positivt, inte minst efter detta statsbesök. Det är min förhoppning att Eders Majestäter återvänder till Japan med nya intryck och många fina minnen från vårt land.

För Eders Majestäters välgång, för fortsatt lycka för Japan och dess folk och för vänskapen mellan Sverige och Japan ber jag nu alla gäster förena sig med Drottningen och mig i en skål

2000年5月29日（月）

スウェーデン国王王妃両陛下主催 晩餐会（王宮）における 天皇陛下のご答辞

国王、王妃両陛下

この度ご招待により貴国を訪問し、再び両陛下と親しくお目にかかれることをうれしく思っております。今夕は、私どものために晩餐会を催してくださり、また、ただ今は、国王陛下から懇篤なお言葉をいただき、厚く御礼を申し上げます。

私が初めて貴国を訪れましたのは1953年、英国女王陛下の戴冠式に参列の後、欧州の国々を訪れた時でありました。ストックホルムからヨーテボリなどを訪れ、ソフィエロ離宮にグスタフⅥ世アドルフ国王、ルイース王妃両陛下をお訪ねしました。まだ10代だった私にとって祖父君の温顔に接したことは忘れ得ない思い出となっております。

国王王妃両陛下を我が国に国賓としてお迎えしたのは、ちょうど20年前のことでありました。その答訪として、5年後、昭和天皇の名代として皇后と共に貴国を訪問した折り、両陛下から手厚いおもてなしをいただき、ウプサラにも同行していただいたことを、懐かしく思い起こします。また両陛下には昭和天皇大喪の礼や私の即位の礼にご参列いただいたことを深く感謝しております。

貴国と我が国の交流の歴史は17世紀に遡ります。当時、我が国は鎖国政策を採っておりましたが、何人かのスウェーデン人が、長崎に置かれていたオランダの商館を通じて我が国を訪れております。中でも、1775年から76年にかけて、オランダ商館の医師として来日した、後のウプサラ大学教授カール・ペーテル・ツュンベリーは、ヨーロッパ、アフリカ、アジア旅行記の中に、日本のことを詳細に記しています。ツュンベリーの滞在は1年という短期間であり、行動範囲も鎖国の時代で非常に制限されていたにもかかわらず、その日本に対する理解の深さには感銘を覚えます。当時我が国では、欧州の医学や科学に対する関心が高まっていた時であり、ツュンベリーは我が国の何人かの学者から請われてさまざまな教えを授けています。私は前回貴国のウプサラ大学を訪問にした折りに、そのうちの2人の医師が、帰国後のツュンベリーに送った手紙を見ることができましたが、鎖国という特異な時代に1人のスウェーデン人学者と日本人の間で育まれた交流があったことに今も深い感慨を覚えます。

19世紀後半に至り、欧米諸国の日本近隣地域への進出に対応し、我が国が諸外国と国交を開き、国の独立を守り、国を発展させることができた陰には、それに先立つ欧州の人々との交流の積み重ねがあり、ツュンベリーはその嚆矢（こうし）となった人であったように思われます。

貴国は19世紀、20世紀と戦争が数多く行われていた時代に180年以上にわたって国の平和と独立を守ってきました。第二次世界大戦においても戦禍を回避し、戦後8年、ようやく戦争による荒廃から立ち直りかけた我が国から貴国を訪れた私の目には、貴国が特に豊かに美しく見えました。こうした過去の歴史を踏まえて、ハマーショルド国際連合事務総長を始め、貴国の多くの人々が国際社会に平和をもたらすために活躍してきました。また貴国は高度の福祉社会を築き上げるとともに、国際連合人間環境会議のストックホルム開催にみられるように、環境問題にも深くかかわってきています。チェルノブイリの原子炉の事故をいち早く察知したのも貴国の研究機関であったといわれております。

近年、貴国と我が国が、経済、学術、文化、人的往来など、さまざまな分野で着実に交流を深めてきていることを、誠に喜ばしく思います。今後とも、両国民が、世界の平和と繁栄という共通の願いを実現するために力を合わせていくことを、切に願っております。

ここに杯を挙げて、国王王妃両陛下のご健勝と、スウェーデン国民の幸せを祈ります。

2000年5月29日（月）

スウェーデン国王王妃両陛下主催
晩餐会（王宮）における
天皇陛下のご答辞（英訳）

Your Majesties,
It is a pleasure for the Empress and myself to visit Sweden at your invitation and to have another opportunity to meet Your Majesties. I would like to express my sincere appreciation to Your Majesties for hosting this banquet for us this evening, and also for Your Majesty's gracious words of welcome.

I first came to Sweden in 1953, when I visited several European countries after having attended the Coronation of Queen Elizabeth II. At that time, I made trips from Stockholm to Goteborg and other places, and I called on His Majesty King Gustav VI Adolf and Her Majesty Queen Louise at the Royal Summer Residence of Sofiero. The warmth with which your grandfather received me, then a teenager, has been a dear memory which I still cherish.

Your Majesties, it was exactly twenty years ago that you came to Japan on a State Visit. In return, five years later I came to Sweden with the then Crown Princess, on behalf of Emperor Showa. I fondly remember the cordial hospitality Your Majesties extended to us on that occasion such as your kindness to accompany us to Uppsala. I am also deeply grateful to Your Majesties for attending both the funeral ceremony of Emperor Showa and my own enthronment ceremony.

Exchanges between Sweden and Japan began in the seventeenth century. At that time, Japan, under its policy of isolation, closed its borders to other nations. However, some Swedish people managed to visit Japan through the Dutch Trade House in Nagasaki. Among them was Carl Peter Thunberg who stayed in Japan from 1775 to 1776 as a doctor at the Dutch Trade House, and later became a professor at the University of Uppsala. He made detailed observations about Japan in the journal in which he recounted his travels across Europe, Africa and Asia. Considering that his stay in Japan was as short as one year and that he was only allowed to move within strictly limited areas, I was impressed to learn how deeply he understood Japan. It was a time when interest in European medicine and science was mounting in Japan, and Thunberg shared his broad knowledge with some Japanese scholars as they requested. During my last visit to Sweden, I was given an opportunity at the University of Uppsala to see letters sent by two Japanesedical doctors to Thunberg after he had returned home from Japan. It is deeply moving to know that there was such an exchange between a Swedish scholar and Japanese people during that unique period of isolation in Japan's history.

In the late nineteenth century, Japan was able to establish diplomatic relations with other nations, maintain its independence and develop as a modern nation, in response to advances toward neighboring areas by Western countries. Behind all this were the accumulated exchanges with European peoples prior to this period, and Thunberg was perhaps the first to initiate such exchanges.

Sweden has stayed in peace and maintained its independence for more than 180 years throughout the nineteenth and twentieth century, during which time numerous wars have been fought, and it succeeded in avoiding ravages of the Second World War. It was eight years after the end of the war that I came here, at a time when Japan was recovering from the devastation of the war. So the prosperity and the beauty of your country were particularly more striking to me. With your unique history committed to peace, many Swedish people, such as Mr. Dag Hammarskjold, who served as Secretary General of the United Nations, have worked hard for the peace in international community. Sweden has also attained a very high level of social welfare, as well as being deeply engaged in environmental issues, as indicated by the fact that the United Nations Conference on the Human Environment was held in Stockholm. I understand that it was a Swedish research institute which first detected the accident at the nuclear reactor in Chernoby.

I am very pleased that exchanges between Sweden and Japan have steadily deepened in economic, academic, cultural and other fields, as well as in terms of people-to-people contacts. It is my sincere hope that our two peoples will continue to work closely together in order to realize our common hope of world peace and prosperity.

I would now like to propose a toast to the continued good health of Your Majesties and to the happiness of the people of Sweden.

2007年3月26日（月）

国賓 スウェーデン国王陛下及び王妃陛下のための宮中晩餐における天皇陛下のお言葉

この度、国王陛下が、王妃陛下と共に、国賓として我が国を御訪問になりましたことに対し、心から歓迎の意を表します。ここに、今夕を共に過ごしますことを、誠に喜ばしく思います。

まず始めに、今朝お目にかかった際に、国王陛下から昨日の能登半島地震について御見舞いの言葉を頂いたことに対し、私どもの深い感謝の意を表したいと思います。不幸にしてこの度の地震により、1名の死亡者と多数の負傷者が生じ、さらに多くの人々が家屋を失い避難生活に入りました。余震がいまだ続く被災地で人々の生活と安全が確保されることを、心より念願しております。

国王陛下には、皇太子時代、大阪で万国博覧会が開かれた機会に、初めて我が国をお訪ねになり、御即位後、1980年には、王妃陛下と共に，国賓として我が国を御訪問になりました。その後も度々我が国へおいでになり、私の父昭和天皇の大喪の礼や私の即位の礼にも御参列いただきました。御厚情に深く感謝しております。

私が初めて貴国を訪れましたのは、英国女王陛下の戴冠式に参列後、欧州の国々を回った時のことであり、今から50年以上も前のことになります。その折に、ソフィエロの離宮に御滞在中の陛下の祖父君、グスタフⅥ世アドルフ国王をお訪ねし、温かいおもてなしを頂きました。国民のひたすらな努力によって、戦後の荒廃から立ち直りつつあった我が国から来た私にとって、一人ひとりが豊かに暮らしている貴国の姿は深く心に残るものでありました。その後、1985年には、国王、王妃両陛下の御訪日に対する答訪のために、昭和天皇の名代として皇太子妃と共に貴国を訪問し、さらに、2000年には，国賓として皇后と共に貴国を訪問いたしました。2度にわたり、国王、王妃両陛下に心の込もったおもてなしを頂き、また、貴国の人々から温かい歓迎を受けたことを懐かしく思い起こし、深く感謝しております。

本年は、18世紀のスウェーデンに生まれ、ウプサラ大学の医学と植物学の教授であったカール・フォン・リンネの生誕300周年に当たります。リンネは、世界共通の動植物名として今日使われている二名法の学名の創始者であり、この学名によって動植物の分類と、それぞれの種類の類縁関係、分布を始め、様々な研究が世界共通の基盤の上に行われるようになりました。分類学の研究に携わっているものとして、リンネは念頭を離れない存在であります。明日、国立科学博物館で開催されているリンネの展覧会に国王、王妃両陛下に御同行することを楽しみにしております。

リンネの弟子カール・ペーテル・ツュンベリーは、後にリンネと同じくウプサラ大学の教授になりましたが、それ以前、1775年から6年にかけて長崎のオランダ商館の医師を務めていたことがあります。ほぼ17世紀半ばから19世紀半ばにかけて，我が国は鎖国政策を採っており、欧州諸国の中ではオランダとだけ長崎で交流が認められていました。18世紀後半になると、日本にもたらされた欧州の進んだ医学書の図を見た我が国の医師たちが、これまで自分たちが学んできた医学に疑問を持つようになり、人体の正確な知識を得るために、杉田玄白を始め江戸在住の医師が集まって、オランダの解剖書を訳すことになりました。非常な努力の末、ようやく訳し終え、「解体新書」として出版されたのは、ツュンベリー来日の前年のことであります。解体新書の訳に加わった桂川甫周と中川淳庵の2人の医師は、ツュンベリーがオランダ商館長に随行し、江戸に滞在中、長時間にわたってツュンベリーから教えを受けました。この交流はツュンベリーの帰国後も続き、ウプサラ大学には、この2人がツュンベリーにあてた書簡が残されています。20年以上前、国王、王妃両陛下と共にウプサラ大学でその書簡を見る機会を得たことは私どもにとって誠に感慨深いものでありました。

我が国は19世紀半ばに鎖国政策を廃し、諸外国と国交を開きましたが、貴国との間では、1868年修好通商航海条約が署名されました。当時我が国が世界の情勢を的確に把握し、欧米の進んだ学問を懸命に学び、国の独立を維持することができたのは、我が国が諸外国と国交を結ぶまでに、既に、我が国の人々がツュンベリーのような善意を持った外国人に接し、様々なことを学んでいた面が大きかったと思います。

国交が樹立してからは、多くの先人たちの努力により、両国間の友好関係はほとんど途切れることなく順調に発展してきました。今日、基本的な価値観を共に信奉する両国民が、人道的な諸問題への対応、社会福祉、さらには文化、科学技術、産業など様々な分野について関心を分かち合い、協力を進めていることは誠に喜ばしいことであります。

今年は冬が暖かく、ちょうど桜が咲き始めているこの時期に、国王、王妃両陛下をお迎えすることができました。両陛下が各地で春の風物をお楽しみになり、この御訪問が実り多いものとなることを期待しております。

ここに杯を挙げて、国王、王妃両陛下の御健勝とスウェーデン国民の幸せを祈ります。

2007年3月26日（月）

国賓 スウェーデン国王陛下及び王妃陛下のための宮中晩餐における天皇陛下のご答辞（英訳）

I wish to extend a heartfelt welcome to Your Majesties the King and the Queen on the occasion of your State Visit to Japan. I am truly delighted to be able to spend this evening here with you.

At the outset, I wish to thank Your Majesty for Your warm words of sympathy for the victims of the Noto Peninsula Earthquake that hit the Noto region yesterday. We are most grateful for the concern You expressed to us when we met this morning. In this earthquake, one person lost her life and many people were wounded. Even more people lost their homes and are in temporary shelters. As after-tremors continue to haunt the region, we sincerely hope that the life and safety of the inhabitants of the affected region will be fully assured.
Your Majesty the King visited Japan for the first time as Crown Prince on the occasion of the World Exposition held in Osaka. After your accession to the throne, you visited Japan in 1980 together with Her Majesty the Queen as State Guests. Since then, you have come to Japan on many occasions. Your Majesties attended the Funeral Ceremony of my father Emperor Showa as well as the Ceremony of my accession to the Throne, for which I am deeply grateful.

I first visited Sweden more than 50 years ago on a tour of European countries following my attendance at the

Coronation of Her Majesty the Queen of the United Kingdom. At that time, I called on your grand-father King Gustaf VI Adolf at the Royal Palace in Sofiero, who received me with warm hospitality. As I had come from Japan where the recovery from the devastation caused by the war was underway thanks to the diligent work of the Japanese people, I was deeply impressed by the affluence that every person was enjoying in Sweden. In 1985, I visited your country, together with the Empress, who was then Crown Princess, as the representative of Emperor Showa to reciprocate Your Majesties' State Visit to Japan. The Empress and I visited Sweden again in 2000 as State Guests. We still cherish the fond memory that, during these two visits, we were afforded such courteous hospitality by Your Majesties, and warm welcome by the people of your country, for both of which we are truly grateful.

This year marks the 300th anniversary of the birth of Carl von Linné, who was born in Sweden in the 18th century and served as Professor of Medicine and Botany at Uppsala University. Linné is the originator of the bi-nominal nomenclature, which is used today as the universal method for naming plants and animals. This system of nomenclature has made possible to carry out various studies, such as the classification of the types of plants and animals, the relationship between species and their distributions on the basis of universal criteria. As I am engaged in the study of taxonomy, Linné never leaves my mind. I am looking forward to accompanying Your Majesties tomorrow to the exhibition on Linné, which is now being held at the National Science Museum in Tokyo.

Linné's student Carl Peter Thunberg, who later became a professor at Uppsala University like Linné, served as a medical doctor at the Dutch Trading Post in Nagasaki from 1775 to 1776. Japan pursued a policy of national seclusion from around the mid-17th century till the mid-19th century. In those days, of all the European nations, only the Netherlands was allowed to continue exchanges with Japan at Nagasaki. In the latter half of the 18th century, Japanese medical doctors who had the chance to see the drawings in advanced medical books from Europe started to question the validity of the traditional medical knowledge that they had studied thus far. For the purpose of acquiring more accurate understanding of the human anatomy, Genpaku Sugita and other medical doctors residing in Edo gathered to translate a Dutch text of anatomy into Japanese. As a result of their tremendous efforts, the translation was completed, and "Kaitai-shinsho", which means the new book of anatomy was published a year before Thunberg's visit to Japan. Thunberg accompanied the director of the Dutch Trading Post to Edo, where two doctors Hoshu Katsuragawa and Junan Nakagawa, both the participants in the translation work, received extensive teachings from him. These contacts continued even after Thunberg had returned to Sweden. The letters from these two Japanese doctors to Thunberg have been preserved in Uppsala University. It was more than 20 years ago that we had the deeply moving experience of seeing these letters at Uppsala University with Your Majesties.

Japan abolished the policy of national seclusion in the mid-19th century, and began to establish diplomatic relations with foreign countries. In 1868, the Treaty of Amity, Commerce and Navigation was signed with Sweden. Prior to Japan's establishment of diplomatic relations with foreign countries, Japanese people had chances of meeting foreigners who held good will and appreciative attitude toward Japanese people such as Thunberg, from whom they learnt a lot. I believe that it was primarily because of encounters with such foreigners that Japan managed to grasp clearly the situation of the outside world, to learn diligently from the scientific and cultural progress achieved in Europe and America, and, thereby to be able to maintain the independence.

After the establishment of the diplomatic relations between our two countries, our friendship has flourished with little interruption thanks to the accumulated endeavors of our predecessors. Today, I am pleased to note that peoples of our two countries, both adhering to the common basic values, have come to possess shared interests and to promote fruitful cooperation in various fields such as humanitarian issues, social welfare, culture, science and technology and industry.

As we have had a mild winter this year, we are glad that we are able to welcome Your Majesties just when the cherry blossoms are starting to bloom. I hope that Your Majesties will enjoy the beauty of spring at various places

in Japan, and that your visit will be fruitful.
Now, I would like to propose a toast to the good health of Your Majesties, and to the happiness of the people of Sweden.

2007年3月26日（月）

国賓 スウェーデン国王陛下及び王妃陛下のための
宮中晩餐における
スウェーデン国王陛下のご答辞

Eders Majestäter,

Det är med stor glädje jag idag, åtföljd av H.M. Drottningen, två Statsråd och en viktig delegation, inleder mitt andra statsbesök i Japan. Vi är djupt tacksamma för den gästfrihet Eders Majestäter visar oss genom denna inbjudan.

Det storartade mottagandet här i det kejserliga palatset tidigare idag påminde oss om vårt första statsbesök, år 1980, hos Eders Majestäts far, Hans Majestät Kejsare Hirohito. Att ånyo få uppleva den stilla och rofyllda atmosfären i detta vackra palats är en stor förmån.

Det är alltid med samma intresse och nyfikenhet som Drottningen och jag återvänder till Japan. Och det har ju blivit många gånger… Det har för min del bland annat handlat om scoutsamarbete inom World Scout Foundation och studier av teknologiska framsteg med Royal Technology Mission; och Drottningen har flera gånger deltagit i viktiga konferenser om barnens rättigheter.

"Det fagra landet" – kallar den svenske författaren Sten Bergman sin väl kända bok om Japan, som utkom 1962. Den beskrivningen stämmer fortfarande mycket väl in på detta land. Drottningen och jag kan intyga det efter flera resor runt om i Japan. Alldeles särskilt minns vi vårt besök 1990 i Hakone då vi bodde på Fujiya Hotel, vilket min farfar, Konung Gustaf VI Adolf, hade gjort flera decennier tidigare. Ett fantastiskt gammalt trähus i bergiga omgivningar.

Men Japan är inte enbart fagert! Då Bergman skrev sin bok, stod Japan mitt uppe i en otrolig ekonomisk utveckling som kom att föra landet till positionen som en av världens största ekonomier. Säkert kommer vi under dessa dagar att få se en rad exempel på just den kraften och kreativiteten i den japanska ekonomin.

De starka traditionerna och de djupa historiska rötterna i världens äldsta monarki lever sida vid sida med det moderna, dynamiska Japan på ett fruktbart sätt. Det har Drottningen och jag liksom andra medlemmar av min familj, som besökt Japan kunnat konstatera. Det gäller vår äldsta dotter, Kronprinsessan Victoria, som varit här flera gånger och vår son, Prins Carl Philip, som helt kort var i Tokyo i höstas i samband med produktionen av en film om Carl von Linné. Också mina systrar, Prinsessan Désirée och Prinsessan Christina, har särskilda minnen från flera resor i detta fantastiska land.

Det geografiska avståndet mellan Japan och Sverige är stort, men banden mellan våra länder är starka. Vi upprättade diplomatiska förbindelser med varandra redan 1868.

Utbytet mellan våra länder är idag omfattande inom så gott som alla områden, inte minst inom ekonomi, vetenskap, sjukvård och omsorgsfrågor, design, musik, konst och litteratur. Många av de stora svenska företagen är sedan länge verksamma i Japan och flera nya söker sig hit. Inom bilindustrin och IT-sektorn har framgångsrika samarbetsformer etablerats.

På ön Hokkaido finns det svenska kulturcentret Swedish Center Foundation med svenska trähus. Staden Asahikawa har sin egen skidtävling kallad ”Vasaloppet Japan, som jag också har provat på. För övrigt är svenska trähus av olika modeller en uppskattad importvara i Japan.

I alldeles särskilt ljus framstår Eders Majestäters två besök i Sverige under min regenttid: först som Kronprinspar 1985 och senare det framgångsrika statsbesöket i maj 2000.

Sveriges förre statsminister besökte Japan 2004 och förra året gjorde dåvarande premiärministern Koizumi ett uppskattat besök i vårt land. Redan om två månader får vi förmånen att välkomna Eders Majestäter till Stockholm och Uppsala med anledning av att vi högtidlighåller 300-årsminnet av Carl von Linnés födelse – Sveriges genom tiderna störste och internationellt mest framstående vetenskapsman.

Eders Majestäts kunskaper om Linné och hans botanik är imponerande. I morgon visas originalversionen av Linnés banbrytande verk *Systema Naturae* på National Science Museum här i Tokyo. För första gången har detta bokverk tillåtits lämna Sverige. Det är en förmån att få visa det för Eders Majestäter.

När Drottningen och jag senare i veckan besöker Nagasaki, kommer vi att få se den plats där Linnélärjungen Carl Peter Thunberg landsteg år 1775. Thunberg har betytt mycket för svenskarnas kunskap om Japan och representerar ett av de allra första kulturutbytena mellan våra länder.

Intresset för Japan i Sverige är mycket stort. Det finns en positiv nyfikenhet på japansk kultur och livsstil. För egen del fascineras jag av kulturen kring de japanska svärden. Jag minns fortfarande ett spännande besök hos en japansk svärds-smed för flera år sedan. Japansk grafik, design, mat och nu senast *manga* och *animé* röner framgångar i vårt land, och flera svenska ungdomar studerar idag japanska än någonsin tidigare. Det finns också flera organisationer och föreningar, som främjar de svensk-japanska kontakterna.

"Det fagra landet" fortsätter således att locka och fascinera. Säkert ligger en del av förklaringen i den känsla av tidlöshet och harmoni som japansk kultur förmedlar. Samtidigt väcker framtiden och utsikterna till ett fördjupat samarbete mellan Japan och Sverige inom ekonomi, industri, teknik och vetenskap inspiration och en vilja att fortsätta utveckla kontakterna på olika plan.

Japan och Sverige är väl etablerade demokratier och högt utvecklade marknadsekonomier. Våra båda länder är också kunskaps- och innovationsbaserade samhällen.

Jag är personligen övertygad om att Japan och Sverige har mycket att lära av varandra inte minst inom forskning och utveckling, hälso- och äldrevård, energi- och miljöfrågor. Inför detta besök har jag särskilt bett att få tillfälle att skaffa mig en djupare inblick i Japans syn på de utmaningar som vi möter i besluten om framtidens energiförsörjning. Tillsammans kan våra länder bidra till att hantera vår tids globala utmaningar på rätt sätt.

För Eders Majestäters och Eder Familjs välgång, för samarbetet mellan Japan och Sverige och för vänskapen mellan våra folk höjer vi gemensamt en skål.

2007年3月26日（月）

国賓 スウェーデン国王陛下及び王妃陛下のための 宮中晩餐における スウェーデン国王陛下のご答辞（和訳）

天皇皇后両陛下、

本日、王妃や、随行の閣僚2名、そして多数の代表団員とともに、貴国への私の2回目の公式訪問を始めることが出来ますことを心からうれしく思います。

両陛下のご歓待に、深く感謝いたします。

今朝、皇居で行われました華麗な歓迎式典は、今上陛下のご父君、昭和天皇陛下の御世であった1980年に、私たちがはじめて日本を公式訪問した折のことを思い出させてくれました。今再び、この静寂で平和に満ちた宮殿を訪ねることが出来ましたのは、この上なく名誉なことであります。

王妃と私は日本に戻ります度に、興味と好奇心を共有してまいりました。そして私たちは、幸運にも幾たびも貴国を訪問しております。私自身は、世界スカウト財団のイベントや、技術発展視察のための王立技術使節団などで、数回日本を訪れております。王妃も、子供の権利に関するいくつかの重要な会議出席のために、まいりました。

『美しい国』とは、1962年に出版されたスウェーデンの作家、ステン・バーグマンの日本に関する有名な著作の題名です。王妃と私は日本各地を訪ねましたが、この題名は、今もなお日本を適切に描写する言葉といえましょう。私どもは1991年に箱根を訪問したときの、鮮明な想い出を持っております。数十年前に、祖父グスタフⅥ世アドルフが投宿した富士屋ホテルに、私たちも滞在いたしました。箱根の山麓に建つ古い木造建築の、何と美しかったことでしょう。

しかし、日本はただ美しいだけなのではありません。バーグマンがその著作を記したのは、日本が驚くべき経済発展を遂げつつある時代でしたが、その後貴国は世界でも有数の経済大国としての地位を確立されました。これから数日間の滞在中に私たちは、日本経済の活力と創造性の例をいくつも見ることになるでしょう。

世界で最も古い君主制の強固な伝統と深遠な歴史は、日本の現代的なダイナミズムと共に生きています。まさに実り多き、すばらしい共存といえるでしょう。私と王妃だけでなく、日本を訪問した私たちの家族は皆、これを目の当たりにしております。私たちの最年長の娘、ヴィクトリア皇太子はすでに数回貴国を訪問しておりますし、息子のカール・フィリップ王子も昨秋、カール・リンネについての映画制作に関連して、短い間でしたが東京を訪問することが出来ました。私の姉、デジレー王女やクリスティーナ王女もそれぞれ、この素晴らしい国を訪ねた折の特別な想い出を持っております。

日本とスウェーデンは、地理的には遠い距離にありますが、両国の信頼関係は強固であります。私たちの国々は、すでに1868年に外交関係を樹立しています。

日本・スウェーデン両国の間では、経済、科学、ヘルスケア・サービス、デザイン、音楽、芸術、文学など、あらゆる分野において、幅広い交流が行われております。数多くのスウェーデン企業が、長年にわたって日本で活動しておりますし、さらに多くの新しい企業が貴国に参入しようとしています。自動車産業や情報技術分野においても、有益な協力関係が確立しています。

北海道には、典型的なスウェーデン住宅などを展示している、スウェーデン交流センターという文化センターがあります。旭川市は、私自身参加したこともある、ヴァーサ・スキー競争という、レースを毎年開催しています。様々なスタイルや大きさのスウェーデンからの輸入木造住宅が、日本では人気を博しております。

両陛下が私の在位中すでに2度にわたってスウェーデンをご来訪になったことも、特筆すべきことです。最初のご訪問は1985年、両陛下がまだ皇太子殿下・同妃殿下であられたときであり、2000年5月には、国賓としてご訪問になりました。

2004年には、スウェーデンの前首相が日本を訪問し、昨年は小泉前総理が我が国に来訪され、高く評価されました。

今からわずか2ヵ月後には、スウェーデンの最も偉大で世界的にも卓越した科学者、カール・リンネ生誕300周年祝典のために、両陛下をストックホルムとウプサラにお迎えできますことは、私どもの喜びとするところであります。

天皇皇后両陛下は、リンネと彼の植物学に関して大変なご見識をお持ちです。明日、ここ東京の国立科学博物館において、リンネの先駆的業績、『自然の体系』の原本が公開されます。この原本がスウェーデン国外に出るのを許されたのは、今回が初めてのことです。両陛下にこれをお見せすることが出来るのを、この上なく嬉しく思います。

王妃と私は、今週長崎も訪問いたしますが、彼の地では、リンネの弟子であったカール・ペーター・

ツュンベリーが1775年に初めて日本に到着した場所を訪れる機会もあるでしょう。ツュンベリーは、スウェーデン人の日本に関する知識に多大な影響を与えましたし、両国間の最初の文化的交流を担った1人でもあったのです。

スウェーデンには、日本に対する多大な興味と、日本文化やライフ・スタイルに関する明らかな好奇心が存在しています。私自身は、日本の刀文化に魅了されています。数年前、日本の刀匠を訪問したときの感激を忘れることが出来ません。日本のグラフィック・アート、デザイン、日本食、そして最近ではマンガやアニメが我が国において絶大な成功を収めており、以前にも増して多くのスウェーデンの若者が日本語を学んでいます。そして幾つかの組織が、両国間の交流を促進する活動を行っております。

つまり、『美しい国』は今日も私たちを魅了し、惹き続けているのです。日本文化の持つ、時間を超越した調和感が、その魅力の一因であることに相違ないでしょう。同時に、日本とスウェーデン両国間における、経済、産業、科学技術の分野での一層深い相互協力への展望が、インスピレーションを喚起し、また様々な分野・レベルでの関係をさらに進展させたいとの願望を生み出しているのです。

日本とスウェーデンは、両国とも確固とした民主主義国家であり、また高度に発達した市場経済であります。それだけでなく、我々両国は共に、知識とイノベーションを基盤とする社会でもあります。

日本とスウェーデンは研究開発、保健衛生や老人介護、エネルギーや環境問題などを含む様々な分野において、相互に学びあうことが出来ると確信しています。今回の訪問に先立って私は、我々世界の未来のエネルギー供給の課題に関する貴国の見解について、特に理解を深めたいと思い、そのような機会を求めました。我々が共に手を携えることは、今日の世界的な課題への適切な取り組み方を見つけるのに貢献することになりましょう。

ここに共に杯を挙げて、天皇皇后両陛下および皇室の方がたの繁栄を希い、日本・スウェーデン両国の協調と両国民の友情を祝したいと思います。

スコール！（乾杯！）

二．歴代駐スウェーデン日本国大使（着任および離任日）

柳原　前光　明治一三年　五月二八日～明治一六年　三月　八日　（兼）特命全権公使（在ロシア）
花房　義質　明治一六年　三月一七日～明治一九年　六月三〇日　（兼）特命全権公使（在ロシア）
西　徳二郎　明治一九年　八月三〇日～明治二四年一〇月二四日　（兼）特命全権公使（在ロシア）
西　徳二郎　明治二六年　一月　五日～明治二九年　八月二七日　（兼）特命全権公使（在ロシア）
林　　　董　明治三〇年　五月二五日～明治三二年　九月　六日　（兼）特命全権公使（在ロシア）
小村寿太郎　明治三三年　五月二四日～明治三三年一一月　八日　（兼）特命全権公使（在ロシア）
珍田　捨巳　明治三三年一二月一七日～明治三四年一〇月一五日　（兼）特命全権公使（在ロシア）
栗野慎一郎　明治三五年　二月　三日～明治三七年　　　　　　　（兼）特命全権公使（在ロシア）
秋月左都夫　明治三七年　八月二〇日～明治四〇年　六月一二日　特命全権公使
（スウェーデン、ノルウェー連合解除前より就任）
杉村　虎一　明治四〇年　八月　八日～明治四四年一二月一七日　特命全権公使兼ノルウェー
（明治四〇年八月ノルウェー兼轄）
内田　定槌　明治四五年　五月　六日～大正　七年　七月二四日　特命全権公使兼ノルウェー
（大正六年七月一八日以降デンマーク兼轄）
日置　　益　大正　七年一一月一七日～大正　九年　六月一六日　特命全権公使兼ノルウェー、デンマーク
畑　良太郎　大正　九年　六月二六日　特命全権公使兼ノルウェー、デンマーク
（大正一〇年三月四日以降フィンランド兼轄）

畑　良太郎　大正一〇年　二月　三日～大正一三年　六月二六日　特命全権公使兼ノルウェー、デンマーク、フィンランド
永井　松三　大正一四年　一月二一日～昭和　三年　二月一六日　特命全権公使兼ノルウェー、デンマーク、フィンランド
武者小路公共　昭和　三年　九月二六日～昭和　四年　四月一三日　特命全権公使兼ノルウェー、デンマーク、フィンランド
武者小路公共　昭和　四年　九月　三日～昭和　八年　九月一二日　特命全権公使兼ノルウェー、デンマーク、フィンランド
白鳥　敏夫　昭和　八年一二月　五日～昭和一一年一一月一二日　特命全権公使兼ノルウェー、デンマーク、フィンランド
栗山　茂　昭和一二年　八月二四日～昭和一四年一二月　六日　特命全権公使兼ノルウェー、デンマーク
松嶋　鹿夫　昭和一五年　四月二七日～昭和一六年　二月二七日　特命全権公使
岡本　季正　昭和一七年一一月一九日　特命全権公使（昭和二一年一月二〇日引揚）
結城司郎次　昭和二五年一二月二七日～昭和二七年　四月二八日　在ストックホルム　在外事務所々長
（昭和二七年四月二八日廃止、同日公使館開設）
結城司郎次　昭和二七年　五月一〇日～昭和二八年一一月二〇日　特命全権公使
大江　晃　昭和二九年　一月一二日～昭和三一年一二月二八日　特命全権公使
島　重信　昭和三二年　三月二二日～昭和三二年一一月一六日　特命全権公使
（昭和三二年一一月一六日大使館昇格）
島　重信　昭和三二年一一月二九日～昭和三四年　二月二六日　特命全権大使
松井　明　昭和三四年　九月一九日～昭和三七年　九月　二日　特命全権大使

鶴岡　千仭	昭和三七年一二月一〇日～昭和四一年　一月　九日	特命全権大使
高橋　通敏	昭和四一年一二月一八日～昭和四三年　三月二六日	特命全権大使
三宅喜二郎	昭和四三年　五月一五日～昭和四五年一二月一八日	特命全権大使
日向　精蔵	昭和四六年　三月　三日～昭和四八年　三月三〇日	特命全権大使
上田　常光	昭和四八年　九月二三日～昭和五〇年一〇月　二日	特命全権大使
都倉　栄二	昭和五〇年一一月一三日～昭和五三年　四月　七日	特命全権大使
滝川　正久	昭和五三年　五月一九日～昭和五六年　六月一〇日	特命全権大使
大和田　渉	昭和五六年　六月二五日～昭和五八年　九月一五日	特命全権大使
越智　啓介	昭和五八年一〇月二一日～昭和六一年一一月　二日	特命全権大使
野村　豊	昭和六二年　四月一五日～平成　元年一〇月一〇日	特命全権大使
村角　泰	平成　元年一〇月二一日～平成　三年　九月二一日	特命全権大使
熊谷　直博	平成　三年一一月一五日～平成　六年　五月　九日	特命全権大使
股野　景親	平成　六年一一月二二日～平成　九年　九月　九日	特命全権大使
藤井　威	平成　九年　九月一八日～平成一二年一〇月二九日	特命全権大使
内田　富夫	平成一二年一一月　八日～平成一六年　二月一五日	特命全権大使
大塚清一郎	平成一六年　二月二一日～平成一九年　七月　五日	特命全権大使
中島　明	平成一九年　七月一八日～平成二二年　九月一七日	特命全権大使
渡邉　芳樹	平成二二年　九月二七日～平成二五年一〇月　九日	特命全権大使
森元　誠二	平成二五年一一月一〇日～平成二九年一〇月一九日	特命全権大使
山崎　純	平成二七年一〇月二四日～	特命全権大使

三．歴代駐日スウェーデン公使および大使

グスタフ・オスカー・ワレンベリ	Gustaf Oscar Wallenberg	（一九〇六年―一九二〇年）
ダビッド・クリスチャン・ベルグストローム	David Kristian Bergström	（一九一八年―一九二二年）
オスカー・アントン・ヘルマン・エヴェルロフ	Oscar Anton Herman Ewerlöf	（一九二二年―一九二八年）
ヨハン・エリック・エヴァルド・ハルトマン	Johan Erik Evald Hultman	（一九二八年―一九三六年）
ヴィダー・バッゲ	Widar Bagge	（一九三六年―一九四五年）
レイフ・ヒャルマー・オールヴァル	Leif Hjalmar Öhrwall	（一九四九年―一九五一年）
カール-グスタフ・ラガーフェルト	Karl-Gustav Lagerfeldt	（一九五一年―一九五六年）
ターゲ・グレンヴァル	Tage Grönwall	（一九五六年―一九六二年）
カール・フレドリック・アルムクヴィスト	Karl Fredrik Almqvist	（一九六三年―一九七〇年）
グンナー・ヘクシェル	Gunnar Heckscher	（一九七〇年―一九七五年）
ベングト・オデヴァル	Bengt Odevall	（一九七五年―一九八一年）
グンナー・ロナウス	Gunnar Lonaeus	（一九八一年―一九八六年）
オヴェ・ヘイマン	Ove Heyman	（一九八六年―一九九二年）
マグヌス・ヴァールクイスト	Magnus Vahlqvist	（一九九二年―一九九七年）
クリスター・クムリン	Krister Kumlin	（一九九七年―二〇〇二年）
ミカエル・リンドストローム	Mikael Lindström	（二〇〇二年―二〇〇六年）

ステファン・ノレーン　Stefan Noreén　（二〇〇六年―二〇一一年）
ラーシュ・ヴァリエ　Lars Vargö　（二〇一一年―二〇一四年）
マグヌス・ローバック　Magnus Robach　（二〇一四年―）

四．要人往来録

（注）スウェーデン王室および政府要人の訪日については外務省ＨＰおよび『外交青書』（各年）ならびにスウェーデン王室ＨＰ等に、また、皇室のご訪瑞については主に宮内庁ＨＰによる。

◉スウェーデンから日本へ

一八八四年　皇太子殿下
一九二六年　グスタフ六世アドルフ皇太子同妃両殿下
一九五七年　二月　エステン・ウンデーン外務大臣（政府賓客）
一九六四年　二月　トシュテン・ニルソン外務大臣（日本政府の招待、天皇皇后両陛下拝謁、池田勇人首相および大平正芳外務大臣と意見交換、光学、重電機、トランジスター工業関係の施設視察など）
一九六七年一〇月　クリスティーナ王女
一九六八年一一月　ベルティル殿下
一九七〇年　五月　カール・グスタフ皇太子殿下（万国博政府賓客）
　　　　　　六月　クリステル・ヴィックマン産業大臣（万国博及び産業視察）
　　　　　　六月　ハンス・ルンドストルム産業省次官（万国博及び産業視察）
一九七一年　五月　クリスティーナ王女（国王陛下所蔵東洋古美術品展示会開会式）
一九七二年　二月　ベルティル殿下
　　　　　　三月　グンナー・ストレング財務大臣（外務省賓客）
　　　　　　八月　ヨーラン・カールソン他一六名国会議員団（福祉委員会班）（福

祉問題の調査及び意見交換）

九月　イングバール・スバンベリィ他一五名　国会議員団（産業金融委員会班）（産業一般の視察）

一九七三年　四月　エーリク・ホルムクヴィスト内務大臣（意見交換及び住宅事情の視察）

一一月　ベルティル殿下

一九七四年　四月　スヴェン・アンダソン外務大臣（外務省賓客）

一九七七年一〇月　ニルス・G・オースリング産業大臣（非公式）

一二月　ステーン・アンデション社民党幹事長（非公式、社会主義インター首脳会議）

一九七八年　九月　スタッファン・ブレンスタム＝リンデル貿易大臣（非公式）

一〇月　ヘンリー・アラード国会議長（非公式）

一九七九年　五月　ベルティル同妃両殿下

一九八〇年　四月　カール一六世グスタフ国王王妃両陛下（国賓）ウルステン外務大臣随行

一九八一年　九月　カーリン・アンデション移民・男女機会均等担当大臣（非公式）

一〇月　ヤン＝エーリク・ヴィクストレム教育大臣（非公式）

一二月　ウーロフ・パルメ元首相（安全保障と軍縮に関する第一回東京セミナーおよび広島会議）

一九八三年　四月　レーナ・イエルム＝ヴァレーン教育大臣（非公式）

一〇月　インゲムンド・ベンクトソン国会議長（公式）

一〇月　マッツ・ヘルストレム貿易大臣（非公式）

一一月　ベルティル殿下（非公式）

一一月　レナート・ボードストレム外務大臣（非公式）

一九八五年　三月　カール一六世グスタフ国王陛下（非公式）

三月　マッツ・ヘルストレム貿易大臣

（科学技術博覧会）
一一月 シルヴィア王妃陛下（非公式、京都賞授賞式）
一九八七年 三月 ベングト・K・Å・ヨーハンソン賃金・消費問題担当大臣（非公式）
九月 アニータ・グラディーン貿易大臣（非公式）
一〇月 ベングト・ヨーランソン文化大臣（スカンディナヴィア・トゥデイ）
一〇月 カール一六世グスタフ国王陛下（スカンディナヴィア・トゥデイ）
一〇月 マッツ・ヘルストレム農業大臣（スカンディナヴィア・トゥデイ）
一一月 カール一六世グスタフ国王陛下
一九八八年 四月 ビルギッタ・ダール環境・エネルギー大臣（非公式）
一九八九年 二月 カール一六世グスタフ国王王妃両陛下（昭和天皇大喪の礼）
二月 シェル＝ウーロフ・フェルト財務大臣（昭和天皇大喪の礼）
八月 イーヴァル・ノードベリィ産業大臣
九月 アニータ・グラディーン貿易大臣
九月 ジェオルグ・アンダション運輸大臣
一一月 アニータ・グラディーン貿易大臣（ウルグアイ・ラウンド非公式閣僚会合）
一九九〇年 三月 カール一六世グスタフ国王陛下
一〇月 レーナ・イェルム＝ヴァレーン対外援助大臣
一一月 カール一六世グスタフ国王王妃両陛下（即位の礼）
一九九一年 二月 エーリク・オースブリンク予算大臣
三月 イングヴァール・カールソン首相夫妻（公式実務訪問）
五月 ウルフ・ルンクヴィスト住宅・スポーツ担当大臣
五月 ロイーネ・カールソン防衛大臣
一九九二年 二月 ウルフ・ディンケルスピール欧州・

貿易大臣
六月　ペール・ヴェステルベリィ産業・エネルギー大臣
九月　マッツ・オデール運輸・通信大臣
一〇月　ペール・ウンケル教育大臣
一一月　アンデシュ・ビョルク防衛大臣
一九九三年　三月　ボー・ルンドグレン税務・スポーツ担当大臣
三月　マルガレータ・アフ・ウグラス外務大臣
四月　カール・ビルト首相（IDU東京会議）
一〇月　クリスティーナ王女及び同夫君
一九九四年　一月　クリスティーナ王女
五月　インゲール・ダヴィッドソン行政大臣
一九九五年　四月　マッツ・ヘルストレム欧州・貿易大臣
九月　ビルギッタ・ダール国会議長（世界女性会議）
九月　クリスティーナ王女
一九九六年　二月　ターゲ・G・ペーテション防衛大臣
四月　カール・タム教育大臣
七月　ビヨルン・フォン・シードヴ貿易大臣
一〇月　カール一六世グスタフ国王陛下
一九九七年　三月　ビルギッタ・ダール国会議長
五月　カール一六世グスタフ国王王妃両陛下
九月　レイフ・パグロツキー貿易大臣
一二月　アンナ・リンド環境大臣（気候変動枠組条約第三回締約国会議）
一九九八年　二月　カール一六世グスタフ国王陛下
二月　レイフ・ブロムベリー内務担当大臣
一一月　クリスティーナ王女
一九九九年　一月　トーマス・エステロース教育大臣（日・スウェーデン科学技術協定署名式：高村正彦外務大臣表敬）
一〇月　ビルギッタ・ダール国会議長（衆議院議長招待、天皇皇后両陛下

に謁見、小渕恵三首相表敬）

二〇〇〇年　三月　レーナ・イェルム＝ヴァレーン副首相（小渕恵三首相表敬、河野洋平外務大臣及び丹羽雄哉厚生大臣と会談）

二〇〇一年　一月　ボッセ・リングホルム財務大臣（ASEM第三回財務大臣会合）

四月　シェル・ラーション環境大臣（河野洋平外務大臣及び川口順子環境大臣と会談）

四月　カール一六世グスタフ国王陛下

七月　レーナ・イェルム＝ヴァレーン副首相（田中眞紀子外務大臣と会談、小泉純一郎首相に表敬、川口順子環境大臣と会談）

一〇月　レイフ・パグロツキー貿易大臣（スウェディッシュ・スタイル二〇〇一関連行事）

一〇月　ヴィクトリア皇太子殿下（スウェディッシュ・スタイル二〇〇一関連行事、天皇皇后両陛下に謁見）

一二月　シルヴィア王妃陛下（第二回児童の商業的性的搾取に反対する世界会議、天皇皇后両陛下と会見、森山眞弓法務大臣と会談）

一二月　インゲラ・タレーン社会保障大臣（第二回児童の商業的性的搾取に反対する世界会議、森山眞弓法務大臣と会談）

二〇〇二年　三月　トーマス・エステロース教育大臣（バイオミッション）

六月　ウルリーカ・メッシング産業・雇用・通信担当大臣（W杯観戦）

二〇〇三年　三月　レーナ・ソンメスタッド環境大臣

二〇〇四年　三月　ヨーラン・ペーション首相（小泉純一郎首相と会談）

一一月　アン＝クリスティン・ニークヴィスト農業大臣

二〇〇五年　四月　ヴィクトリア皇太子殿下（博覧会賓客、皇太子同妃両殿下主催晩餐、高円宮妃殿下主催午餐、天皇皇后両陛下主催午餐）

四月　トーマス・エステロース産業大臣
五月　ライラ・フレイヴァルス外務大臣（ASEM第七回外相会合、町村信孝外務大臣と会談）
一二月　デジレ王妃及び同夫君
二〇〇七年　三月　カール一六世グスタフ国王王妃両陛下（国賓、天皇皇后両陛下と御会見・宮中晩餐、安倍晋三首相による表敬、天皇皇后両陛下との御夕餐）
三月　カール・ビルト外務大臣（麻生太郎外務大臣と会談）
三月　ヨーラン・ヘッグルンド社会大臣
四月　クリスティーナ王女及び同夫君
六月　オーサ・トシュテンソン インフラ担当大臣
一〇月　カール一六世グスタフ国王陛下（世界ボーイスカウト財団理事会）
二〇〇八年　一月　ラーシュ・レイヨンボリ高等教育・研究担当大臣
四月　フレドリク・ラインフェルト首相夫妻（実務訪問賓客、天皇皇后両陛下との御所御昼餐、福田康夫首相と会談）
四月　アンドレアス・カールグレン環境大臣
四月　エーヴァ・ビョーリング貿易大臣
二〇〇九年　三月　アンドレアス・カールグレン環境大臣
三月　マリア・ラーション高齢者ケア担当大臣
二〇一〇年　五月　ペール・ヴェステルベリィ国会議長（衆議院議長招待、横路衆議院議長・江田参議院議長・鳩山由紀夫首相と会談、天皇陛下に謁見）
一〇月　アンドレアス・カールグレン環境大臣（生物多様性条約COP10）
二〇一一年　一月　ベアトリス・アスク法務大臣
二〇一二年　二月　エーヴァ・ビョーリング貿易大臣
六月　カール一六世グスタフ国王王妃両陛下（第三回児童の性的搾取

に反対する世界会議フォロー
アップセミナー（シルヴィア王妃陛下）、天皇皇后両陛下と御会見・御夕餐）
一〇月　アンデシュ・ボリ財務大臣（IMF・世銀年次総会）
一〇月　グニラ・カールソン対外援助大臣（IMF・世銀年次総会、榛葉外務副大臣と会談）
二〇一三年　三月　フランク・ベルフラーゲ外務副大臣
一一月　エーヴァ・ビョーリング貿易大臣
一一月　カール一六世グスタフ国王陛下
二〇一四年　二月　カール・ビルト外務大臣（外務省賓客、岸田文雄外務大臣と会談）
一一月　アイーダ・ハジアリッチ高校・成人教育大臣（ESDユネスコ世界会議）
一二月　マルゴット・ヴァルストレム外務大臣（岸田文雄外務大臣と会談）
二〇一五年　三月　イサベラ・ロヴィーン対外援助大臣（国連世界防災会議）
五月　アンナ・ヨハンソン　インフラ大臣
九月　ウルバン・アリーン国会議長（安倍晋三首相に表敬）
一〇月　オーサ・レグネール子ども・高齢者・男女平等担当大臣（山田美樹外務大臣政務官に表敬）
一〇月　ヘレーネ・ヘルマルク＝クヌートソン高等教育・研究大臣
一一月　ミカエル・ダンベリ産業イノベーション大臣（武藤容治外務副大臣と会談）
二〇一六年　二月　カール一六世グスタフ国王陛下（天皇皇后両陛下と御夕餐、安倍晋三首相と懇談）
三月　スヴェン＝エーリク・ブフト農務大臣
二〇一七年　四月　ヴィクトリア皇太子殿下
四月　ペーテル・エリクソン住宅・デジタル開発大臣

◉日本からスウェーデンへ

一九五三年　皇太子殿下
一九五七年　崇仁親王同妃両殿下（国際親善）
一九六二年　八月　雍仁親王妃勢津子殿下（国際親善）
一九六三年　八月　大平正芳外務大臣（ノルウェー、スウェーデン及びデンマーク三国政府の招待、エランデル首相、ニルソン外務大臣及びランゲ通産大臣と会談）
一九六八年～一九七〇年　寛仁親王殿下（オックスフォード大学ご留学中の訪問）
一九七二年　六月　大石武一環境庁長官（国連人間環境会議）
一九七三年　九月　松井明特派大使（グスタフ六世アドルフ陛下の国葬）
一九八三年　五月　正仁親王同妃両殿下（日本展開会式）
一九八五年　六月　皇太子同妃両殿下（国際親善）
六月　安倍晋太郎外務大臣（公式）
九月　増岡博之厚生大臣（公式）
一九八六年　三月　福田赳夫元首相（特派大使として故パルメ首相葬儀に参列）
一九八八年　中島源太郎文部大臣
一九八九年　七月　山村新治郎運輸大臣
一九九〇年　八月　中山太郎外務大臣
一九九一年　三月　正仁親王同妃両殿下（国際親善）
一九九二年　八月　谷川寛三科学技術庁長官
一九九五年　九月　浦野烋興科学技術庁長官
一九九六年　九月　土井たか子衆議院議長（ダール議長と会談）
一九九八年　五月　瓦力建設大臣
一九九九年　五月　宮下創平厚生大臣（エングヴィンスト社会大臣及びクリングヴァル社会保険大臣と会談）
二〇〇〇年　五月　天皇皇后両陛下（国際親善）
二〇〇一年　一月　河野洋平外務大臣（リンド外務大臣と会談）
九月　森山眞弓法務大臣
二〇〇二年　八月　綿貫民輔衆議院議長（セッテルベリィ第二国会副議長と会談）

八月　坂口力厚生労働大臣（ヨーランソン社会省副大臣と会談）
九月　遠山敦子文部科学大臣
一二月　遠山敦子文部科学大臣（ノーベル賞授賞式）
二〇〇三年　一月　土屋品子外務大臣政務官（ダールグレン外務副大臣及びハメリック投資庁長官と会談）
四月　細田博之沖縄及び北方対策・科学技術政策担当大臣（エストロース教育科学大臣及びリンドステン王立科学アカデミー次期会長と会談）
二〇〇四年　一月　竹中平蔵金融・経済財政政策担当大臣（ヘイケンステン中央銀行総裁、リングホルム財務大臣及びルンド国際経済・金融担当大臣と会談）
五月　茂木敏充沖縄及び北方対策・個人情報保護・科学技術政策担当大臣（エステロース教育科学大臣と会談、ルンド国際経済・金融担当大臣と会談）
二〇〇五年　四月　逢沢一郎外務副大臣（フレイヴァルス外相と会談、イエムティン開発協力相と会談、ダールグレン外務副大臣と会談）
二〇〇五年一二月　小坂憲次文部科学大臣（ノーベル賞授賞式）
二〇〇六年　一月　中馬弘毅規制改革担当大臣（セビージャ公共行政大臣と会談）
五月　小泉純一郎首相（ペーション首相と会談、カール一六世グスタフ国王陛下に拝謁）
二〇〇七年　五月　天皇皇后両陛下（リンネ生誕三〇〇年、カール一六世グスタフ国王王妃両陛下と御会見・御会食）
二〇〇八年　五月　宇野治外務大臣政務官（イラク・コンパクト第一回年次レビュー閣僚級会合）
一二月　塩谷立文部科学大臣（ノーベル賞授賞式典）

二〇〇九年　五月　野田聖子内閣府特命担当大臣（科学技術政策、食品安全）（オデール地方政府・金融担当大臣と会談）
二〇一〇年　六月　皇太子殿下（ヴィクトリア皇太子殿下結婚式）
二〇一〇年一二月　高木義明文部科学大臣（ノーベル賞授賞式）
二〇一一年　八月　彬子女王殿下（御勤務先の御用務）
二〇一二年一一月　吉良州司外務副大臣（北極評議会オブザーバー及びアドホック・オブザーバー会合、カールソン国際開発大臣と会談）
二〇一三年　五月　鈴木俊一外務副大臣（ビョーリング通商担当大臣及びベルフラーゲ外務副大臣と会談）
六月　憲仁親王妃久子殿下（マデレーン王女殿下結婚式、ウプサラ県知事主催昼食会御出席、ウプサラ大学学長との御懇談）
九月　衛藤晟一首相補佐官、根本匠復興大臣（放射線安全機関（SSM）訪問、エーカ環境大臣と会談）
一〇月　木原誠二外務大臣政務官（ワクチンと予防接種のための世界同盟中期レビュー会合、レンマンケル・ストックホルム国際平和研究所運営理事会理事長と意見交換）
二〇一四年　七月　森まさこ内閣府特命担当大臣
二〇一五年　六月　憲仁親王妃久子殿下（カール・フィリップ王子殿下結婚式）
一一月　絢子女王殿下（福祉に関する海外事例研究研修参加）
二〇一六年　四月　憲仁親王妃久子殿下（カール一六世グスタフ国王陛下七〇歳御誕生日祝賀行事）
一二月　松野博一文部科学大臣（ノーベル賞授賞式）
二〇一七年　七月　安倍晋三首相（ロヴェーン首相と会談）

五．ノーベル賞歴代日本人受賞者および年代別分野別日本人受賞者数

一九四九年　物理学賞　湯川秀樹　（一九〇七年～一九八一年）
一九六五年　物理学賞　朝永振一郎　（一九〇六年～一九七九年）
一九六八年　文学賞　川端康成　（一八九九年～一九七二年）
一九七三年　物理学賞　江崎玲於奈　（一九二五年生まれ）
一九七四年　平和賞　佐藤栄作　（一九〇一年～一九七五年）
一九八一年　化学賞　福井謙一　（一九一八年～一九九八年）
一九八七年　生理学・医学賞　利根川進　（一九三九年生まれ）
一九九四年　文学賞　大江健三郎　（一九三五年生まれ）
二〇〇〇年　化学賞　白川英樹　（一九三六年生まれ）
二〇〇一年　化学賞　野依良治　（一九三八年生まれ）
二〇〇二年　物理学賞　小柴昌俊　（一九二六年生まれ）
　　　　　　化学賞　田中耕一　（一九五九年生まれ）
二〇〇八年　物理学賞　南部陽一郎＊　（一九二一年～二〇一五年）
　　　　　　　　　　小林誠　（一九四四年生まれ）
　　　　　　　　　　益川敏英　（一九四〇年生まれ）

化学賞　下村脩　（一九二八年生まれ）

二〇一〇年　化学賞　鈴木章　（一九三〇年生まれ）

根岸英一　（一九三五年生まれ）

二〇一二年　生理学・医学賞　山中伸弥　（一九六二年生まれ）

二〇一四年　物理学賞　赤崎勇　（一九二九年生まれ）

天野浩　（一九六〇年生まれ）

中村修二＊　（一九五四年生まれ）

二〇一五年　物理学賞　梶田隆章　（一九五九年生まれ）

生理学・医学賞　大村智　（一九三五年生まれ）

二〇一六年　生理学・医学賞　大隅良典　（一九四五年生まれ）

（注）二〇一七年現在。＊の南部陽一郎、中村修二は、受賞時アメリカ国籍であった。
二〇一七年の文学賞受賞者、カズオ・イシグロ（一九五四年生まれ）は長崎生まれの日本国籍者であったが、幼少期にイギリスに渡り、同国で教育を受け、帰化し、作家キャリアを積み上げたため、表からは除外した。
出所：ノーベル財団ホームページ〈http://nobelprize.org/〉などにより、吉武作成。

表　年代別分野別日本人受賞者数

分野	受賞年代											
	1900年代	1910年代	1920年代	1930年代	1940年代	1950年代	1960年代	1970年代	1980年代	1990年代	2000年代	2010年代
物理学賞	0	0	0	0	1	0	1	1	0	0	4	4
化学賞	0	0	0	0	0	0	0	0	1	0	4	2
生理学・医学賞	0	0	0	0	0	0	0	0	1	0	0	3
文学賞	0	0	0	0	0	0	1	0	0	1	0	0
平和賞	0	0	0	0	0	0	0	1	0	0	0	0
経済学賞							0	0	0	0	0	0
計	0	0	0	0	1	0	2	2	2	1	8	9

（註）2017年現在。南部陽一郎、中村修二を含む数字である。経済学賞は、1969年度から授与開始。
出所：ノーベル財団ホームページ<http://nobelprize.org/>などにより、吉武作成。

第二部　スウェーデンのこれまでと今

第一章　スウェーデンの議会と政党政治

小川 有美

一．はじめに

スウェーデンの基本法は統治法、王位継承法、出版の自由法、表現の自由基本法からなり、統治法はその第一章第一条において「スウェーデンの全ての公権力は国民に由来する。スウェーデンの国民による統治は意見の自由と普通平等選挙権に基づく。それは代表制議会制国家形態と地方自治を通して実現される。公権力は法に基づいて行使される」と定めている（Kungörelse (1974:152) om beslutad ny regeringsform）。憲法を「国のかたち」ということがあるが、スウェーデンでは何よりも国民《フォルク》主権と議会制民主主義がその出発点におかれていることがわかる。

議会政治の母国といわれるイギリスと並んで、スウェーデンでは近代以前から議会《リックスダーゲン》が重要な政治制度であり続けた。歴史家アンダーソンは、スウェーデンの身分制議会（等族会議ともいう）が絶対王政時代にも存続し、合議制の伝統が強かったこと、貴族・聖職者・都市市民のほか農民の部会をもつ四部会制であったことに注目している（Anderson 1979）。

一八世紀のスウェーデンは「自由の時代」と呼ばれ、議会の権力が高まった。そこではハット党とムッサ党の二大政党が競合する姿がみられたばかりでなく、一七世紀から発展してきた委員会が実務的に機能するようになった。一七七二年のグスタヴ三世の無血クーデタによって国王が権力を専有するが、一八〇九年には憲法が採択されて、権力分立にもとづく立憲的な体制が成立する。この年世界で初めて議会オンブズマンもスウェーデンで設置された。

一八〇九年の統治法は二〇世紀後半まで有効であり、国王に閣僚の任免権や閣議主宰権が存した。一九一七年に自由党―社民党の連立政権が発足して初めて議会の勢力に応じて内閣が成立する議院内閣制の原則が定着した。一九七四年には全面的な憲法改正案が採択されて翌年新しい統治法が施行された。この新統治法により、元首の形式的な政治的権能は廃止され、議会議長が首相を提案するルールとなった。その際、過半数による信任は要件でなく過半数が反対しなければ首相は確定する。これは「消極的議院内閣制」と呼ばれ、スウェーデンのように議会少数派の内閣が多くても妨げとならない（一九七〇年以降、議会過半数の内閣は一九七六年と七九年のフェルディーン内閣、二〇〇六～一〇年のラインフェルト内閣しかない）。その後は欧州人権条約やEU加盟、司法改革等に対応した改正がなされている。

連続性と安定で知られるスウェーデンの民主政治も不変なのではない。現代の北欧の政治学者たちは、国際化（EU統合）や「大統領化」の時代に、北欧、スウェーデンの政治がどのように変わりつつあるかに注目している。

二．スウェーデンの議会・選挙制度の成り立ち

現代にいたるスウェーデンの議会・選挙制度の発展をふりかえっておこう（Grofman and Lijphart 2002）。日本の明治維新とほぼ同時期の一八六六年にスウェーデンでは近代的な二院制が導入された。当時下院

（第二院）の選挙権を与えられた有権者は二一歳以上の男子の二二％にとどまり、間接選挙の上院第一院には選挙権、被選挙権ともに厳しい資産・所得制限があった（被選挙者は全国でわずか六〇〇〇人程度）。世紀転換期には普通選挙権を求める運動が高まり、普選の主張を掲げる自由党と社民党が一九〇五年選挙で下院の多数を占めたことに危機感をもった保守派は「保守的保障」を組み込んだ男子普通選挙制度を受け入れた。この「妥協の政治」によって普通選挙制度が一九〇九年に実現する（あわせて税未納者、破産者、救貧受給者、被後見人、徴兵非応召者が選挙権から除外されたが、この制限はのち廃止された）。

「保守的保障」としての比例代表制の採用によって、スウェーデンでは中小政党でも議席が得られる選挙制度が定着した。ただし、上院の多数を占め下院でも一定の議席を確保した保守派は両院同等の制度の下で強い力をもち続けた。それゆえ決定的な民主化は第一次大戦による内政への衝撃と一九一八～二一年の改革を待たなければならなかった。この改革によって、上院選挙の前提となる地方選挙の財産等級や被選挙権の財産制限が廃止され、何よりも重要なこととして女性に参政権が与えられた。

第二次大戦後の改革として重要であるのは、比例代表制の方式変更と一院制への転換である。同じ比例代表制であっても、ドント式は大政党にやや有利な偏りがあるが、一九五二年選挙以降これを修正サント・ラゲ式にすることによって比例性が高まり、一定以上の小政党により有利になった。上院の廃止は一九五〇年代以来、主要四党からなる委員会によって検討・提案されていたが、戦後上院の多数を保持してきた社民党はそれを先延ばしにしていた。首相エランデルは上院の選挙制度を通じた「地方とのつながり」が失われることに懸念を示したという。一九六九年の改正によりついに二院制が廃止されて三五〇議席の一院制となり（左右両陣営が同数になる状況が生じたため一九七六年に三四九議席に削減）、三一〇の固定選挙区議席以外を調整議席としたことにより比例性が格段に高まった。議席配分には最

【表1】総選挙結果（得票率）1991 〜 2014 年

年	穏健党 M	中央党 C	国民党 Fp (現自由党)	キリスト教民主党 Kd	環境党 Mp	社民党 S	左党 V	スウェーデン民主党 Sd	首相	内閣
1991	21,9	8,5	9,1	7,1	3,4	37,7	4,5	−	ビルト	M,C,Fp,Kd
1994	22,4	7,7	7,2	4,1	5.0	45,3	6,2	0.0	カールソン〜1996 パーション	S
1998	22,9	5,1	4,7	11,7	4,5	36,4	12.0	0,4	パーション	S
2002	15,3	6,2	13,4	9,1	4,6	39,9	8,4	1,4	パーション	S
2006	26,2	7,9	7,5	6,6	5,2	35.0	5,8	2,9	ラインフェルト	M,C,Fp,Kd
2010	30,1	6,6	7,1	5,6	7,3	30,7	5,6	5,7	ラインフェルト	M,C,Fp,Kd
2014	23,3	6,1	5,4	4,6	6,9	31.0	5,7	12,9	ルヴェーン	S

出所（Statistiska-centralbyrån Valresultat 1973 -2014）得票率のみ

低四%の得票が必要だが、それに満たずとも一選挙区で一二%を得票した場合議席を与えられる。議会の任期は四年から三年に短縮され、県・コミューン選挙と同日に行われることになった（一九九四年に再び四年に延長）。一九九八年選挙からは、特定候補への選好が党得票の八%以上集まればリストの最上位に変更されるルールも取り入れられた。なお二〇一七年現在、選挙制度は見直し中である。

近年のスウェーデンの選挙結果は【表1】の通りである。スウェーデンの政党システムは「北欧五党制」（渡辺 二〇一四）ともいわれ、一九一七年以来第一党の勢力を有する社民党の社会民主主義のほか、保守、自由、農村、左翼の五極（現、社民党、穏健党、自由党、中央党、左党）が存在してきた。さらに一九八〇年代から環境、キリスト教民主主義、右翼ポピュリズムなどの新しい政党が登場し、多党（八極）化がみられる。一九三二年から政権の座にあり続けた社民党は、一九五七年までは農民同盟（現中央党）と赤−緑連合を組み、その後は長らく左党（旧共産党）の自発的支持を受けてきた。一九七〇年に二院制を廃止したことにより、スウェーデン政治は一院で政党同士が競合するダイナミックな――見方を変えればより不確実な――時代に入ったといえる。社民党と左党の左派ブロックは一九七六年〜八二年に戦後初めて中道右派ブロックに政権を譲り、九〇年代、二〇〇〇年代、二〇一〇年代にはいずれも政権交代が起こっている。

三．市民社会と政党

スウェーデンの民主主義は、政党本位であるといわれる。身分制議会の時代から党派は存在したが、スウェーデンの大衆組織政党は、一九世紀末から国民運動《フォルク》（大衆運動）が発展する中で本格的に誕生した。国民運動とは、急速に産業化、都市化するスウェーデンの社会において、つながりを失った人々が自らを組織し、教育し、生活を変えていこうとする多様な運動であった。その代表格が禁酒運動、自由教会運動、労働運動であった。まだ制限選挙であったスウェーデンでは、これらの市民社会組織が参画の受け皿となり、普通選挙を求める国民的な世論を培養した。普選導入後の一九一一年の下院議員の半数超は禁酒運動出身者であった（Öhngren 1974）。また労働運動を基盤に発展したスウェーデン最大の政党が社会民主労働党（SAP，以下略して社民党）である。社民党の青年組織への青少年の参画も活発で、スウェーデン社会民主主義青年同盟ＳＳＵは一九三四年には一〇万人を数えるにいたった（Misgeld, Molin and Åmark 1992）。

政治学者ロートスタインは、スウェーデンの社民党が史上最も成功した社会民主主義政党であるばかりでなく、最も成功した民主主義政党の一つである、と評している。社会民主主義的な「大きな政府」の国では自発的な市民活動は低調で、人々の社会的孤立や疎外が深まると考えられてきた。またアメリカの政治学者パットナムは、先進諸国で社会関係資本《ソーシャル・キャピタル》――市民活動、協力、規範により醸成される信頼関係――が衰退していると診断した。しかし「スウェーデン・モデル」はそうではない、とロートスタインは論じる。スウェーデンは「大きな政府」であると同時に市民社会は活発である。スウェーデンの市民社会は地方と全国組織、公共機関の関係が密であり、民主主義や団体活動を学ぶ「学校」であった。一九九二年のデータで成人の九割以上が何らかの自発的組織に所属しており、その種類は禁酒運動や労働組合だけではなく、消費者団体、賃借人団体、年金生活者団体、ボーイスカウトなど多岐にわたる。

スウェーデンの市民社会組織とそれに支えられた政党の強さの背景には、さまざまな歴史的制度――たとえば全国労組ＬＯの社民党への集団加盟制度（一九九〇年代初廃止）や、組合員に有利な失業保険制度など――、そして普遍的福祉国家のような制度への社会的信頼があった。ただしロートスタインも認めるように、近年は「スウェーデン・モデル」の背骨ともいえる政府と労使のコーポラティズムの意義が低下している。伝統的な組織が会員数を減らす一方、スポーツ、退職者、環境団体が盛んになり、「ペーパー会員」も増えている。市民社会と政党民主主義の関係にも今日揺らぎがみえる（ロートシュタイン 二〇一三）。

【グラフ1】 年齢層毎の総選挙得票率の推移

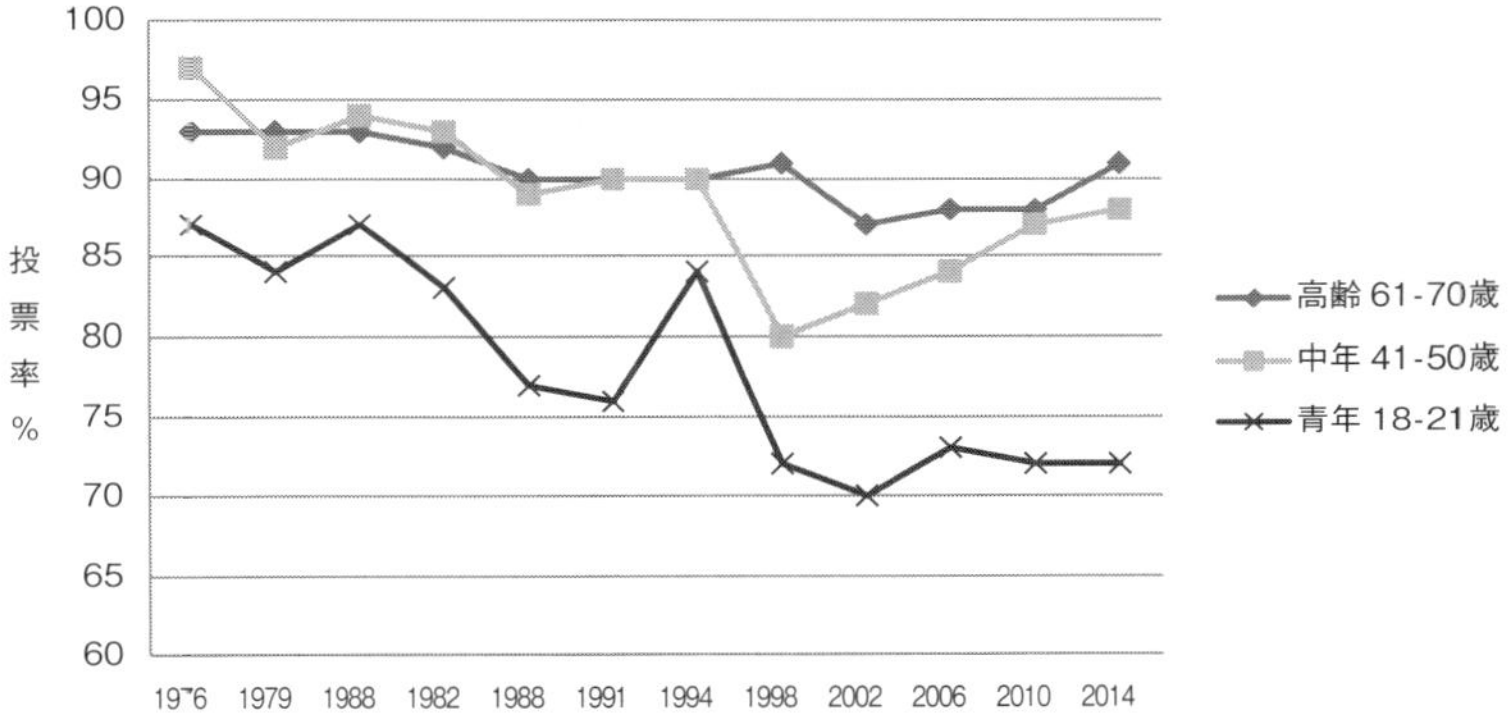

出所　Oscarsson and Holmberg (2015:3)（1976年選挙以降のみ）

四・スウェーデンの有権者と政党

政治不信や投票率の低下は、先進国一般にみられる現象である。その中で、スウェーデンの民主主義は依然として高い信頼・帰属感・参加意識に支えられた「例外」なのだろうか、あるいは同じような変化が進んでいるのだろうか。ここでは有権者の側の変化をみていこう。

スウェーデンの有権者の投票率は、日本や他の先進国と比べると一貫して高い部類に入る（一九九一年～二〇一四年選挙の平均投票率は八三・九％）その意味では、スウェーデンの「例外性」といってもよい。しかし世代別にみるならば（【グラフ1】）、中高年の投票率が低下しないのと比較して、青年層には一九七〇年代以降投票離れの傾向がみられる。

次に、有権者と政党のつながり《リンケージ》がどのように変化しているかみてみよう。【表2】は、一九八八年～二〇一四年の各総選挙年に、投票者が主にどのような理由から、投票する政党を選択したかを示している。

【表2】投票者が投票先政党を選択する上で「最も重要な理由の一つ」として挙げたもの（「かなり重要な理由」、「特に重要でない理由」、「全く重要でない理由」を含む全評価中の割合%）

理由		1988	1994	2002	2006	2010	2014
運営能力	その党は国の運営にとり有能な人材を有する	30	31	31	42	51	54
イデオロギー	その党は良い政治的イデオロギーを有する	41	41	45	49	49	54
キャンペーン議題	その党は最近の公共論議で良い政策を有する	33	32	34	37	39	41
党リーダー	その党は良い党リーダーを有する	23	20	24	23	27	28
慣習	私は常にその党に投票する	27	21	16	14	14	10
階級	その党の政策は私の職種に通常好ましい	21	18	14	15	14	-
政党帰属感	私はその党の支持者だと感じている	21	16	14	11	11	10
候補	その党は私の選挙区で良い候補を有する	-	9	10	10	10	12

出所　Oscarsson and Holmberg (2015:19) からデータ数の少ない項目を省略

それによれば、①政権運営能力がより重視される傾向がみられる（またイデオロギー、キャンペーン議題もそれに次ぐ）。②反対に、慣習、階級、政党帰属感による投票は弱まっている。③リーダーや個人候補による投票先選択は、それほどはっきり増加しているとはいえない。

五　変貌する「スウェーデン・モデル」

「スウェーデン・モデル」とは、福祉国家とそれを支える市民社会、コーポラティズム、そして合意《コンセンサス》をつくり出す政治からなっている（宮本 一九九九）。スウェーデンの民主政治は、イギリスのウェストミンスター・モデルのように勝者・敗者の分かれる「多数決型」ではなく、「合意型」であるとされてきた。ただし「合意型」の典型的要素として政治学者レイプハルトが挙げる大連合や連邦制は、スウェーデンにはみられない（Arter 2006）。むしろ左右ブロックの絶えざる競争がある中で、議会少数派である内閣が閣外政党からインフォーマルな協力を得たり、もしくはアドホックな政策毎の合意を取り付けたりして、議会制民主主義が「作動」してきた。それは「合意型」であるとしても、特有の実践的モデルであるといえよう。

冒頭でふれたように、今日の北欧の政治学者たちは、そのようなスウェーデンの政治が「大統領化」、「多数決型」化（ウェストミンスター化）に向かう変化を経験しているのか問うている（Persson and Wiberg 2011）。

アメリカのような大統領制でなくとも、行政の長（首相）やその候補に政府内、政党内、選挙における権力が集中していく傾向を「大統領化」という。社民党のパーションが一九九六年から三期にわたる政権を維持した際に、スウェーデンの新聞やラジオは「パーション大統領」という表現さえ用いた。たしかにパーションは、党の有力者以外の閣僚や官邸の政治顧問を多用し、対談やメディアを通じて選挙民を安心させるリーダーとしてのイメージづくりに成功した。さらに一九九五年のEU加盟によって、欧州首脳理事会メンバーである首相に（議会によるEU交渉の監視の委員会は設けられたものの）対外代表力が集中しているようにみえた（アイロット二〇一四）。また、英国のウェストミンスター政治のように二大政党とはいえずとも、西欧の多くの国と同様に、中道左派・中道右派の二極による政権競争が明確になる傾向がみられる。それは、議会制民主主義の「多数決型」化を推し進めるものといえる。

「大統領化」や「多数決型」化はどのくらいスウェーデン政治を変えているのだろうか。渡辺博明のいうように、二〇世紀末以降のスウェーデンは「契約主義的議会政治」を生み出した（渡辺二〇一〇）。一九九八年選挙で社民党は三〇議席減となり、政権をインフォーマルに支えてきた左党と合わせても過半数を確保できなかった。そこで社民党はキャスティングボートを握る環境党に交渉を呼びかけ、議会内協力をめぐる三党合意をつくり上げた。この「契約主義的議会政治」は二〇〇二年選挙後も繰り返され、上述のようにパーションは一〇年間にわたる首相の座を維持した。

「多数決型」化の方向をもう一段推し進めたのは、中道右派四党による「同盟」である。二〇〇六年選挙に向け穏健党、国民党、中央党、キリスト教民主党は選挙前に共同綱領を公表し「スウェーデンのための同盟」（以下、「同盟」）を結成した。選挙結果は、福祉国家継承路線へ舵を切った穏健党の若いリーダー、ラインフェルトを擁する「同盟」の勝利となり、この四半世紀で初めての議会多数派内閣が誕生した。「同盟」に対抗する社民党は二〇〇八年に緑の党と左党に呼びかけて連合政権協力を表明し、それによって、二〇一〇年選挙は「史上はじめて左右ブロックのそれぞれが共通の首相候補と政策綱領を携えて戦う選挙連合対決」（渡辺二〇一四：三六五）となった。

ところが、議会が二極の連合に分かれて争う「多数決型」化にはブレーキがかかってゆく。二〇一〇年選挙で社民党の得票は一九一四年以来最低の水準に終る。「同盟」は歴史的な二期目の勝利を収めるものの絶対多数を失い、「消極的議院内閣制」に依存する少数派政権となる。それゆえ左派と右派の二大勢力にいずれも過半数まで達しなかった。この選挙では、寛容な移民・難民政策の見直しを迫る右翼ポピュリスト政党のスウェーデン民主党が国政で初めて二〇議席を獲得した。

第一期に税制改革などで斬新さを打ち出したラインフェルトのリーダーシップには停滞が目立つようになった。二〇一四年五月の欧州議会選挙は、「ニッチ政党」である環境党、女性政党フェミニスト・イニシアティブ、スウェーデン民主党の躍進が目立つ結果となった。同年九月の総選挙の結果、社民党・環境党・左党は総計一議席増えたに過ぎないが、「同盟」はそれを下回りラインフェルトは総辞職を表明した。この選挙の最大の「勝者」は人気の高い若いリーダー、オーケソンを擁し議席を倍以上に増やしたスウェーデン民主党であった（Aylott and Bolin 2015）。同じ北欧のデンマーク、ノルウェーと比べてもスウェーデンでは排外的な論調が弱く、また右翼の新党は短命の（一九九一～九四年のみ議席）新民主党しか存在しなかったが、ついに有力な右翼ポピュリスト政党が現れたといわざるをえない。

スウェーデン民主党はなぜ台頭したのか。福祉国家の完成を迎えた二一世紀のスウェーデンでは、社民党と「同盟」が福祉国家の運営能力をめぐり競争した。しかしそれだけではなく、ネイティヴ「国民」優先の福祉国家を主張するスウェーデン民主党が新たな対抗軸をつくり出し、社民党の支持者であった労働者層にもくい込んだ（Lodenius and Wingborg 2010; 清水 二〇一一）。スウェーデンはイラク戦争後、二〇一五年難民危機後にも多数の難民を受け入れている国であるが、国内でホームグロウン・テロが起こり、移民・難民が郊外集合住宅に隔離集住している中で、移民・難民問題が安全保障争点化《セキュレタイゼーション》したことも否定できない（清水 二〇一六）。

二〇一四年選挙の結果、社民党は金属労組委員長出身のルヴェーンを首相として政権に返り咲いたが、三四九議席中一三八しかない「赤─緑」少数派連合の政権運営は前途多難が予想された。実際発足した年の一二月初、野党予算案がスウェーデン民主党によっても支持されたため、政府予算案が覆されてしまった。窮したルヴェーンは翌春に異例の再選挙を行うことを一旦発表した。しかしその後与党二党と「同盟」四党は、二〇一五年～二二年の期間、相対多数の連合から首相が選ばれる、少数派内閣でも予算は通過する、国防・年金については協力の対象とする、という合意（二〇一五年度予算については野党案を尊重）に漕ぎつけた。それは「スウェーデンを統治可能にするため」（Socialdemokraterna 2017）に権力競争を抑制する与野党の「契約」であった。この「一二月合意」は世論調査や有力政治家によって非民主的ではないかと批判も受けたが、再選挙による混乱は回避された（なお戦後スウェーデンで任期満了以外の総選挙は一九五八年の一回のみである）。

六．おわりに

リーダーを中心とする政治の「大統領化」、二極の連合による「多数決型」化は二一世紀のスウェーデン政治の新しい特徴となってきた。それにもかかわらず、少数派政権が常態にとどまっている以上「大統領化」といっても限りがある。そして右翼ポピュリスト政党の急成長によって、二極化とはいえない状況が生じている。中道右派の「同盟」はスウェーデン民主党と協力する選択肢を拒否している。スウェーデン民主党が第三勢力であり続ける限り、スウェーデンは二極の「多数決型」にはなりにくく、不確実性が高まっている（渡辺 二〇一七）。「一二月合意」は、一旦結ばれたにもかかわらず翌年一〇月にキリスト教民主党が離反して拘束力を失った。それでもこの協定は、「多数決型」化という方向ばかりでなく、「合意の政治」を通じた安定回復に「契約主義的議会政治」が用いられた試みであった点で注目される「スウェーデン・モデル」は今後再び「たくましい復元力」（岡沢 二〇〇九）を発揮するのであろうか。「変わらないでいるためには、変わり続けなければいけない」（ランペドゥーサ『山猫』）という現実の中にある民主主義の課題（Schmitter 2011）に対する、北欧の模索がそこにある。

※本章の草稿には清水謙氏より貴重なコメントを賜った。記して謝意を示す。

【参考文献】


アイロット、ニコラス（二〇一四）「パーション大統領――スウェーデンはいかにして彼を生み出したのか?」T・ポグントケ＝P・ウェブ編『民主政治はなぜ「大統領制化」するのか――現代民主主義国家の比較研究』ミネルヴァ書房。

岡沢憲芙（二〇〇九）『スウェーデンの政治――実験国家の合意形成型政治』東京大学出版会。

清水謙（二〇一一）「スウェーデンの２００６年議会選挙再考――スウェーデン民主党の躍進と２０１０年選挙分析への指標」ヨーロッパ研究10巻7―27頁。

――（二〇一六）「スウェーデン――移民／難民をめぐる政治外交史」岡部みどり編『人の国際移動とＥＵ――地域統合は「国境」をどのように変えるのか?』法律文化社。

宮本太郎（一九九九）『福祉国家という戦略――スウェーデンモデルの政治経済学』法律文化社。

ロートシュタイン、ボー（二〇一三）「スウェーデン――社会民主主義国家における社会関係資本」ロバート・D・パットナム編『流動化する民主主義――先進８カ国におけるソーシャル・キャピタル』ミネルヴァ書房。

渡辺博明（二〇一〇）「２００６年スウェーデン議会選挙と政権交代」『選挙研究』25巻2号32―43頁。

――（二〇一四）「北欧諸国――スウェーデン・デンマーク・フィンランド・ノルウェー・アイスランド」網谷龍介・伊藤武・成廣孝編『ヨーロッパのデモクラシー［第改訂第2版版］』ナカニシヤ出版。

――（二〇一七）「スウェーデン福祉国家における移民問題と政党政治」新川敏光編『国民再統合の政治――

福祉国家とリベラル・ナショナリズムの間』ナカニシヤ出版。
Anderson, Perry (1979) *Lineages of the Absolutist State*. London: Verso.
Arter, David (2006) *Democracy in Scandinavia: Consensual, Majoritarian or Mixed?*. Manchester: Manchester University Press.
Aylott, Nicholas, and Niklas Bolin (2015) "Polarising Pluralism: The Swedish Parliamentary Election of September 2014." *West European Politics* 38(3):730-40.
Grofman, Bernard, and Arend Lijphart (Eds.) (2002) *The Evolution of Electoral and Party Systems in the Nordic Countries*. New York: Agathon Press.
Lodenius, Anna-Lena, and Mats. Wingborg (2010) *Slaget om Svenskheten. Ta debatten med Sverigedemokraterna* Stockholm: Premiss förlag.
Misgeld, Klaus, Karl Molin, and Klas Åmark (Eds.) (1992) *Creating Social Democracy: A Century of the Social Democratic Labor Party in Sweden,* University Park: Pennsylvania State University Press.
Öhngren, Bo (1974) *Folk i rörelse: samhällsutveckling, flyttningsmönster och folkrörelser i Eskilstuna 1870-1900,* Uppsala: Almqvist & Wiksell.
Oscarsson, Henrik, and Sören Holmberg (2015) *Swedish Voting Behavior [Report 2015:05]* Gothenburg: Swedish National Election Studies Program, University of Gothenburg
Persson, Thomas, and Matti Wiberg (2011) *Parliamentary Government in the Nordic Countries at A Crossroads: Coping with Challenges from Europeanisation and Presidentialisation Stockholm*: Santérus Academic Press.
Schmitter, Philippe (2011) "The Future of 'Real-Existing' Democracy." *Society and Economy* 33(2):399-428.
Socialdemokraterna (2017). "Överenskommelse." https://www.socialdemokraterna.se/globalassets/aktuellt/nyhetsarkiv/2014-sept-/decemberoverenskommelsen.pdf（最終アクセス二〇一七年一〇月一日）.
Statistiska-centralbyrån. Valresultat 1973–2014. http://www.sverigeisiffror.scb.se/hitta-statistik/sverige-i-siffror/val-och-partier/valresultat-over-tid/（最終アクセス二〇一七年一〇月一日）.

第二章　スウェーデンの地方自治——一五〇年前と現在

穴見　明

一．はじめに

一五〇年前と言えば、日本ではちょうど明治維新の頃である。明治維新により近代国家の建設に乗り出した日本では、近代国家の統治制度の不可欠な要素として、近代的な地方自治制度の創設が進められた。他方、同じ頃、スウェーデンにおいても、近代的な地方自治制度が創設されている。もちろん、当時の日本とスウェーデンの置かれていた状況は、歴史的にも地政学的にも異なる。しかし、いずれの国でも、当時は身分制社会から近代社会への転換という歴史的な節目にあたっており、そのように考えると共通の背景も存在していたことになる。したがって、約一五〇年前のスウェーデンにおける近代的地方自治制度の創設は、日本の場合との比較の対象としても、興味深い出来事であると言えよう。そこで、第二節で、われわれはスウェーデンにおける近代的地方自治制度の出発点に目を向けて、その制度の導入がどのような背景を持つものであったかを探ることにする。

時代を下って第二次大戦後に目を移すと、その時代にも、地方自治制度をめぐって日本とスウェーデンの両方で似たようなことが起きている。すなわち、基礎的レベルの地方自治体（日本では市町村、スウェーデンではコミューン）の大規模な合併である。そこで、第三節では、戦後のスウェーデンにおけるコミューン合併について見ていくことにする。

ただし、第二節および第三節で対象とするいずれの出来事についても、日本の場合との比較そのものにまでは立ち入って述べることはできない。本章で行うのは、歴史的スケッチを通じて、比較への示唆を提供することにとどまる。以上の歴史的スケッチに加えて、第四節では、スウェーデンの地方自治の現在について見ていく。そこでは、スウェーデンの地方自治が、新たな挑戦に直面していることを述べる。

二．スウェーデンにおける近代的地方自治の始まり

現在のスウェーデンの地方自治制度の基礎が置かれたのは一八六二年の地方自治令（1862 års kommunalförordningar）によってであった。その改革によって、五つの類型の地方自治体が存在することになった。すなわち、市（stad）、町（köping）、村コミューン（landskommun）、教区（församling）[1]、ランスティング（landsting）である。農村では、かつての教区（socken）が、世俗の自治体である村コミューンと新たな教区とに分離したかたちになった。市、町、および村コミューンは、いずれも基礎的レベルの世俗の自治体である。ランスティングは、より広域をカヴァーする地方自治体として設立された。いずれの自治体にも、一般的権限（構成員の共通利益のための、法令に規定されていない活動を行う権限）および課税権が与えられた。一八六二年の時点で、約二四〇〇の村コミューン、約一〇〇の町、八九の市が存在していた（Gustafsson 1996:16）。

ところで、一八六二年の地方自治令以前にも、もちろん地方レベルの自治的なまとまりは存在してきた。キリスト教伝来以前から、村の寄合(2)（byalag）や群（härad）・州（landskap）などが、ある種の自治的単位として存在していた。しかし、近代的な地方自治制度に直接つながるのは、中世の都市および教区（socken）(3)であったとされる。都市には、中世ヨーロッパの他の地域の都市と同じく、国王の勅許状によって一定の自治が認められていた。他方、教区は言うまでもなくローマ教会の最も底辺レベルの単位であった。教区の初期の主要な業務は、司祭および教会書記（klockare）の任用、教会の建設・維持、教会財産の管理であった。一六世紀の宗教改革にともない国教会制度への移行がなされたが、その後、しだいに教区は教育および救貧機能を担うことになる。さらに教区の機能には、道路の補修、保健、身分制議会の農民部会への代表選出などが加わっていった（Gustafsson 1996:16）。

一九世紀に入ると、スウェーデンにおいても自由主義の政治勢力が力を増していき、地方自治をめぐる問題が改革要求の一環として論じられることになった。自由主義勢力の側からは、地方自治体の自律性の強化が、一八〇九年の統治法の下で強化されつつあった中央集権的な官僚国家の権力に対抗するために必要だと捉えられていた。自由主義派の地方自治観では、教会、学校、地方警察、救貧、保健医療は、本来的に地方自治体が担うべき固有の仕事であると考えられていた。したがって、国すなわち中央政府の介入はそれぞれの活動に法的枠組みを与え、その遵守を監督することに限られるべきだとされた。また、そのような地方自治制度の下でこそ、市民的な責任感と郷土愛が育まれると考えられていた（Ekström von Essen 2003:46 47）。他方、自由主義派に対抗する保守派の側は、それとは異なった地方自治観を持っていた。保守派は、伝統的な権威主義的国家と身分制社会の維持を望んでいた。その立場から、国家は一種の有機体のようなものとして捉えられ、地方自治体はその有機体としての国家の手足のようなものとされたのであった。したがって、地方自治体の仕事と権限は、自由主義派の考え方とは異なり、地方自治体に固有のものではなく、国から委任あるいは付与されたものという考え方がとられた（Ekström von Essen 2003: 48）。

一八六二年の地方自治令の制定は、そのような地方自治観をめぐる自由主義派と保守派の考え方の対立を背景としていたが、採用されたのは基本的には保守派の考え方であった。しかし他方で、地方分権的な行政（すなわち地方自治体ごとに市民の責任と影響力の下に行政が運営されること）の重要性についての認識も、一八六二年の地方自治令には反映されていた(4)。

ところで、その場合、行政への市民の能動的な関与の重視は、エークストレーム・フォン・エッセン（Ulla Ekström von Essen）という研究者によれば、ナポレオン戦争後のスウェーデンにおける近代的なナショナリズムの成長と結びついていた。スウェーデンでは、一八〇八年から一八〇九年にかけての対ロシア戦争での敗北により、それまでの絶対王制が終わりを告げる。それとともに、かつては「開明的絶対君主の正統性」によって支えられていた国民的アイデンティティが危機に陥る。以後、この「国民的トラウマ」に対抗するために、新たな国民意識を形成するためのいろいろな試みがなされていくことになった。そこでは、重農主義的な観点から、自営農民が社会を支える基礎として、誉ある地位を与えられた。スウェーデン古来の（ursvensk）・自営農地を所有する・自立的な・自由で民主主義的な意識をもつ存在という姿において描かれる農民像が、スウェーデン的（＝国民的）なものの歴史的基盤として、政治家、歴史家、文学者によって、人々のあいだに広げられていった。そのような姿で描かれる農民が、新たな国民的アイデンティティの基盤とされたのである。こうして、新たな国民的アイデンティティが形成される中で、スウェーデン古来の伝統として観念された共同事務への民衆の能動的参加が「地方自治」の概念と結びつけて捉えられるようになった。エークストレーム・フォン・エッセンは以上のように論じている（Ekström von Essen 2003:51-54）。そうであるとするならば、一八六二年の地方自治令が、地方自治体の権限は国によって付与されたものであるという（保守派の）考え方にもとづいていたとしても、同時に、その国レベルの統治を支える国民的意識は地方自治体レベルでの自治によって支えられるものとして意識されていた、と見ることができそうである。しかも、その伝統的とされる地方自治は、人々の観念の中では「民主主義的な」性格をもっていたと理解されていたのである。そのような歴史を背景に置くとき、「スウェーデンの民主主義的統治は、代表制および議会主義の国家制度を通じて、そして地方自治を通じて、実現される」という、現行の統治法[5]第一章第一条の規定のより深い理解が可能になるのではないだろうか。

三．コミューンの合併

第二次大戦後のスウェーデンにおいては、二度にわたって基礎的レベルの地方自治体の大規模な合併が行われた。一度目は一九五二年に行われ、二度目は一九六二年から一九七四年にかけて実施された。一九五二年の合併によって、合併前には二二八一あった村コミューンの数は八一六まで減少した。さらに、一九七四年に二度目の合併が終了した時点で、コミューン[6]の数は二七八になっていた。いずれの合併にも、人口の地理的移動と福祉国家的機能の拡大という要因が働いていた。

よく知られているように、スウェーデンでは一九三二年以降、社会民主党政権の下で福祉国家の建設が進んだ。それにともなって、社会保障を中心とする福祉国家的な諸機能の実施にかかわる地方自治体の任務も増大していった。そのため、すでに第二次大戦前の時点で、小規模な村コミューンがその任務を適切に遂行することができないことが問題視されはじめていた。たとえば、一九三七年に設置された「社会保障委員会」[7]の答申（SOU 1942:56）でも、小規模コミューンの問題が論じられていた。しかし、一九五二年の第一次合併に直接つながったのは、一九四三年に設置された「コミューン領域設定委員会（Kommunindelningskommittén）」の答申であった。委員会設置にあたっての政府の指令書においては、社会保障（socialvården）[8]や学校教育などの分野においてコミューンが新たな任務を担うことを求められるようになったが、小規模な村コミューンでは、それを支えるだけの財政的基盤がなく、また、それらの任務にふさわしい知識を備えた政治的代表職の担い手[9]を確保することも難しいということが問題視されていた。委員会の答申では、それらの困難への対処が、国からの補助金と複数の地方自治体間の協力機関の設置という方式でなされているという事実が、「地方自治の危機」を意味するものとして示されることになった。そのような対処方法は、それぞれのコミューンがその活動について自律的に決定する可能性を著しくそこなう、と理解されたのである[10]。

以上のような認識を背景として、第二次大戦直後に、村コミューンの合併が行われることになった。その目的は、基本的には、増大する福祉国家的諸機能の地方自治体による実施を確保するためであり、したがって、国レベルで決定された社会改革の実現のためであったと言えよう。この第一次合併で目指されたのは、最低二〇〇〇人、できれば三〇〇〇人以上の人口規模を持つ村コミューンであった。ちなみに、合併直前の一九五一年の時点で、人口一〇〇〇人未満の村コミューンの数は一二二三で、これは全ての基礎的自治体（村コミューン＋町＋市）のほぼ半数を占めていた。合併の結果、ほとんどの村コミューンで人口が二〇〇〇人を上回ることになった[11]。また、村コミューンの平均人口は、合併前の約一五〇〇人から約四一〇〇人に増大した。

第一次合併による新たな村コミューンの領域区分が実施に移されたのは一九五二年一月一日であったが、まもなくさらなる合併の必要が意識されはじめた。その主たる要因の一つは、経済成長にともなって都市地域への人口の移動が続いたことである。そのため、第一次合併で目指された三〇〇〇人以上の人口規模を下回っていた村コミューンの数は、一九五二年初めの時点では二九七であったが、一九六〇年には三四八にまで増えていた（Gustafsson 1996:57,59）。もう一つの大きな要因は、義務教育レベルの学校制度改革であった。スウェーデンではその改革以前には、ドイツ型の複線的な学校制度がとられていた。義務教育期間は七年間であったが、四年終了時に中等教育機関に進学する生徒、六年終了時に中等教育機関に進学する生徒、七年終了後に就職または職業学校に進む生徒などが混在していた。これを単線型の制度に変えていく改革が、第二次大戦後に開始される。そして、一九六二年に、すべての生徒を対象とする九年制の義務教育制度が導入されることになる（本所 二〇一六：五—七頁）。義務教育の提供責任者であるコミューンにとって、それまで七年間であった義務教育期間を九年間に延長するこの改革が、大きな負担増を意味するものであったことは言うまでもない。新たな九年制の義務教育学校を運営するのに必要な財政力と人的資源を確保するためには、コミューンの人口規模は七五〇〇人から八五〇〇人以上必要だと見積もられた。

第二次合併の計画を準備した調査審議会は、以上のような時代的な背景のなかで一九五九年に設置された。調査審議会の答申では、いずれのコミューンも一九七五年時点で人口八〇〇〇人を下回らないという目安が示された（Gustafsson 1996:61）。その勧告にもとづく政府の方針は、一九六二年に国会で承認された。

国会での採決においては、保守党[12]と中央党が政府提案に反対票を投じた（Gustafsson 1996:61）。保守党の反対理由について、地方自治研究者のウルバン・ストランドベーリは、保守党は予期される改革の効果についての検討が十分ではないという理由で反対したのであって、原理的には新たな合併に反対ではなかったと述べている。[13] 他方、中央党が政府提案に反対したのは、民主主義が活力をもつためにはコミューンにおける市民の能動的参加に支えられていなければならない、という考えからであった。[14] また、中央党のそのような考え方は、スウェーデンの民主主義はかつての農村社会にそのルーツをもつという認識とも結びついていた（Strandberg 1998:68）。しかし、合併を推進する立場にあった社会民主党の側においても、民主主義的統治がコミューンのレベルにおける自治に支えられていなければならないという考えは共有されていた。両者の違いは、中央党が市民の直接参加をより重視していたのに対して、社会民主党は代表制の仕組みを通じて民主主義の実質化をはかろうとしていた点にあった（Strandberg 1998:97-99）。この違いがどこから来たのか、また何を意味するのかという問題は興味深いが、ここではそれに立ち入る余裕はない。しかし、いずれの側も、国民国家レベルでの民主主義の基礎としての地方自治という、一九世紀以来形成されてきた伝統的な考え方を受け継いでいるという点では共通していたと言えよう。したがって、いずれにとってもコミューンの合併が地方自治体レベルの民主主義にどのような影響をもたらすかは重大な関心事であった。たとえば、第二次合併進行中の一九七〇年に、社会民主党政府は、地方自治体レベルの民主主義を強化する方策を探るための調査審議会を設置している。さらに、一九七六年の政権交代によって政権についた、国民党・中央党・保守党連立政権の下で、合併のもたらした効果を検証するために調査審議会が設けられ、地方自治研究者を中心とする大がかりな研究プロジェクトが遂行された。研究プロジェクトの三つの柱の一つは民主主義的自治組織としての地方自治体というテーマであった（Gustafsson 1996: 63, 66）。こうして、民主主義を支える不可欠な制度としての地方自治という伝統的な観念が、コミューン合併の是非をめぐる議論の中であらためて受け継がれていくことになった様子が見られる。

四．現在

二〇一七年九月一日現在、スウェーデンには二九〇のコミューンと二〇のランスティングが存在している。それらの地方自治体がどのような政治制度を採用しているか、その行政組織がどのような特徴を持っているか、地方自治体と国との間の関係はどうなっているか、といったことについての教科書的な説明は、他の参考文献にゆずり[15]、ここでは触れない。そのかわりに、スウェーデンの地方自治体、とりわけコミューンをめぐる比較的最近の注目すべき動きに目を向けたい。

二〇一七年二月九日にスウェーデン政府は、「コミューンがその諸任務を遂行し課題に応えるためのキャパシティを強化するための戦略を案出すること」を任務とする調査審議会の設置を決定した（Dir.2017: 13）。この調査審議会に与えられた課題の中で、まっさきに目を引くのは、次の点である。すなわち、それは、それぞれのコミューンの置かれた諸条件が相互に大きく異なっているという事実を背景に、コミューンの合併、コミューンの行うべき事務・事業の見直し、行うべき事務・事業について（コミューンの規模の違いなどに応じて）コミューン間に差異を設けること、などが検討の対象とされていることである。それらの検討課題が、日本でも二〇〇〇年代初めの平成の大合併に関わって議論の対象となっていたことは、地方自治関係者にはまだ記憶に新しいであろう。この調査審議会の活動は始まったばかりであり、どのような勧告がもたらされるかは現時点ではわからない。しかし、新たなコミューン合併や事務の一律配分の原則の変更が行われることになれば、それは重大な影響をおよぼす制度改革になると言ってよいであろう[16]。そのような可能性を含む問題提起がなされたのはなぜだろうか？　ここではその点についての全面的な解明に乗り出すことはできない。しかし、その背景には、近年の社会変動によってコミューンがさまざまな新たな難しい課題に直面しているという事実が見られる。

それらの課題は、主として、コミューンに求められる仕事の内容に関わるものである。それには以下のようなものが含まれる[17]。人口構成の変化、都市化の加速的進行、増加する難民の受け入れなどが、コミューンの提供する高齢者サービスや学校教育、住宅政策などに大きな影響を及ぼしている。産業構造の変化、気候変動、通勤圏の拡大などもコミューンに新たな対応を迫っている。コミューンはデジタル化などの技術発展にも対応することが求められている。また、コミューンの提供するサービスについて、選択の自由を求める声と同時に質的な均等性への要求が強くなっている。関連して、コミューンのサービスの供給が民間部門に任されることが増えるのにともなって、外注契約や業務遂行のフォローアップに関わるコミューンの力能が問題になってきている。さらに、ＥＵの指令が国内法に十分具体的に反映されない場合、コミューンのレベルにその具体化が求められる。

こうして、以前と比べ現在では、コミューンの仕事の中に相互に異質な多様な課題が含まれるようになっている。コミューンには、第一に、学校教育や社会福祉サービスの提供という任務が課せられている。第二に、土地利用計画、生活道路や上下水道などの生活インフラの維持・管理、自然環境保護、安寧秩序の維持、文化・レジャーなど、住民の生活環境を良好に維持する仕事がある。以上のような分野での活動は、いわばコミューンの伝統的な任務である。人的にも財政的にもこれらの分野、とくに第一における分野での仕事に、依然として最も大きな資源が投入されている。しかし、近年では、それ以外の分野でのコミューンの活動がますます重要性を増してきている。(18) その中には、産業の発展のための諸条件の整備、民間および公的なサービスへのアクセスの確保（たとえば、過疎地におけるガソリンスタンドの維持、買物難民対策など）、増大する住宅需要への対応、デジタル化への対応などが含まれている。それらの分野の活動は、産業界や市民社会や国の行政諸機関などとコミューンとの間の協働の必要性が大きいという特徴をもつ（Dir.2017:13,s.3）。また、それらの分野における活動は、異なったコミューンの間で、その必要性の程度や内容の面で大きな違いがあると考えられる。そのような意味で、それらの分野においてコミューンに求められている活動は、それ自体として、コミューンの政治行政組織に量的にも質的にも新たな負荷を課すものとして捉えられる。それだけでなく、こうして異なった性格の課題に対処していかねばならないようになったことが、コミューンの政治的・行政的なガヴァナンスにいっそうの複雑性をもたらしていると考えられるのである。

コミューンが直面している難しい課題のなかには、以上のような仕事の内容に関わるもののほかに、次のようなものもある。すなわち、多くのコミューンで政党が政治的代表職の担い手のリクルートに困難をきたしているというのである（Dir.2017:13,s.6）。スウェーデンの地方自治体の運営において、政党に所属し、政治的代表職に就いている人たちが重要な役割を果たしてきたことからすれば、それもまた重大な問題であると言えよう。

以上のように、近年の社会変動の中で、コミューンはさまざまな新たな課題に直面している。しかし、それらの課題に対応する能力という点で、コミューンの間に大きな差異が存在する。これが、先に述べたようなテーマについての審議会が設けられた基本的な背景であったと言える。

このように見てくると、第二次大戦後のコミューンの合併の場合と同じことが、現在また繰り返されていると言うことができよう。第三節で述べたように、第二次大戦後のコミューンの合併は、新たに課されることになった諸任務を担うことのできるような、財政的および人的な基盤をコミューンに与えることを目的として行われたのであった。そして、今また、新たに直面することを余儀なくされている諸課題に対処するためのコミューンの能力が問題となっている。しかも、第二次大戦後の時期に、国民的連帯および民主主義の基礎としての地方自治という伝統が受け継がれ、その上に立って問題の解決がはかられたように、今また、その伝統の上に立って解決策の探求がなされようとしている。その中で、地方自治の伝統がどのように形を変えながら受け継がれ、発展させられていくことになるのか。その行方はまだ見えない。しかし、その行方がどのようになろうと、それは、スウェーデンの民主主義と福祉国家のあり方にとって小さくない影響を及ぼすものと思われる。そして、私たちがそこから学ぶことのできることは、たぶん少なくないであろう。

【註】

（1）かつての教区は socken と呼ばれ、それらがほぼそのまま församling に移行した。日本語で両者を訳し分けるのは難しいので、いずれにも「教区」という訳語をあてた。

（2）北欧でのキリスト教の伝道は八二九年にフランク王ルドヴィッヒによって派遣されたアンスガルが、メーラレン湖のビルカにおいて布教を行ったのが始まりだとされる。しかし、この時には土着宗教の反撃に会い撤退している。その後、一一〇〇年前後には北欧三国の大半はキリスト教化されたとされる。北欧最初の大司教座がルンド（現在のスウェーデン南部にある都市）に設置されたのは一一〇三年または一一〇四年のことであった。以上の点については、百瀬宏・熊野聡・村井誠人編『新版世界各国史21北欧史』山川出版社（一九九八年）、五一頁以下を参照。

（3）この時代の教区を意味するsockenという言葉は、古スウェーデン語のsoknから来たとされる。soknは現代スウェーデン語ではsöka（探す）にあたり、この場合、「同じ教会を目指して動いていく人々」を意味していた。以上は、Agne Gustafsson, 1996: 13による。

（4）一八六二年の地方自治法令の立案作業を担ったのは一八五八年に設置された地方自治委員会（Kommunalkommittén）であった。同委員会の見解によれば、地方自治体は統一的な国家行政機関の構成部分であり、したがって地方自治体の活動目標は国の活動目標と同じであるとされた。地方自治体は、住民の自由な合意によって設立され、またいつでも解散されるような自律的な政治行政単位ではなく、国家によって権限を付与される行政の担い手として性格づけられた。他方で、同委員会は、自治的な行政を欠いては地方自治体について語ることはできないということも強調していた。cf. Gustafsson, 1996: 14-15.

（5）統治法（Regeringsformen）は、スウェーデンの憲法的法規の一つである。

（6）一九七一年から、基礎的レベルの地方自治体の名称は、地方自治法制上は「コミューン」（kommun）に統一された。

（7）原語ではSocialvårdkommitténである。socialvårdを「社会保障」と訳してよいかどうかについては疑問の余地があるが、他に適切な訳語が見つからないのでそのように訳した。当時socialvårdという言葉でばくぜんと指示されていた活動分野には、救貧、児童養護、アルコール中毒者へのケア、保健、住宅、国民年金関連業務、失業対策、家族手当などが含まれていた。Ekström von Essen,2003: 65.

（8）前註を参照。

（9）「政治的代表職の担い手」は原語ではförtroendevaldまたはförtroendemanである。スウェーデンの地方自治体は一元的代表制をとっており、議会が地方自治体の最高意思決定機関として置かれている。直接選挙で選ばれるのは議会の構成員（地方議員）だけである。議会の決定および法律によって地方自治体に課された任務の実施にあたる行政機関は、各種の行政委員会とその事務局によって構成されている。行政委員会の構成員は、議会に議席をもつ各政党によって実質上選任される。「政治的代表職の担い手」というのは、議会の議員と行政委員会の委員の総称である。

(10) この段落の叙述は、Ekström von Essen, 2003: 63-71 および Gustafsson, 1996: 57-58 に依拠している。

(11) それでも六九の村コミューンで人口が二千人に達しなかった。Gustafsson, 1996: 57.

(12) 原語は Högerpartiet なので、直訳すると「右党」または「右翼党」となる。しかし、そのような訳語を採用すると語感のうえでしっくりこないので、ここではあえて「保守党」とした。

(13) Strandberg, 1998: 54. しかし、他方で、ストランドベーリ自身も認めているように（s.71）、保守党はコミューンの活動分野を拡大することに対して否定的であった。したがって、保守党は、コミューンの規模を拡大することによってコミューンにさらに大きな機能を委ねること自体に反対であったのではないか、という解釈も可能かもしれない。

(14) たとえば、中央党の一九七〇年綱領では、コミューンの規模が拡大されるならば民主主義の市民的および地方的な基盤が弱められてしまう、という趣旨のことが述べられていた。Strandberg,s.72.

(15) 日本語で読めるものとしては、岡沢憲芙・宮本太郎編『スウェーデンハンドブック（第2版）』早稲田大学出版会（二〇〇四年）の「第12章　地方自治と地方財政」、（財）自治体国際化協会編『スウェーデンの地方自治』（二〇〇四年）、アグネ・グスタフソン『スウェーデンの地方自治』早稲田大学出版会（二〇〇〇年）、山本健兒・平川一臣編『朝倉世界地理講座―大地と人間の物語―9中央・北ヨーロッパ』（二〇一四年）、一三〇―一三二頁、などがある。

(16) 日本では平成の大合併に際して、小規模な町村を中心に合併そのものへの抵抗や西尾試案への反対意見の提出があった。そのような改革に対する抵抗はスウェーデンにおいても弱くはないと推測される。

(17) それらは Dir.2017:13,s.6. で述べられている。

(18) この点については、穴見明（二〇一五年）も参照されたい。

【参考文献】
穴見明（二〇一五）「スウェーデンの地方自治と産業経済政策」、岡澤憲芙編著『北欧学のフロンティア―その成果と可能性』ミネルヴァ書房
岡沢憲芙・宮本太郎編（二〇〇四）『スウェーデンハンドブック（第２版）』早稲田大学出版会
グスタフソン、アグネ（二〇〇〇）『スウェーデンの地方自治』早稲田大学出版会
（財）自治体国際化協会編（二〇〇四）『スウェーデンの地方自治』
本所恵（二〇一六）『スウェーデンにおける高校の教育課程改革―専門性に結び付いた共通性の模索』新評論
百瀬宏・熊野聰・村井誠人編（一九九八）『新版世界各国史21北欧史』山川出版社
山本健兒・平川一臣編（二〇一四）『朝倉世界地理講座―大地と人間の物語―9中央・北ヨーロッパ』
Dir.2017:13. Kommiteédirecktiv: Stärkt kapacitet i kommunerna för att möta samhällsutvecklingen. (Beslut vid regeringenssammanträde den 9 februari 2017).
Ekström von Essen, Ulla (2003) *Folkhemmets kommun – socialdemokratiska ideer om lokalsamhället 1939-1952*, Bokförlaget Atlas : Stockholm.
Gustafsson, Agne (1996) *Kommunal självstyrelse*, sjätte upplagan, SNS Förlag.
Strandberg, Urban (1998) *Debatten om den kommunala självstyrelsen 1962-1994*, Gidlunds Förlag; Hedemora.

第三章　スウェーデンにおける情報公開

木下　淑恵

一．世界最古の立法

今からさかのぼること約二五〇年、一七六六年一二月に、スウェーデン議会で出版の自由法が可決された。

その中には、出版の自由や検閲の廃止とならび、公文書はあらゆる者に公開されることという情報公開の原則が明記されていた。これは、世界で最初に、明文で情報公開を定めた法律だと言われる。そして、基本法の一つとして理解された。当時は「自由の時代」と呼ばれ、自由な意見形成の気運が高まっていた。議会の議事録など公文書を公開し出版することは、そのためにも重要なことと考えられたのである。

一七六六年といえば、日本では江戸時代の中期にあたる。そのような時代に基本法に定められ、世界で最も長い歴史をもつことに着目するなら、スウェーデンの情報公開はきわめて特殊であるといえよう。

二　歴史の中の情報公開

その後、情報公開のあり方は、内外の情勢によって変化を重ねてきた。一七六六年法そのものも、長くは続かなかった。一七七二年、「自由の時代」が終わり絶対王政が始まると、一七七四年に新しい出版の自由法が公布された。そこでは情報公開の原則は維持されたものの、基本法としての保護が失われ、その内容もいったんは後退した（Hadenius 1994:111）。

しかし、一八〇九年に議会が力を取り戻したのちに制定された一八一二年出版の自由法には、公文書を出版する自由など一七六六年法にまでさかのぼることのできる基本的な原則が多く含まれていた（Axberger 2012:18）。

この出版の自由法は、複数回にわたる改正を経験しながらその後およそ一五〇年にわたって存続し、その間に今日もなお有効とされる複数の原則が発展した（Axberger 2012:19-20）。

公文書の公開は、社会のあり方に関する情報を多くの市民にもたらすことにつながった。一八八〇年代以降、議会や有権者の間で政治活動が盛んになり、社会民主主義の活動もこの頃始まった（Hadenius 1994: 155-158）。情報公開は、そのような自由で活発な政治活動を支える役割を果たしていたと考えることができる。

一九四九年、現行の出版の自由法が制定された。第二次世界大戦の間には、一定の制約が加えられており、新しい法律は、その反動でもあった。

一九九一年には、新たに基本法として、表現の自由基本法が制定された。ラジオ、テレビ、ビデオや録音記録などのメディアを対象とし、原則として、出版の自由法と同じ原理にのっとっている

(Regeringskansliet 2015:6)。

今日、スウェーデンの基本法は、統治法 Regeringsformen、王位継承法 Successionsordningen、出版の自由法 Tryckfrihetsförordningen、表現の自由基本法 Yttrandefrihetsgrundlagen の四つから成るが、そのうち王位継承法を除く三つが表現の自由について定めている。統治法には、基本的な自由と権利を定める第二章に、情報公開と密接に関わる自由、すなわち表現の自由と情報の自由があげられている。

三　情報公開原則

情報公開原則とは、情報の公開に関するさまざまな原則をまとめた総称であり、その源は、一七六六年の出版の自由法にまでさかのぼることができる。公文書の公開に関する原則と、裁判所その他の公的機関の手続きの公開に関する原則が含まれる。

その根底には、まず、公的機関の活動はできる限り公開でなければならず、一般市民とマスメディアには、国と地方自治体の活動について知る権利があるという考えがある（Regeringskansliet 2015: 4）。一般市民とマスメディアは、公的機関が自ら知らせるか否かにかかわらず、さまざまな問題についての情報を得ることができなければならない（Regeringskansliet 2015:3）。それが、公的機関の税金のむだづかいなど、あらゆる問題を発見することにつながるのである（Axberger 2012:187）。また、法的手続きの公開には、法の公正な適用を確保する意義がある（Axberger 2012:186）。

情報公開原則に含まれる原則として、具体的にはしばしば以下の五つがあげられる(1)。

（一）公文書の公開 allmänna handlingars offentlighet

原則として、すべてのスウェーデン市民と外国人には、公的機関の保有する文書を読む権利がある。この権利の対象となるのは、公文書であり、また、秘密とされる情報については、権利は制限される。公文書の公開についての基本的規定は、出版の自由法にある。公文書の秘密については、公開および秘密保護法 offentlighets- och sekretesslagen に規定されている。

（二）公務員などの表現の自由 yttrandefrihet för tjänstemän m.fl.

統治法により、すべてのスウェーデン市民とスウェーデン国内の外国人には、表現の自由が保障される。国や地方自治体で働く公務員などにもこの表現の自由はあり、外部の者に知っていることを話す権利がある。ただし、表現の自由は、議会の立法により制限される可能性がある。たとえば、公務員の職業上の秘密は公開および秘密保護法に規定されている。

（三）情報伝達および公開の権利 rätt att meddela och offentliggöra uppgifter

国や地方自治体で働く公務員などには、新聞、ラジオおよびＴＶなどのマスメディアに、情報を公表の目的で提供し、または自ら情報を公表する権利がある。これは、情報公開原則が保障する市民の知る権利を補強する性格をもち（Axberger 2012:186）、スウェーデンの情報公開の特徴の一つとされる。

ただし、この権利は無制限ではなく、出版の自由法と表現の自由基本法では、次のような場合を例外とする。

まず、情報提供者が、それによってスパイ行為など、王国の安全に対する重大な犯罪その他国家に対する犯罪を犯すことになるときである。また、秘密情報を含む公文書を提供することは許されない。そして、公開および秘密保護法にとくに示された職業上の秘密を破ることは許されない。この権利は、基本的には出版の自由法と表現の自由基本法に基づき、直接に制限される。

（四）裁判進行状況の公開 offentlighet vid domstolsförhandlingar
裁判は公開であり、一般市民とマスメディアには、傍聴する権利がある。
（五）決定機関の会議の公開 offentlighet vid beslutande församlingars sammanträden
決定機関の会議は公開であり、一般市民とマスメディアは、議会や地方自治体の議会の会議を傍聴することができる。

四．情報公開制度

（一）公開の請求(2)

「公文書」、つまり①公的機関で保有され、かつ②公的機関で受け取られ、または作成された「文書」が対象である。この「文書」は、テキスト、図画の書かれた紙のみならず、録音資料やEメールなどの形式で情報を含むすべてを指す。

公開の請求は、該当する公文書を保有する公的機関に行う。

（二）秘密

公文書は公開というのが原則であるが、秘密であるため公開されない文書もある。公文書を入手する権利を制限しても保護されるのは、出版の自由法によると、一．王国の安全、他国または国際機関と王国との関係、二．王国の中心的な財政政策、金融政策または為替政策、三．調査、コントロールその他監督のための公的機関の活動、四．犯罪の防止または訴える利益、五．公の経済的利益、六．個人の私的、経済的状況の保護、七．動植物の種の保存の利益である。

権利の制限は公開および秘密保護法に厳密に規定される。他の法律で規定される場合にも、公開および秘密保護法にそれを示す規定がなければならない（Regeringskansliet 2013:13）。

（三）公的機関における公文書の取り扱いと義務

情報公開制度では、市民に情報を求める権利があるだけでなく、請求を受ける公的機関の対応も義務付けられている。公的機関は、公文書を扱うとき、情報公開原則に留意しなければならない。とくに、情報公開請求には速やかに対応できるよう取り計らわなければならない。また、日頃から公文書の登録簿を作成しなければならず、市民が探している公文書を特定しやすいように留意しなければならない。公開の請求についての権利だけでは、情報公開は実質的に機能しない可能性がある。保有する公的機関の側に情報提供の義務を課すことにより、権利の実効性が裏付けられることになる。

五．今日の状況——数字を手がかりに

今日、情報公開は、公的機関において、特別なことではなく、公的機関の日常業務全体に広く浸透しているようにみえる。たとえば、公的機関に対して、資料を紙やデータで渡してもらう。そのようなごくありふれたやりとりの中でも、情報公開原則が意識されているようだ。

一方、一九九五年にＥＵに加盟したときに指摘された制度後退への懸念は、なおも議論されている（Reichel 2015）。ＥＵの情報公開に関する規定はスウェーデンの情報公開原則に影響を及ぼさない

(Regeringskansliet 2015:10) と言われるが、ＥＵの公開性はスウェーデンよりも限定的なため、ＥＵの文書が入手困難だとの指摘もある（Warmling-Nerep 2016:74）。

そのような中で、今日、情報公開の果たしている役割は、どの程度のものと推し量ることができるだろうか。手がかりとなりそうな数字をいくつかあげることができる。

まず、二五％という付加価値税の税率である。この高い税率が実現した遠因には、徹底した情報公開があるものと考えることができる。情報公開を背景に、市民が多くの情報を入手できるとともに、政府は説得力のある説明を促されることになろう。また、情報公開により、市民は、税率引き上げ後の使途などについて、つねに知ることができる。つきつめると、情報公開を通して、市民の納得が得られやすくなったと考えることもできる。

また、市民の納得を得るには、その前提として政治・行政に対する市民の信頼も不可欠である。トランスペアレンシー・インターナショナル Transparency International がまとめる腐敗認識指数 Corruption Perceptions Index（公的部門の腐敗認識の水準）をみると（Transparency International 2018）、スウェーデンは、前年より下がったものの、調査対象国全体の中では上位に位置している。政治家や公務員の行為について、批判される事件がときに報じられるが、世界全体でみるなら高い水準を保っているということになろう。情報公開は汚職の防止にはもっとも効果的な方法の一つである（Petersson 2009:309）。そのように考えるなら、このような高順位（二〇一七年は一八〇ヵ国中六位）は、情報公開が一定の効果を有しているあらわれだとみることもできる。

【註】

（1）以下の五項目については、断りのない限り Regeringskansliet (2015:3-7) および Regeringskansliet (2013:7,30) による。

（2）この項目は、Regeringskansliet (2015:9) および Regeringskansliet (2013:8) による。

【参考文献】

木下淑恵（二〇〇一）「スウェーデンにおける情報公開原則とEU加盟にみる今後」『東北学院大学論集・法律学』第五八号

スティーグ・ハデニウス著、岡沢憲芙監訳、木下淑恵・渡辺慎二訳（二〇〇八）『スウェーデン議会史』早稲田大学出版部（Hadenius,Stig, *Riksdagen : en svensk historia*, Sveriges Riksdag, 1994. の訳書）

Axberger,Hans-Gunnar (2012) *Yttrandefrihetsgrundlagarna*, Norstedts juridik.

Hadenius,Stig (1994) *Riksdagen : en svensk historia*, Sveriges Riksdag.

Petersson,Olof (2009) *Vår demokrati*, SNS förlag.

Regeringskansliet (2015) *Offentlighetsprincipen : kortfattat om lagstiftningen.*

Regeringskansliet (2013) *Offentlighetsprincipen och sekretess : information om lagstiftningen, rev. uppl.*

Reichel, Jane (2015) “Svensk offentlighet i en integrerad förvaltning” in *Europarättslig Tidskrift*, nr.1.

Transparency International (2018) *Corruption Perceptions Index 2017.*

Warnling-Nerep, Wiweka (2016) “Offentlighet och yttrandefrihet” in Mattson, Ingvar, Petersson, Olof(ed.), *Svensk författningspolitik*, Studentlitteratur.

第四章　オンブズマン

鮎川　潤

一．はじめに

スウェーデン最高の歴史的な「輸出品」——それは、「オンブズマン（Ombudsman）」である。スウェーデンは大きな曲がり角に来ている。世界でもっとも安全な車の代名詞であったボルボは中国企業の傘下に入った。エリクソンは大規模なリストラを経験したのち、携帯電話とスマートフォンの端末事業から撤退した。地上での通信インフラ事業に特化したが、発展途上国の追い上げが激しい。

ＥＵへの参加を決めつつも、通貨統合までは踏み出さなかったスウェーデンは安堵の念を感じている。しかしヨーロッパやそれと密接に関連した地中海諸国は不安定性を増大させ、その影響はスウェーデンにも及んでいる。

オンブズマンは、工業製品のようにスウェーデンが世界へ売ろうとしたわけではない。世界が、その制度のすばらしさを認め、自ら取り入れたのである。これほど誇らしいことはあるまい。

「オンブズマン」はスウェーデン語の普通名詞であり、「代理人」を意味する。すなわち「オンブズマン」は、スウェーデンの社会と文化に織り込まれた日常的な用語に根ざしている。世界の国々がオンブズマンを導入したということは、スウェーデンの社会と文化に関しても高い評価を与えていることの証左である。無意識のうちに寄せられる高評価こそ真の称賛ということができよう。

国民主権というよりも人民（人々）が主権者であることを象徴するオンブズマン制度は二〇〇年以上の歴史を持っている。日本とスウェーデンの修好条約締結をさらに六〇余年さかのぼる一八〇九年、国会でオンブズマンの制度が成立した。（日本では士農工商の身分制度を敷く江戸幕府の下で寛政の改革が終わり、文化・文政年間を迎えはじめたころだ。）議会オンブズマンは、定められた国の制度が有効に機能しているか、公務員は人々の僕としての役割をきちんと果たしているのかを点検する制度である。

二 議会オンブズマン

議会オンブズマン（Riksdagens ombudsman, Justitieombudsman）の淵源はさらにさかのぼることができる。一七一九年に国王が任命した大法官（Justitiekanslern）である。

実はこの大法官の制度もさらにさかのぼることができるのだが、大法官は国家における行政の機能が順調に行われているのか、公務員がきちんと職務を遂行しているのか国王に代わって監視・監督するために国王が任命した。これに対して、議会オンブズマンは国民の代表である国会が任命した点において大きく異なる。（なお、後に実質的な比較を行うが、大法官の制度も現在に至るまで存続している。）

議会オンブズマンは国民の負託を受け、人々を代理して、人々の申し立てや自らの意思に基づいて政府や地方自治体に対して調査を行う。対象には司法、警察、軍隊も含まれる。ただし、立法機関である国会と国会議員は除外されている。国務大臣も除外されるが、日本と異なり省の規模は小さく権限も限定されている。行政はむしろ庁が中心となって運営されているが、それは議会オンブズマンの調査対象となっている。司法機関も対象とされるが、裁判の判決については除外される。

議会オンブズマンは四人いる。男女各二名で、たとえば一人が司法、地域計画と建築、環境など、別の一人が刑務所と保護観察、社会保険、軍隊など、もう一人が医療と健康、教育など、最後の一人が、警察と検察、税関などというように、それぞれ異なる分野を独立して担当している。(1) 議会オンブズマンの下に六五人ほどのスタッフが実務にあたって議会オンブズマンを支えている。

議会オンブズマンに対して、二〇一六年度は約八七〇〇件の苦情申し立てがなされ、ほぼ同数近くの処理が行われた。一〇年前の苦情申し立ての数は約六五〇〇件であったので、増加傾向にある。

二〇一六年度に処理がなされた八三六四件の内訳を苦情の申し立てが多い分野の順番に見ていくと、社会福祉一五％、移民一一％、警察一一％、刑務所と保護観察一〇％、社会保険七％、パブリック・ドキュメントへのアクセス六％、裁判所四％、健康と医療ケア四％である。前年と比較して、移民、警察、裁判所の割合が増加し、パブリック・ドキュメントが減少している。

これらの苦情申し立ての処理としては、調査の上、議会オンブズマンから政府や地方自治体の機関などに対して批判がなされたケースが六％、調査を行ったが批判がなされないまま終了したケースが二％、一定の調査を行って完了したり他の機関へ移送したケースが二〇％、基本的な資料や根拠がなく却下されたものが七二％であった。

議会オンブズマンが当該の公務員の部署や公務員に対して非難を行った率について、分野別に大きい順に並べてみると、パブリックドキュメントへのアクセス一七％、都市や地域の計画および建築一五％、刑務所と保護観察七％、教育七％、強制執行七％、警察五％、社会保険五％、社会福祉四％となっている。調査した結果、批判したり改善を求めた分野は、苦情を受理した分野とはかなり異なっている点が興味深い。

議会オンブズマンは苦情申し立てを受け付けるとともに人権侵害が起こりやすい機関、組織や施設に対する査察を定期的に行っている。たとえば二〇一六年度、地方自治体の社会福祉庁は八回、刑務所と保護観察所は五回をはじめとして計二五回査察を行っている。

また議会オンブズマンにはOpcatという部署が設けられている。Opcatは、国連の「拷問および他の残虐な、非人間的なまたは品位を傷つける取り扱いまたは処罰を禁止する条約（The Convention against Torture and Other Cruel, Inhuman or Degrading Treatment or Punishment, 一般的には短縮形で「国連拷問禁止条約」と呼称されている条約）」がきちんと履行されているのかをモニターする部局として二〇一一年に設けられたものである。二〇一六年も、留置場へ八回、拘置所へ七回をはじめとして精神病棟などの施設へ出向いて査察を継続していることも注目に値しよう。

大法官もオンブズマンと類似した機能を果たしている。大法官は政府の立場から国家公務員や地方公務員が法に則って職務を遂行しているかを監視するが、大法官へ苦情申し立てを行うことも可能である。議会オンブズマンは国会を代表して任命され、人々の苦情を受け入れたり、自ら調査を開始したりして人々の利益を代理・代表して行政をチェックする。大法官には検察官の役割を果たして訴追する権限が与えられており、実際にそれを行使している点において異なる。

人々が苦情を申し立てるにあたって議会オンブズマンと大法官のどちらを選択するのかは興味深い。全体的傾向について把握するのは容易ではないが、一般的には市民の代理という地位が明確に与えられている議会オンブズマンのほうが好まれているように見受けられる。個別の領域別で言えば、たとえば刑務所などの矯正施設に収容されている受刑者などの場合であれば、苦情を申し立て、その事案に関してオンブズマンに批判してもらって、制度や状態の改善がなされることを目標とする場合は議会オンブズマンが苦情の申し立て先として選択され、他方、苦情の申し立て者が、自分が受けたと考える被害の損害賠償の獲得を目標としている場合は、それに関係した権限を持っている大法官へ苦情申し立てがなされるようである。

三．差別オンブズマン

現在、議会オンブズマンとともに重要な役割を果たしているオンブズマンとして差別オンブズマン（Diskrimineringsombudsman）がいる。

これは、二〇〇九年に差別に係わる四つのオンブズマンが統合されたものである。それまでは、男女機会均等オンブズマンが一九八〇年に、民族差別オンブズマンが一九八六年に、障害者オンブズマンが一九九四年に、同性愛（性志向）オンブズマンが一九九九年に設立され、別個に各分野を担当していた。また、オンブズマンの任命は行政によっていた。

二〇〇八年に新しい差別に関する法律（Diskrimineringslag）が成立して二〇〇九年から施行され、それにともないオンブズマンも一本化され、国会による任命となった。現在、差別オンブズマンに任命されている一人の女性の下で、約一〇〇人のスタッフが九つの部に分かれて仕事をしている。

差別とは、性、トランスジェンダーのアイデンティティや表現、民族、宗教その他の信条、障害、性的志向、年齢に関して、直接的であれ間接的であれ、人が不利益な扱いを受けたり、人の尊厳が傷つけられることであると定義されており、差別オンブズマンの役割としては、まとめれば以下の四点が措定されている。差別の撤廃のために、政府機関、企業、組織や個人に情報提供したり、教育したり、議論したりすること。スウェーデンが批准した人権を保障したり、差別を廃止したりするための国際条約の履行を確実に行うとともに、国際的な組織と連携し国際関係を発展させること。スウェーデン政府に差別撤廃のための立法や措置を提案すること。差別撤廃のための方策を執るとともに、調査を行うこと、である。

なお、差別オンブズマン以外に、一九七一年に定められた消費者オンブズマンがおり、たとえば虚偽広告の自主的訂正を企業に求め、訂正に応じなければ、市場裁判所へ提訴といったことも行われている。また、子どもオンブズマンが一九九三年の子どもの権利条約の批准とともに設けられて、世界的に注目される活発な活動を行っている。

スウェーデンは、国民の代表者である国会議員や住民の代表者である地方議会議員の数が、男女ほぼ同数近くになっていることが大きな特徴となっている。しかしながら、社会的威信の低い職業に女性の比率が高かったり、実質的に同一の仕事内容に対して男女で異なる給与が支払われたりすることが見受けられるため、差別オンブズマンによってさらなる男女差別の解消が図られている。

労働現場における差別としては、子どものために育児休業を取得した労働者に対して不利益となる措置や待遇を行うことの禁止の徹底が推進されている。差別オンブズマンのオフィスでは、障がい者から寄せられる、障害があるがゆえにレストランなどで差別的な扱いを受けたという苦情にも対応している。

民族差別については、ヨーロッパ評議会の提案によるナショナル・マイノリティに関する国際条約を批准したことによる取り組みが推進されている。

すなわち、スウェーデンは二〇〇〇年に、ヨーロッパ評議会による「ナショナル・マイノリティを保護するための枠組条約」および「地域またはマイノリティ言語のためのヨーロッパ憲章」を批准した。

その結果、ユダヤ民族、ジプシーとステレオタイプ的に呼ばれて差別的な扱いを受けてきたルーマニア人、（ノルウェー北部から）スウェーデン北部にかけての極北のラップランドに居住する原住民のサーメ人、スウェーデン系フィンランド人およびスウェーデン北部のトルネ谷地方に居住するトルネダラー（Tornedalers）がナショナル・マイノリティとして認められることになった。（なかでもサーメ族は、一九七七年にスウェーデンにおける原住民として認知されている。）同時に、イーディッシュ、ルーマニア系の多数の異形言語、サーミ語（北部サーミ語、ユレサーミ語（Lule Sami）、南部サーミ語）、フィンランド語およびスウェーデン北部地方で話されているフィンランド語の方言であるミエンキリ語（Meänkeili）がマイノリティ言語として認められることになった。

差別オンブズマンは、とりわけ教育システムによってどのようにこれらのナショナル・マイノリティの人々が差別されてきたのかまたされているのか、これらのナショナル・マイノリティの人々はどのように差別を経験してきたのかまたしているのかを調査し、差別状況を改善したり防止したり――たとえばサーミ語を話す教員を義務教育課程で採用するなど――母国語としてマイノリティ言語の学習と伝達を保証し実現していくのかが重要な課題の一つになっている。

時事的なトピックとしてマスメディアによってもっとも注目されているのは、民族差別の領域のように思われる。

ヨーロッパ諸国のうちで、スウェーデンは難民や移民の受け入れにもっとも寛容な国といっても過言ではあるまい。

従来「移民」のうちで最大数を占めるのは、実は、海外で出生して本国への帰国子女であったが、一九九〇年代には紛争が発生した旧スーゴスラヴィアから、二一世紀に入ると中東や地中海諸国、アフリカの内戦国からの難民受け入れが増加した。スウェーデンの二〇一五年における難民の受け入れ数は約三万三〇〇〇人、二〇一六年は約六万七〇〇〇人であった。二〇一五年の難民申請は一六万人を超えたが、翌年は約三万二〇〇〇人となった。二〇一六年の既決審査数は約一一万二〇〇〇人で、他国への移住希望や書類不備などを除いた実質的な受入率は七七％であった。国別では、内戦の激化にともなってシリアからの難民が最大であった。シリア生まれでスウェーデンに居住する人の数は二〇一一年には約二万二〇〇〇人であったが、その後移住者が増加し、二〇一五年には前年より約三万一〇〇〇人増え、二〇一六年には二〇一五年より約五万一〇〇〇人増え、合計約一四万九〇〇〇人になった(2)。

こうした移民や難民の増加に伴い、それに反対する勢力も活発になっている。なかでもスウェーデン民主党（Sverigedemokraterna）は、移民反対を中心的な政治的スローガンとしている。国家のアイデンティティを守ることを主張するいわゆる国家主義的な極右政党とみなされているが、一九八八年に政党が結成されたのち、飛躍的な躍進を遂げ、現在、国会で第三政党となり、国会の議席数でも一四％を占めるに至っている。

今後、差別オンブズマンが移民に係わる諸問題へより活発に取り組んでいくことが予想される。

四．プレスオンブズマン

オンブズマンの最後としてプレスオンブズマンについて検討することとしたい。

プレスオンブズマンが他のオンブズマンと大きく異なるのは、プレスオンブズマンは国会や行政機関の任命によるのではなく、民間の新聞社、出版社や報道に携わる人々によって自主的に定められ運営されているということである。

プレスオンブズマンについて語る前に、再び歴史を一五〇年ほど前にさかのぼってみよう。

一八六五年頃およびその前後にわたる時期は、岡沢憲芙氏によって適切にまとめられて紹介されているように、スウェーデンにおける新聞メディアの創成期であったといってもよい。

スウェーデンの日刊紙で最大の発行部数となっていた「ダーゲンス・ニヘーテル（Dagens Nyheter）」が発刊されたのは、一八六四年であった。「ヨーテボリ・ポステン（Göteborgs Posten）」は一八五八年、保守系の代表的な新聞である「スヴェンスカ・ダーグブラーデット（Svenska Dagbladet）」は一八八四年の創刊である。

なお駅のキオスクで販売されるタブロイド判の夕刊紙の販売部数が多いのがスウェーデンの新聞の特徴である。有力夕刊紙二紙のうちの一つである「アフトンブラーデット（Aftonbladet）」の創刊は一八三〇年と早いが、もう一紙の「エクスプレッセン（Expressen）」は一九四四年というように遅い。

定期購読の日刊紙と比較すると、タブロイド判の夕刊紙は大きな文字のセンセーショナルな見出しと拡大された写真を用いて潜在的な購読者にアピールして購入を促す。キオスクに大きく張り出される紙面の広告も、エクスプレッセンは——イエロージャーナリズムを意識しているわけではあるまいが——一度見たらまぶたに焼きついて離れない色調の黄色の紙を用いている。

スウェーデンでは情報公開が進んでいるため、他国であれば個人情報として秘匿されるような情報がパブリックドキュメントとして一般にアクセス可能で入手できるという特徴がある。筆者の個人的な経験でも、個人の身分証明用として登録されている写真がパブリックドキュメントとして入手可能なため、一九九〇年代頃までは、重大犯罪の（女性）被害者の写真が夕刊紙のトップページに大きく掲載されているのにとまどいを覚えたが、現在は被害者への配慮が進んだように思われる。

情報化の進展にともなって、世界的に共通した現象として、新聞はインターネットによる情報の流通に押されてしまって発行部数を減らすとともに、他のヨーロッパ諸国で見られる現象と同様に、鉄道や地下鉄の駅などに置かれ、まったく自由にタダで入手可能な無料紙に押されているように見受けられるが、プレスオンブズマンは安定的にその営みを持続している。

スウェーデンでは報道の自由が手厚く守られている。そのことの一端は二〇一〇年に、アメリカ合衆国をはじめとする国々で交わされた密約や機密文書を暴いて話題をさらったウィキリークスが、そのサーバーをスウェーデン国内に置いたことからも窺われるであろう。

憲法を構成する法律の一つによって、報道に関して広汎に認められている権利ゆえに、それが濫用されたりそれからの逸脱が起きたりしないように、自主的な機関として、新聞の発行社の団体、ジャーナリストと編集者によって構成されるパブリシスト・クラブ、ジャーナリストの労働組合の三者によって、一九一六年に報道評議会《プレスカウンシル》が設けられた。さらに一九六九年に、制度改革によって、「Allmänhetens Pressombudsman（一般民衆のためのプレスオンブズマン）」が設けられた。その名前からも明らかなように、プレスオンブズマンは人々のためのものであり、新聞報道によって自分の権利や名誉が侵害されたと考える一般の人々から苦情を受けつける。

プレスオンブズマンは、申し立てられた苦情を受け付け、それをプレス倫理綱領に照らし合わせて判断する。プレス倫理綱領違反がないと判断した場合には、その申し立てを却下する。しかし受け付けた苦情申し立てに妥当性が見受けられると判断した場合には、プレスオンブズマンは調査を行う。プレス倫理綱領に違反する侵害の事実が認められた場合には、意見を付けて報道評議会へ送付する。報道評議会によってその判断が認められ、違反の事実が確認された場合には、報道評議会は新聞社に対して、批判の文章と訂正の謝罪文の掲載を要求する。新聞社はそれに従い、批判と謝罪の文章を掲載するとともに、反則金を報道評議会へ支払う。なお、苦情を申し立てた者がプレスオンブズマンの却下の判断に不服の場合は、報道評議会に改めて申し立てることができる。またプレスオンブズマンは、苦情の申し立てがなくても、自らのイニシャティブに基づいて発見した倫理綱領違反と考えられる記事について調査を開始し、報道評議会へ（最終的に被害者の了解を取りつけた上で）送付することもできる。

一九九三年より前には、プレスオンブズマンは苦情の申し立てに基づいて調査を行い、新聞倫理綱領に対する違反があったと判断された場合にはその結果と批判を公表し、新聞はそれを掲載する義務があった。しかし一九九三年以降は、報道によって被害を受けたという申し立てにもかかわらず、新聞編集者が自己に非があったとは認めず、両者が合意に到達しない場合には、プレスオンブズマンは、ケースを報道評議会に送付するようになっていた。

苦情の受付となる対象は、情報化の進展とインターネットの発達に伴い、二〇〇二年からは紙媒体だけではなく、新聞社がインターネットのウェブページに掲載した記事も含まれることとなった。さらに現在は、新聞社のツイッターやフェイスブックなどのソーシャルメディアのアカウントも対象とされている。

プレスオンブズマンの二〇一六年の活動を見てみると、二〇一五年からの「持越し」が八四、二〇一六年の「新規受理」が五二六で、二〇一六年の「既済」件数は五四六であった。そのうち「却下」が五一九、「報道評議会への送付」が二七で、二〇一六年末の「未決」数が六四であった。なお、「新規受理」件数は、二〇一三年まで、二〇〇台が三年、三〇〇台が二五年、四〇〇台が六年であったが、二〇一四年に大きく増加して五〇〇件を超え、それ以降五〇〇台の新規受理件数となっている。

報道評議会による最終的な調査と判断の結果、二〇一六年に報道評議会によって、非難とともに謝罪および訂正を掲載するという最終決定に至ったのは二八であった。これらはすべてプレスオンブズマンから送付されたものであった。プレスオンブズマンから送付された案件のうちで、報道評議会が非難するにはあたらないという決定を行ったものが九あった。二〇一六年に、プレスオンブズマンの却下という決定に不満で、報道評議会に提訴がなされた案件が三七あったが、これらについては報道評議会によって非難に値するという決定がなされた記事はなかった[3]。なお、プレスオンブズマンまたは報道評議会の手続のどの段階であろうとも、苦情申し立て者は民事訴訟へと方針転換することは可能であるが、その割合は五％程度と低いとのことである。

プレスオンブズマンは、議会オンブズマン、スウェーデン弁護士会会長、報道評議会を設立した団体の一つである全国プレスクラブからの代表者の三者によって選任される。過去のプレスオンブズマンを見てみると、法律家、裁判官、（後に議会オンブズマンにもなった）言論法と刑法を専門とする学者、新聞の元編集長、テレビ局のディレクターらがいる。この後、スウェーデン以外の北欧出身を含む新聞の記者で元編集長が続いてプレスオンブズマンとなっている。

本稿では、スウェーデンにおけるオンブズマンについて、議会オンブズマン、差別オンブズマンおよびプレスオンブズマンの三つを主要に取り上げて紹介と考察を行った。スウェーデンのオンブズマンは、人々が主権者であるという民主制の原則を、手厚い制度と費用、優れた人権意識を持ったスタッフによって実現しようとするこの国の伝統と歴史をもっともよく体現したものということができよう。(4)

【註】

（1）ただし、二〇一八年一月時点では一名が欠員となっている。
（2）スウェーデン政府移民局およびスウェーデン政府中央統計局の統計による。Översikter och statisitk från tidigare år. https://www.migrationsverket.se/ http://www.statistikdatabasen.scb.se/
（3）一一が却下され、二六に対して非難するにはあたらないという決定がなされた。
（4）本稿の執筆にあたってヘンリック・タム（Henrik Tham）ストックホルム大学名誉教授らの協力を得たので、記して感謝したい。ただし、いうまでもなく本稿についての責任はいっさい筆者に帰属する。

【参考文献】

岡沢憲芙（一九八八）『スウェーデン現代政治』東京大学出版会
川野秀之（一九八二）「北欧諸国のオンブヅマン制度」早稲田大学社会科学研究所北欧部会編『北欧デモクラシー　その成立と展開』早稲田大学出版部
平松毅（二〇一二）『各国オンブズマンの制度と運用』成文堂
SOU 2005:56 *Det Blågula glashuset. Strukturell diskriminering i Sverige*, 2005.
http://www.jo.se/（議会オンブズマン・ホームページ）
http://www.do.se/（差別オンブズマン・ホームページ）
http://po.se/（プレスオンブズマン・ホームページ）

第五章　スウェーデン企業と日本

福島　淑彦

一．はじめに

日本では一八六七年一〇月に大政奉還が行われ、翌年の一八六八年一〇月に元号が明治に変更された。その一ヵ月後の一八六八年一一月に日本とスウェーデンとの間で「大日本国瑞典国条約書」が締結され、日本とスウェーデンとの間に正式な国交が樹立された。日本とスウェーデン企業との関わりは、正式に国交が樹立されてから約四〇年後の一九〇七年にスウェーデンの貿易会社Gadelius社（以下、ガデリウス社と記す）が横浜に支店を開設してからである。その後、ガデリウス社を通じてさまざまなスウェーデン企業が日本で商売を開始した。

現在、スウェーデンにとって日本はアジアで中国に次いで二番目に貿易の取引額の多い国である。二〇一七年九月時点で、在日スウェーデン大使館が把握している日本進出のスウェーデン企業は約一六〇社にのぼる。一方、スウェーデンに進出している日本企業は、外務省の海外在留邦人数調査統計（二〇一七年）によると、二〇一六年一〇月一日時点で一二六社ほどである。スウェーデンの経済規模がアメリカ、中国、東南アジア諸国のそれと比べて小さいこともあり、日本にとって対スウェーデン貿易額は、対アメリカ、対中国、対東南アジア諸国との貿易額と比べて非常に小さい。二〇一六年の日本の諸外国との貿易取引額の国別順位では、輸出に関してはスウェーデンへの輸出額は三六位、輸入額に関してはスウェーデンからの輸入額は三四位であった。一方、スウェーデンにとって日本は、貿易取引相手国としてはアジア諸国の中で中国に次ぐ二番目に大きな取引相手国である。とはいっても、輸出入総額でスウェーデンにとって日本は一〇位の貿易取引相手国である。貿易取引額だけに着目すると、日本とスウェーデンの貿易取引は両国にとって他の大国との貿易取引に比べて大きな比重を占めている訳ではない。しかし、スウェーデンは日本が江戸幕府から明治政府に移行してすぐに国交を樹立し、継続的な商業取引を行ってきた重要なパートナーである。本章では、スウェーデン企業がいかに日本市場と関わってきたのかを中心に論じる。次節では、スウェーデンと日本の貿易関係が二〇〇〇年以降、どのような状況になっているのかを概観する。第三節では、一九〇〇年代初頭から日本市場に参入し、日本でビジネスを行ってきた企業を取り上げ日本市場との関わりとその特徴について検証する。第四節ではスウェーデンに進出している日本企業について述べ、最後に、第五節で結論を述べる。

二　日本とスウェーデンの貿易

日本経済の貿易依存度は、一九九〇年代以降低下し続けている。他のＯＥＣＤ諸国と比較すると、現在の日本の貿易依存度は貿易依存度が小さいグループに分類される。総務省統計局（二〇一七年）によれば、経済が輸出にどの程度依存しているかを示す輸出依存度（国内総生産ＧＤＰ占める輸出額の割合）は、二〇一一年以降日本は一四%から一五%程度であった。経済が輸入にどの程度依存しているかを示す輸入依存度（国内総生産ＧＤＰ占める輸出額の割合）についても一四%から一八%程度であった。これらの数字が示すように、現在の日本経済は貿易に依存する貿易依存型経済ではなく、内需依存型経済であるといえる。一方、スウェーデンは日本とは異なり、貿易に大きく依存した貿易依存型経済である。二〇一一年以降のスウェーデンの輸出依存度および輸入依存度は共に三〇％前後の水準で推移している。

一九九〇年代半ば以降、日本にとってアメリカと中国が最も大きな貿易相手国である。両国を合わせた貿易の輸出総額、輸入総額はともに、日本の輸出入総額の三分の一以上を占めている。地域別でみると、日本の総輸出入額の六割以上をアジアとの貿易取引が占めている。一方、EU諸国との貿易に関しては、一九九〇年代半ば以降、日本の輸出入総額の一〇％から一四％で推移しているが、その取引額は減少傾向にある。財務省貿易統計によれば、スウェーデンへの輸出は直近一〇年の期間で、日本の輸出総額の〇・二％から〇・三％で推移しており、輸入に関しては日本の輸入総額の〇・三％から〇・四％で推移している。二〇一六年の日本の貿易取引額の国別順位では、輸出に関してはスウェーデンへの輸出額は三六位、輸入額に関してスウェーデンからの輸入額は三四位であった。取引規模や国別順位からも明らかなように、貿易取引相手国としてのスウェーデンの比重は日本にとってそれほど大きくない。外務省の海外在留邦人数調査統計（二〇一七年）によれば、スウェーデンに進出している日本企業は、二〇一六年一〇月一日時点で一二六社ほどである。

一方、スウェーデンにとって日本は、貿易取引相手国としてはアジア諸国の中で中国に次ぐ二番目に大きな取引相手国である。スウェーデン統計局（SCB）によれば、スウェーデンにとって最も貿易取引額が大きい取引相手国はEU諸国である。一九九〇年代半ば以降、スウェーデンのEU諸国との貿易取引額は輸出及び輸入ともに総取引額の約八割を占めている。一方、アジア諸国全体とのスウェーデンの貿易取引は、輸出及び輸入ともにスウェーデンの輸出入総取引額の約一割程度である。日本との貿易に関しては、スウェーデンの輸出入総額の約一%程度で日本との取引が行われている。直近の二〇一六年でみると、アジア諸国では、スウェーデンの輸出入総額の四%を占める中国がスウェーデンの貿易取引相手国として一〇位、一%強の日本が一四位であった。アジア諸国の中で、日本はスウェーデンにとって中国について二番目に貿易取引の多い国であった。二〇一七年九月時点で、在日スウェーデン大使館が把握している日本進出のスウェーデン企業は約一六〇社にのぼる。

三. 日本進出のスウェーデン企業

二〇一七年九月時点で在日スウェーデン大使館が把握している日本進出のスウェーデン企業は約一六〇社にのぼる。その内、最も早く日本に進出したスウェーデン企業が商社のガデリウス社であった。ガデリウス社は一九〇七年に横浜に支店を開設して以来、一〇〇年以上にわたって日本で商売を行ってきた。さまざまなスウェーデン企業が、ガデリウス社を通じて日本市場への販路を確保し、商売を拡大させてきた。その一方で、独自に日本企業に参入したスウェーデン企業も存在する。しかし、それら多くの企業は一九六〇年代以降に日本市場に参入している。次項では、スウェーデン企業の中でも最も早く日本市場に参入し、多くのスウェーデン企業の製品を日本に紹介してきたガデリウス社について紹介する。三. 二項では、現在、日本に進出しているスウェーデン企業の内、一九七〇年以前に日本市場に参入している企業と現在の日本の消費者にとって知名度の高い企業を紹介する。

（一）GADELIUS（ガデリウス社）

一八六八年一一月に日本とスウェーデンと間で締結された「大日本国瑞典国条約書」により、日本とスウェーデンとの間に正式な国交が樹立された。日本とスウェーデン企業との関わりは、正式に国交が樹立された約四〇年後の一九〇七年にスウェーデンの貿易会社ガデリウスが横浜に支店を開設したのがはじめてである。ガデリウス社は一八九〇年に、クヌート・ガデリウス（Knut Gadelius, 一八六四年～一九三一年）により、スウェーデンのヨーテボリに設立された。早くからアジアに目を向けていたクヌートは、一九〇七年に横浜に事務所を設立した。最初に手掛けたビジネスは、スウェーデンの産業機械の日本へ輸出であった。クヌートは、顧客との信頼関係を何よりも重要と考えて、品質管理や納期にことさら心を砕いていたと言われている。クヌートが唱えた「日本のために日本人とともに」というガデリウス社の企業理念は、設立後一〇〇年以上経過した現在も変わっていない。ガデリウス社が横浜事務所を開設した以降、現在まで日本は何度も深刻な状況に陥った。具体的には一九二三年の関東大震災、一九四〇年代の第二次世界大戦、一九七〇年代の二度にわたる石油ショック、一九九〇年代のバブル経済崩壊、阪神淡路大震災、アジア通貨危機、二〇〇〇年以降のリーマン・ショック、東北大震災などである。日本経済が数多くの危機に直面してもガデリウス社は日本に留まりビジネスを継続し、今日まで一〇〇年を越えて日本の市場で商売を続けてきた。一〇〇年以上の長期にわたって、日本で商売を継続し業績を拡大することが可能であったのは、日本及び世界の経済・産業界の環境や状況の変化に対して、ガデリウス社が柔軟に対応してきたからである。ガデリウス社は取り扱い商品を臨機応変に変更し、アフターサービスを充実させることによって顧客との関係を強固なものにしてきたのである。

創業当初からガデリウス社は一般消費財在ではなく、工業製品を主にスウェーデンから輸入し販売していた。ガデリウス社は機械技術を専門に扱うエンジニアリング技術の会社であった。一九世紀末から二〇世紀初頭にかけて、さまざまな工業製品がスウェーデンで次々に発明された。ガデリウス社はスウェーデンで発明された新しい技術の工業製品を日本に輸入した。具体的には、ルックス社のランプ（灯台灯器）、ホーフォス社の鉄鋼製品、ルドヴィックスベリー社の消防ポンプ、高圧エア・コンプレッサー、ボリンダー社の漁船用ディーゼルエンジンなどである。その中でも設立当初の業績に最も貢献したのが、ホーフォス社の鉄鋼製品であった。第二次世界大戦直前時点で、全世界の鉄鉱石産出量の八五％がアメリカとスウェーデンで産出されていた。また、ボリンダー社の漁船用ディーゼルエンジンは、のちの日本漁業用発動機のモデルとなっていった。

二〇世紀初頭のガデリウス社はスウェーデン製品を日本で販売する際の唯一の窓口であった。ガデリウス社は、その地位を会社創業から一〇年余で確立したのである。ガデリウス社は一九二〇年代初めまで「技術商社」として、さまざまな当時の最先端の技術製品を日本に輸入していた。第二次世界大戦前は、スウェーデンから高品質・高性能の汎用工業製品や大型設備機械の輸入がガデリウス社の主業務であった。しかし、第二次世界大戦後はスウェーデンや欧米の有力メーカーと技術提携し、ライセンスを獲得して日本国内で機械設備を製造することがガデリウス社の主要業務となった。

資本構造に関しては、一九七四年まではガデリウス一族が一〇〇％株式を有する同族会社であったが、同年、AB Svenska Fläktfabriken（以下、フレクト社と記す）が四六％、ASEA（以下、アセア社と記す）が五％を保有することになり、同族経営は終焉する。その後、一九七九年にフレクト社の一〇〇％子会社となるが、一九八八年にフレクト社がABB（ASEA Brown Boveri, 以下ＡＢＢ社と記す）の一〇〇％子会社となったため、ガデリウス社はＡＢＢ社の孫会社となった。二〇〇六年に約一〇人の事業家がガデリウス社の株式を一〇〇%所有することとなり、現在に至っている。二〇一二年には大幅な組織改変を断行し、ガデリウス・ホールディング株式会社の下に、ガデリウス・インダストリー株式会社とガデリウス・メディカル株式会社が存在する形態となっている。ガデリウス社は創業当初から同じ社名でビジネスを継続する外資系企業として珍しい企業の一つである。

ガデリウス社が一〇〇年以上にわたって日本でビジネスを展開できたのは、すぐれた工業製品を単に輸入販売する会社ではなかったからである。製品販売後のアフターケアに製品販売と同じくらい重きを置き、顧客と向き合ってきた。ガデリウス社ではセールス・エンジニア、リサーチ・エンジニア、サービス・エンジニアが一体となって顧客サービスを提供している。また、販売そのものについても製品供給元とともに、日本における事業計画を作成し、実行してきた。ガデリウス社が日本に紹介してきた企業には世界的に名の知れた Atlas Copco（アトラス・コプコ）、Ericsoon（エリクソン）、Sandvik（サンドビック）、**ABB**（ASEA）、Fläkt Woods（フレクト）、Höganäs（ヘガネス）、**SKF**（エスコエフ）といった企業が数多く含まれている。

ガデリウス社が日本とスウェーデンとの架け橋となり、両国の交流を促進させてきたことを示す建造物がストックホルムに存在する。それはストックホルムのユールゴーデンにある「瑞暉亭」という茶室である。「瑞暉亭」は日本で製紙王との異名をとった王子製紙社長の藤原銀次郎（一八六九年〜一九六〇年）が寄付したものである。藤原銀次郎がガデリウス社の創業者のクヌート・ガデリウスと親しかったということと藤原銀次郎がスウェーデンに好意的であったことで、一九三五年にストックホルムのユールゴーデンにヨーロッパ初の本格的な茶室として「瑞暉亭」が藤原銀次郎によって寄付された。その後、一九六九年に「瑞暉亭」は火事で焼失してしまう。しかし、クヌート・ガデリウスの長男で日本ガデリウス社の二代目社長のタロー・ガデリウス（一九一三年～一九九五年）と王子製紙、十条製紙、本州製紙、神埼製紙の四社の寄贈によって一九九〇年に同じ場所に同じ茶室が再建された。

(二) 日本進出のスウェーデン企業

前項ではスウェーデン企業の中で最も早く日本に進出したガデリウス社について紹介したが、本項では、日本でビジネスを展開するガデリウス社以外のスウェーデン企業について紹介する。表は、現在、日本に現地法人ないし駐在事務所を設立している主要なスウェーデン企業をまとめたものである。表の企業以外にも数多くのスウェーデン企業がガデリウス社、日本の商社、日本のメーカーを通して日本市場で自社製品・サービスを提供している。ただ、ここでは日本法人ないし日本事務所を独自に開設している主要なスウェーデン企業だけをまとめた。

第二次世界大戦以前に日本で商売を開始し、現在も日本でビジネスを展開している大手のスウェーデン企業はすべてといっていいほど、日本市場参入時にはガデリウス社の手助けを得ている。第二次世界大戦以前にも、独自に日本市場に参入したスウェーデン企業は存在するが、そのほとんどが早々に日本市場から撤退している。ガデリウス社や日本の商社などの手助けを借りずにスウェーデン企業が独自に日本市場に参入するのは一九六〇年代以降になってからである。しかし、IKEAのように当初、独自で参入するもうまくいかず、撤退する企業も数多く存在した。IKEAは一九七四年に日本に進出するも一旦撤退し、二〇〇二年に再度日本市場に参入している。最近、日本市場に参入したスウェーデン企業では二〇〇八年のH&Mが急速に店舗を拡大し、二〇一七年九月時点で七四店舗を展開し、広く日本の消費者に認知されている。

【表】日本に進出している主要なスウェーデン企業

スウェーデン企業	ガデリウス社との代理店契約の有無	創業年	日本法人日本事務所設立年	日本法人従業員数(人)	製品サービス	OMX構成銘柄(2017)**
Gadelius ガデリウス		1890	1907	230	商社	×
Höganäs ヘガネス	○ 1950年代	1797	1985	30	金属粉	×
Sandvik サンドビック	○ 1930年代	1862	1961	550	工作機械 重機	○
Atlas Copco アトラスコプコ	○ 1910年代	1873	1979*	120	産業機械	○
Ericsson エリクソン	○	1876	1985（事務所）1990（法人）	1000	通信機器	○
ABB（ASEA）エービービー（アセア）	○	1883	1960	750	重電・電力	○
SKF エスケエフ	○	1907	1915	90	ベアリング	○
Electrolux エレクトロラックス	×	1910	1975	150	家電製品	○
AstraZeneca(AZN) アストラゼネカ	×	1913 (Astra)	1975	3000	医薬品	○
VOLVO ボルボ	×	1926	1977	230（Volvo Car）	自動車 トラック	X
Tetra Pak テトラパック	×	1943	1962	355	テトラパック	X
ＩＫＥＡ イケア	×	1943	1974 (2002)	3000	家具	X
H&M エイチアンドエム	×	1947	2008	3000	アパレル	○

* ガデリウス社と合弁会社 Atlas Copco Gadelius を設立。
** OMX 構成銘柄とは、スウェーデンストックホルム証券取引所の株価指数を構成する株式銘柄のことである。

第二次世界大戦以前に日本市場に参入し、現在も日本市場に留まり、ビジネスを展開しているスウェーデン企業に共通することは、経済環境や市場の変化に柔軟に対応して、取り扱い製品やサービスを変化させてきた点である。市場ニーズに合わせて、取り扱い製品やサービスを柔軟に変化させるためには、継続的なイノベーションが必要である。継続的なイノベーションの結果、これらの企業は一〇〇年以上も続く息の長いグローバルな企業として現在も存続しているのである。現在、これらの企業はスウェーデン国内でも多くの労働者を雇用し、高い売上と利益を生み出している。CMPartnerのNordens största företagによれば、二〇一六年に関して、雇用面でスウェーデン国内でのランキング第二位のEricsson（エリクソン）と第三位のH＆Mが一一万人以上の雇用をスウェーデン国内で生み出している。また、Volvo（ボルボ）のトラック会社が約八・五万人、Volvo（ボルボ）の乗用車会社が約三万人、Electrolux（エレクトロラックス）が約五・五万人、Sandvik（サンドビック）とSKF（エスコエフ）が約四・五万人の労働者を雇用している。二〇一六年の売上では、第二位のEricsson（エリクソン）が二二〇〇億スウェーデンクローナ、第三位のH＆Mが約一九〇〇億スウェーデンクローナ、第四位のVolvo（ボルボ）のトラック会社が約一八〇〇億スウェーデンクローナの売上をスウェーデン国内であげている。また、Electrolux（エレクトロラックス）が約一〇〇〇億スウェーデンクローナ、Atlas Copco（アトラス・コプコ）が約八〇〇億スウェーデンクローナ、Sandvik（サンドビック）約八二〇億スウェーデンクローナ、SKF（エスコエフ）が約七二〇億スウェーデンクローナの売上を記録している。経常利益でみると、金融関係の企業や組織が上位二〇社の約八割を占めている。日本に進出しているスウェーデン企業の中では、医薬品会社のAstraZeneca（アストラゼネカ）が約三三〇億スウェーデンクローナの利益を上げており、第四位であった。また、H＆Mが約二四〇億スウェーデンクローナ、Volvo（ボルボ）

のトラック会社 Atlas Copco（アトラス・コプコ）が約二〇〇億スウェーデンクローナ、Volvo（ボルボ）の乗用車会社と Sandvik（サンドビック）が約一〇〇億スウェーデンクローナ、の経常利益を上げている。このように日本に進出しているスウェーデン企業には、グローバルに事業を展開している大企業が多数存在している。

四．スウェーデン進出の日本企業

前節では日本に進出しているスウェーデン企業について紹介したが、本節ではスウェーデンに進出している日本企業の状況について紹介する。

外務省の海外在留邦人数調査統計によれば、二〇一六年一〇月現在で日本企業が最も海外進出している国は中国であり、その数は三万二〇〇〇社を超えている。日本企業が二番目に海外進出している国はアメリカであり、その数は約八〇〇〇社に上る。日本企業の中国への進出企業数がアメリカのそれの四倍以上であることからも明らかなように、いかに中国へ進出している日本企業が多いかがわかる。ただ、三ヶ月以上滞在する在留邦人の数は、アメリカが約四二万人、中国が約一三万人とアメリカに居住する日本人は中国のそれの三倍以上であった。日本企業の海外進出国の第三位はインドで、約四五〇〇社ほどであった。欧州諸国では、ドイツへ進出する日本企業が最も多く約二〇〇〇社で、全体の第四位の海外進出先である。二〇一六年一〇月時点で、スウェーデンに進出している日本の企業数は一二六社で、全体の三九位であった。直近の一〇年間で、スウェーデンに進出している日本企業数は一二〇社から一七〇社の間で推移してきた。リーマン・ショックの影響から、二〇一一年一〇月時点の一五九社から二〇一二年一〇月時点には九〇社にまで減少してしまったが、二〇一三年には現在の水準と同程度の一三〇社まで回復している。

スウェーデン全体の人口は一九六〇年の七五〇万人から二〇一七年六月末の約一〇〇五万人と増加し続けているが、人口規模は東京都の人口よりも少なく、経済規模もおおよそ大阪府と京都府を合わせた規模である。つまり、日本の人口規模及び経済規模と比較すると、スウェーデンの人口規模及び経済規模は非常に小さい。加えて、スウェーデンに居住する日本人も三〇〇〇人から四〇〇〇人程度である。その意味で、日本企業にとってスウェーデンは大きな市場とは言えず、日本企業が積極的にスウェーデン市場に参入していないのも当然といえば当然である。しかし、規模は小さいとはいえ、スウェーデンにはユニークな技術やノウハウを有する企業が多数存在しており、スウェーデン企業ほど積極的ではないが、日本企業もスウェーデン市場に参入している。しかし残念ながら、日本市場で長期にわたりビジネスを展開しているスウェーデン企業のような日本企業はスウェーデンには存在しない。そんな日本企業の中でも、比較的長い期間、スウェーデンでビジネスを展開してきたソニー・モーバイル・コミュニケーションズ（Sony Mobile Communication 社）について以下では紹介する。

ソニー・モーバイル・コミュニケーションズ社はスウェーデン国内で売上高一〇番目に相当する五七〇億スウェーデンクローナの売上を二〇一六年にあげているスマートフォン、スマートプロダクト、スマートフォンのアクセサリー製品などを開発するメーカーである。ソニー・モーバイル・コミュニケーションズはもともと二〇〇一年にソニーとエリクソンとの共同出資で設立されたソニー・エリクソン・モバイル・コミュニケーションズが母体の会社である。会社設立時は、登記上の本店をスウェーデンの南の街ルンドに、本社をロンドンにおいて事業がスタートした。その後、二〇一一年末に本社をルントに移転させた。二〇一二年にソニーはエリクソンの保有するソニー・エリクソンの五〇%分の株式を買い取り、ソニー・エリクソン・モバイル・コミュニケーションズをソニーの完全子会社とすることとし、社名もソニー・モーバイル・コミュニケーションズに変更された。この背景には、エリクソンが個人向けのスマートフォンや携帯電話の端末の製造・販売から移動体通信の地上固定設備に経営資源を集中させ、商売の軸足をシフトさせたことがある。合弁会社解消後、ソニー・モーバイル・コミュニケーションズは本社を東京に移した。しかし、ルンドは引き続き重要なソフトウェア開発拠点として維持され、現在も登記上の本店はルンドに残したままである。ソニー・モーバイル・コミュニケーションズが登記上の本店をルンドとし、そこでソフトウェアの開発を行ってはいるものの、スウェーデン市場やスウェーデンの顧客への販売促進が第一の目的でルンドに本店を置いているわけではない。その意味では、日本に進出しているスウェーデン企業が日本の企業や顧客への販売促進のために日本法人を設立したり事務所を構えているとは様子が異なる。しかし、スウェーデン国内で二〇番目に大きな売上をソニー・モーバイル・コミュニケーションズが挙げているという観点では、ソニー・モーバイル・コミュニケーションズはスウェーデン市場で規模の大きな企業であると言える。

五．おわりに

一九六八年一一月に日本とスウェーデンと間で「大日本国瑞典国条約書」が締結され、日本とスウェーデンとの間に正式な国交が樹立されてから、二〇一八年で一五〇年となる。スウェーデン企業の中で日本に最も早く進出し日本でビジネスを展開したのが、貿易会社ガデリウスであった。ガデリウス社は一九〇七年に横浜に支店を開設し、スウェーデン企業のさまざまな製品を日本市場に持ち込んだ。横浜に支店を開設して以来、さまざまな天災、戦争、経済不況が発生したにもかかわらず、ガデリウス社は、日本に留まりビジネスを継続し、今日まで一〇〇年を越えて日本の市場に根ざし、日本の市場で商売を行ってきた。第二次世界大戦前に日本で販売されたスウェーデン製品のほとんどはガデリウス社を通じて持ち込まれたものであった。第二次世界大戦後になると、独自で日本市場に参入するスウェーデン企業は増加していくが、現在も日本市場に留まってビジネスを展開しているスウェーデン企業はごく少数である。ガデリウス社が日本に紹介してきた企業には世界的に名の知れたAtlas Copco（アトラス・コプコ）、Ericsson（エリクソン）、Sandvik（サンドビック）、ABB（ＡＳＥＡ）、Fläkt Woods（フレクト）、Höganäs（ヘガネス）、SKF（エスコエフ）などといった企業がある。これらの企業に共通することは、一〇〇年以上も続く息の長い企業であるということである。長期にわたって企業が存続するためには、経済環境や市場ニーズの変化に柔軟に対応して、取り扱い製品やサービスを変化させる必要があり、これらの企業はそれを実践してきた。

一方、日本企業にとってスウェーデンは決して大きな市場とは言えず、ガデリウス社のように一〇〇年以上にわたってスウェーデンで事業を継続している企業は存在しない。もっとも日本が経済発展を遂げたのが一九六〇年代の高度経済成長期以降であり、日本企業が世界を相手に商売を始めたのは一九七〇年代以降であることを考えれば当然といえば当然である。その中でも、二〇〇〇年代初頭にソニーとエリクソンとの共同で設立された現在のソニー・モーバイル・コミュニケーションズは例外的な存在といえる。ソニー・モーバイル・コミュニケーションズ社はスウェーデン国内で売上高二〇番目に相当する五七〇億スウェーデンクローナの売上を二〇一六年にあげている。

以上みてきたように、日本におけるスウェーデン企業の方がスウェーデンにおける日本企業よりも相手国で長期にわたりビジネスを展開してきた。そのひとつの要因として、イノベーションが起こった時期が両国で異なるということをあげることができる。スウェーデンでは一九世紀末から二〇世紀初頭にかけてさまざまな新技術のイノベーションが起こった。最も有名なものが、アルフレッド・ノーベルによるダイナマイトの発明であろう。一九世紀末から二〇世紀初頭にスウェーデンでは他の国の顧客が興味を示すような新技術や新製品が数多く生まれた。一方、日本の企業が他の国の顧客が興味を示すような製品を生産できるようになったのは一九七〇年代以降である。日本で活躍するスウェーデン企業の中には一〇〇年以上の歴史のあるグローバル企業が多数存在する。一方、日本には一〇〇年以上の歴史のあるグローバル企業はほとんど存在していない。今後、日本企業はスウェーデン企業との取引を通して、スウェーデン企業がいかに経済環境や市場ニーズの変化に対応してイノベーションを起こし続けてきたかを学んでほしい。その結果、日本企業とスウェーデン企業の取引を通じた交流が両国の経済発展に寄与することを期待したい。

【参考文献及び参考ＵＲＬ】

外務省（一九九七～二〇一七、各年）「海外在留邦人数調査統計」（http://www.mofa.go.jp/mofaj/toko/page22_000043.html）

ガデリウス基金（二〇〇七）『成功企業のＤＮＡ――在日スウェーデン企業１００年の奇跡』清流出版

ガデリウス日本法人ホームページ　（http://www.gadelius.com/company/story.html）

財務省「貿易統計」（http://www.customs.go.jp/toukei/info/tsdl.htm）

総務省統計局（二〇一七）「世界の統計２０１７」（http://www.stat.go.jp/data/sekai/0116.htm#h9-01）

CMPartner, Nordens största företag（Largest Companies）(http://www.largestcompanies.se/).

Eurostat(2017) Exports and imports by Member States of the EU/third countries (http://appsso.eurostat.ec.europa.eu/nui/show.do?dataset=nama_10_exi&lang=en).

SCB (Statistiska Centralbyrån), , Exports to our 30 largest trade partners (https://www.scb.se/en/finding-statistics/statistics-by-subject-area/trade-in-goods-and-services/foreign-trade/foreign-trade---exports-and-imports-of-goods/pong/tables-and-graphs/exports-to-our-30-largest-trade-partners/).

SCB (Statistiska Centralbyrån)（1980-2014）*Statistisk årsbok för Sverige*.

第六章　スウェーデンの財政と税制

福島　淑彦

一．はじめに

スウェーデンは世界で最も充実した社会保障制度を有する福祉国家である。充実した社会保障制度と手厚い社会福祉サービスの財源は国民が納める税金である。現在のスウェーデンは、GDPの約五割の税金が国民から徴収されている世界でも最も税負担の重い国である。しかし同時に一九九〇年代半ば以降、安定的に経済成長を実現し財政状況が非常に健全な国である。現在の健全な財政状況が実現している背景には、一九九〇年代初頭のバブル経済崩壊に伴う経済危機の経験が存在する。バブル経済の崩壊で、景気が後退し、スウェーデンの累積債務は一時GDPの七割を超える水準まで増加してしまった。そのような状況で、スウェーデンは借金を返済し、財政の健全化を図るためにさまざまな政策と改革を断行した。その結果、現在ではOECD諸国の中でもGDP比累積債務残高が最も少ない国のひとつとなっている。一九九〇年代初頭に経験した経済危機の経験をきっかけに、スウェーデンには債務を増加させないというコンセンサスと、財政を常に健全な状況に保つためのフレームワークが構築された。一九九〇年代初頭の経済危機の際には、財政の引き締めを行う一方で、労働者の労働参加を促し、企業の生産力を高めるような税制改革をはじめとするさまざまな改革を行われた。その結果、リーマン・ショックが発生した二〇〇八年の前後を除けば、スウェーデンはＯＥＣＤ諸国の中で二〇〇〇年以降、持続的に経済成長を達成している数少ない国となっている。

本章の目的は、一七世紀半ば以降のスウェーデンの財務状況を概観することと、一九九〇年代初頭の経済危機をどのように克服して今日の健全な財務状況を実現したのかを検証することである。次節では、一七世紀半ば以降のスウェーデンの財務状況について概観する。特に一九九〇年以降の財務状況について詳細に検証する。第三節では、はじめにスウェーデンの税収構造について考察する。次に現在の税制の基礎となっている一九九〇年から一九九一年に行われた税制改革について論じ、改革後の税収構造がどのように変化してきたのかを検証する。最後に、第四節で結論を述べる。

二．スウェーデンの財政

現在のスウェーデンはＯＥＣＤ諸国の中でも財政状況が最も健全な国のひとつである。スウェーデンは日本同様一九九〇年代初頭にバブル経済が崩壊し金融危機を経験する。その後、景気が後退し財政が悪化し、一時累積債務残高がＧＤＰの七割を超える水準まで増加する。この経済危機に直面して、スウェーデンでは大胆な改革が断行された。その結果、現在ではＯＥＣＤ諸国の中でもＧＤＰ比の累積債務残高が最も少ない国のひとつとなっている。加えて、リーマン・ショックが発生した二〇〇九年の前後を除けば、ＯＥＣＤ諸国の中で、二〇〇〇年以降、持続的に経済成長を達成している数少ない国である。本節ではは じめに一七世紀半ば以降のスウェーデンの財務状況を概観する。次に一九九〇年代のバフル経済崩壊後にGDPの七割を超える債務を抱えたスウェーデンがいかにして財政の健全化を成し遂げたのかについて考察する。

(一) スウェーデンの財政状況(一七世紀～二一世紀)

【図1】は一六七〇年から二〇一一年におけるスウェーデン中央政府の累積債務残高の名目国内総生産(名目GDP)比の推移を表したものである。網掛けの部分はスウェーデンが巻き込まれた戦争が発生した期間を示している。【図1】より明らかなように、スウェーデンの債務は戦争の発生により増加していることがわかる。スウェーデンはナポレオン戦争後の一八一四年以降、非同盟・中立政策をとり、戦争を行っていない。しかし、自国が戦争に参加していない一八一四年以降も、戦争の発生により債務が増加していることを【図1】は示している。これはスウェーデン自身が戦争に参加していなくても、戦争により他の国々が疲弊し景気が後退してしまったためである。一八五八年から一九一四年にかけて緩やかに債務が増加しているのは、国内の鉄道網、水力発電、電話システムなどのインフラ投資のためにスウェーデンが国際市場から資金調達を行った結果である。世界経済の状況がスウェーデン経済にインパクトを与えた最も顕著な例として、一九七〇年代のオイルショックを挙げることができる。【図1】から明らかなように、一九七〇年代半ば以降、スウェーデン政府のGDP比債務残高は急増している。一九七五年以降のGDP比債務残高の推移をより詳細に示したのが【図2】である。【図2】からも明らかなように、政府債務残高は石油ショックの影響で一九八〇年代半ばまで増加し続ける。平時にもかかわらずスウェーデンの債務は一九八五年には対GDPの六二%までに急増している。その後、一九八〇年代後半に好景気を迎え債務は減少する。しかし、一九八〇年代後半の好景気はいわば「バブ

【図1】政府債務（対名目 GDP 比）
（1670 年～ 2010 年）

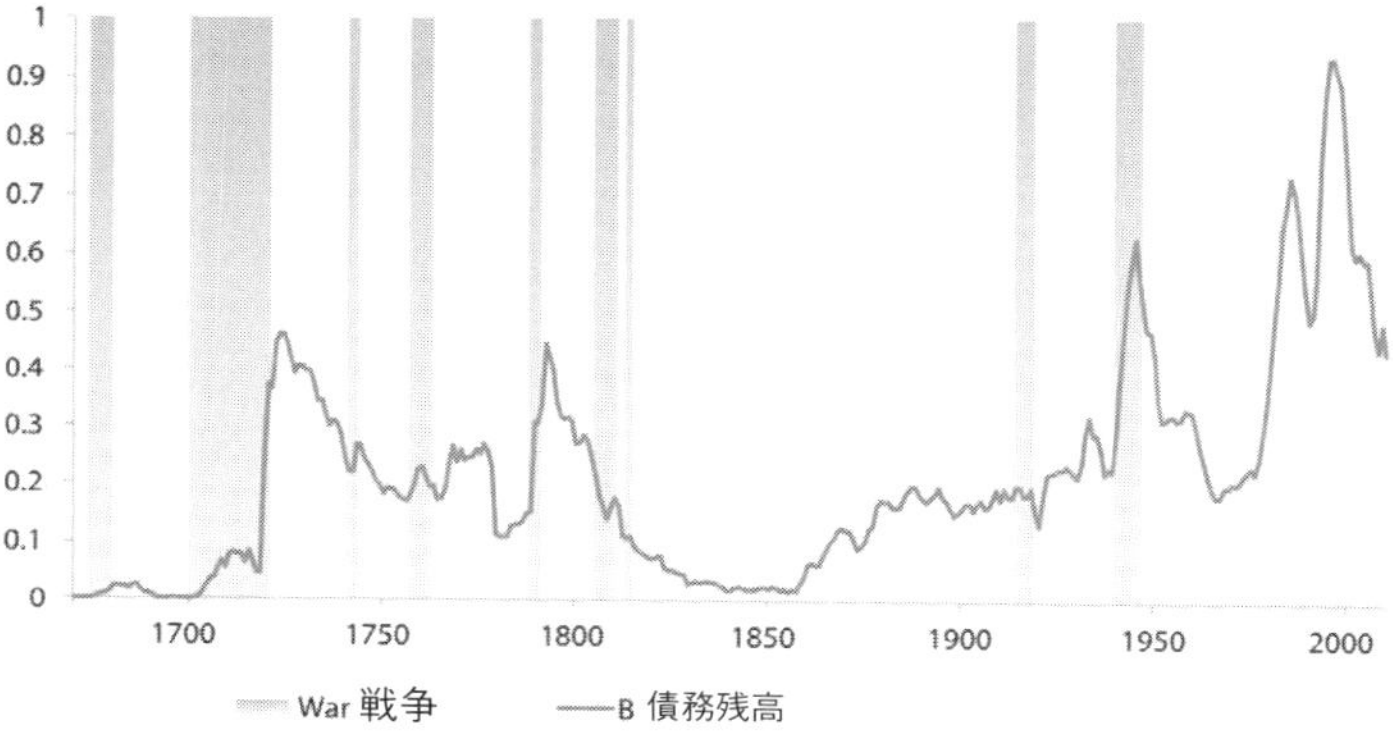

出典：Fregert & Gustafsson (2014) より抜粋。

【図2】政府債務（対名目 GDP 比）
（1975 年～ 2016 年）

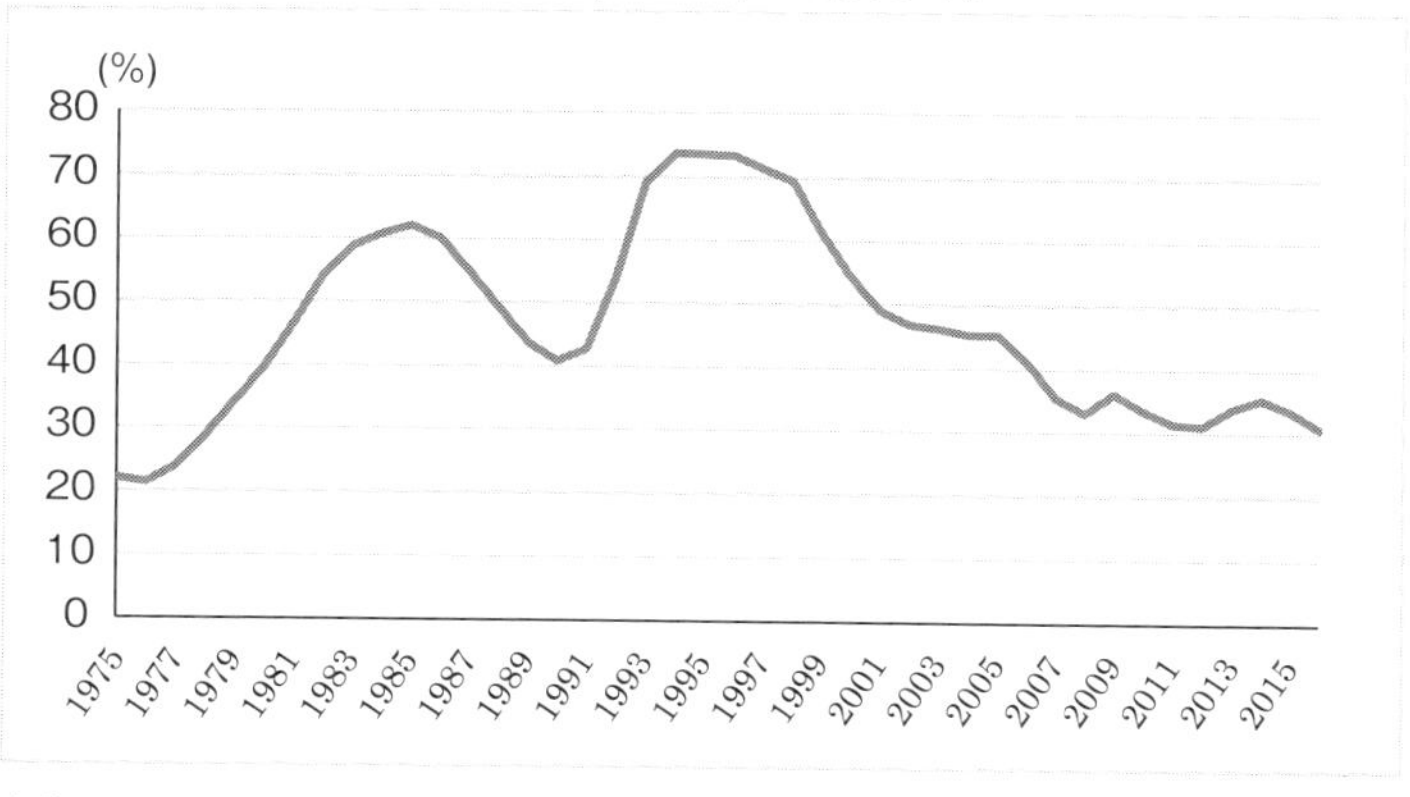

出典：Riksgälden
（https://www.riksgalden.se/sv/omriksgalden/statsskulden/Sverigesstatsskuld-oversikt/Historik-i-diagram/）より筆者作成。

ル経済」であった。一九九〇年代初頭にバブル経済が崩壊し、一気に債務は増加し、GDP比の債務が一九九〇年の四一%から一九九六年の七三%へと急激に増加した。バブル経済崩壊直後からさまざまな経済政策や構造改革が断行されるが、それが効果的に作用し始めるのは一九九〇年代後半以降である。バブル経済崩壊後初めて財政収支が黒字となるのは一九九八年である。二〇〇二年、二〇〇三年には財政収支は赤字に転落するが、二〇〇四年には財政収支が黒字へと再度転換する。リーマン・ショックの二〇〇八年と二〇一〇年には再び財政収支が赤字に陥ってしまうが、二〇一一年以降は財政収支は黒字を維持し続けている。ただ、二〇〇〇年代に何年か財政収支が赤字に転落したといっても、GDP比で一・五%未満の水準であった。財政収支の黒字が実現して以降、GDP比債務残高も急速に減少し続け、二〇一六年末時点でGDPの三一%まで減少した。財政収支の黒字と累積債務の減少は、バブル経済崩壊後に行われたさまざまな改革と財政健全化のフレームワークがしっかり構築されたことに拠るところが大きい。現在のスウェーデン経済は、よほど大きな世界的な経済ショックが発生しない限り、財政黒字を維持し債務を減少させ続けることが可能となっている。

(二) スウェーデンの財政再建

スウェーデンでは日本同様一九八〇年代後半に金融の規制緩和により銀行の貸し出しが急増した。融資された資金は不動産や金融商品に投資され、不動産価格や株価などが大幅に上昇するバブル経済となる。そのバブル経済も一九九〇年代初頭に崩壊し、民間銀行を中心とした金融機関が巨額の不良債権を抱えることとなる。スウェーデンでは一九九一年から一九九三年にかけて、GDPが約六%減少し、製造業の生産は約二割も減少した。一九八〇年代には五%未満であった失業率も一〇%を超える水準まで上昇し、民間の雇用は二五%も減少した。多くの銀行が不良債権を抱え、破綻寸前の大手銀行が複数行存在した。財政収支の赤字はGDP比の一割を超す水準にまで達し、累積債務もGDPの七割の水準まで増加してしまった。一九八〇年代の金融緩和の結果、多くの人が金融機関から資金を調達し、不動産や金融商品に投資した。実際、バブル経済崩壊後は家計部門の資金は投資ではなく貯蓄へとむかう。これはバブル経済崩壊に伴い家計部門が所有・投資していた資産の価値が激減したことに加え、不況に伴う雇用や収入に関する不安、さらには社会保障、特に年金支給に対する不安が深刻な状態になったためである。一九九二年には家計の貯蓄が一割近く増加し、GDPの約一割もの総需要が減少することとなる。

このような状況に対して、政府は景気回復と財政収支の健全化に着手する。具体的には、歳出削減、歳入増加、税制改革、構造改革によって金融危機、景気後退、財政悪化の危機を乗り越えようとした。歳出削減としては、年金支給額の削減、住宅補助の削減、薬剤費などの国家負担の削減、高齢者医療費の削減（Ädelreformen, エーデル改革）などが断行された。歳入増加として、疾病保険や労災保険の自己負担保険料の導入、石油税・タバコ税の増税、失業保険の労働者の負担増などを行った。税制改革としては、一九九〇年から一九九一年にかけて、支払利子所得に関する税控除を含むさまざまな税制優遇措置を制限・廃止して課税ベースの拡大をはかった。その一方で、投資と消費の拡大を促進して経済の活性化を図る目的で、個人所得税率および法人所得税率を大幅に引き下げた。しかし、個人所得税率と法人所得税率の減税は、政府が期待したほど投資や消費を刺激することはなく、先にも記したように単に家計部門の貯蓄の増加と政府債務の増加をもたらすものであった。税制改革としてはさまざまな政策を打ち出すものの、【図2】が示すように、政府債務は一九九六年まで増加し続けることとなる。

構造改革として一九九一年から一九九四年にかけて中央省庁の再編、国営企業の民営化、地方分権化の推進、さまざまな分野での規制緩和が行われた。労使間の賃金交渉も一九九〇年代後半には中央集権的な労使交渉から分権的な労使交渉へと移行する。この分権的な労使交渉は労働コストを適正水準まで低下させた。労働コストの低下は、貿易依存度が高いスウェーデンにとっては国際競争力が高まることを意味する。実際、分権的労使交渉への移行は一九九〇年後半以降の経済成長に大きく寄与することとなる。

バブル経済崩壊直後から一九九四年末までに実行された政策や改革は景気回復と財政の健全化という側面で即効性はなかった。実際、一九九一年から一九九三年にかけて、実質経済成長率はマイナス成長であった。そのため九四年末以降、財政収支の黒字化のために更なる歳出の削減と歳入の増加が図られた。具体的には年金の物価スライド幅の抑制、障害年金の引下げ、保育手当の廃止、児童手当の減額、失業手当給付率の引下げ、傷病手当給付率の引下げ、医療保険自己負担額の引上げ、薬剤自己負担額の引上げなどの歳出削減が行われた。一方で、キャピタルゲイン課税の強化、高額所得者への課税強化によって歳入の増加が図られた。

財政収支の黒字化の施策として最も効果的であったのが、一九九七年度の予算編成から採用された予算編成に関する改革である。特徴的な点は二点である。第一点目は、それまで単年度ごとに行っていた予算編成を三年の予算編成とした点である。このことにより、より柔軟な予算編成と支出が可能となった。第二点目は、歳出項目を積み上げることによって行っていた予算編成プロセスを三年の歳出総額のシーリング（上限）を決めてから予算編成が行われるようになったことである。はじめに三ヵ年にわたる歳入総額を推計して、それを基にＧＤＰ比で二％[1]の財政黒字を達成するように歳出総額のシーリングを設定する。その後、歳出総額のシーリングを超えないように各省庁に予算が割り振られる。歳出総額のシーリングの拘束力は強く、これにより歳出総額のコントロールが可能となった。

予算編成フレームワークの改革の結果、中央政府の財政赤字はGDP比で一九九三年の一一・二％から一九九七年には一・六％へと縮小し、一九九八年には一・九％の財政黒字へと転換した。債務の減少と財政収支の黒字に寄与したのは歳入の増加ではなく、歳出の大幅な削減であった。実際、一九九三年からの二〇〇〇年にかけて、GDP比の歳入割合はほとんど変化していないが、GDP比の歳出割合は一九九三年の七〇％程度から一九九七年には約五〇％へと大幅に減少している。

三．スウェーデンの税収構造と税制改革

第二節ではスウェーデンの財政状況と一九九〇年代の金融危機に伴って発生した景気後退と財政悪化をスウェーデンがどのようにして克服したのかについて論じた。財政再建には、歳出の削減か歳入の増加が必要不可欠で、歳出よりも歳入が大きい状態を維持できないと財政の再建と健全化は達成できない。歳入の増加には、税制改革による税収入の増加と景気刺激による所得の増加が必要となる。本節では、はじめにスウェーデンの税収構造について概観し、現在のスウェーデンの税制の基礎となった一九九〇年から一九九一年にかけての税制改革について考察する。次に、税制改革後のスウェーデンの財務状況がどのように推移していったのかを論じる。

(二) スウェーデンの税収構造

スウェーデンは「税金が高い国」と広く認識されているが、税負担が重くなり始めたのは、社会保障制度や社会福祉制度が充実していく一九六〇年後半以降である。実際、一九六〇年時点ではGDP比税収規模は三割未満でその当時の英国、米国と同水準であり、フランスやドイツよりも低い水準であった。一九六〇年後半以降の社会保障制度や社会福祉制度の充実に伴いスウェーデン国民の税負担は増加していく。特に、個人所得に対する課税、社会保険料、間接税（付加価値税）の国民負担が増加し、一九九〇年にはGDPの五〇%を超える規模まで税収規模は拡大する。二〇〇〇年以降、GDP比の税収規模は減少していくが、それでも二〇一六年の税収規模はGDPの四五%程度であった。

国家の税収の大きな柱は、所得に対する課税、消費に関する課税、資産・財産に関する課税、の三つである。二〇一六年のスウェーデンの税収の内訳は、総税収の三〇%強が個人の所得からの税収、一〇%未満が法人の所得からの税収、二〇%程度が一般財の消費に関する付加価値税（消費税）、資産・財産に関する税が三%程度、社会保障に関する税収が約二五%であった。二〇一六年の日本の税収の内訳は、総税収に占める個人所得税及び法人所得税の割合が共に二〇%弱、一〇%弱が一般財消費に対する消費税、資産・財産に関する税が一〇%程度、社会保障に関する税収が四〇%弱であった。OECD諸国の平均的な税収の内訳は、個人所得税が二五%程度、法人所得税が一〇%程度、付加価値税（消費税）が二〇%程度、資産・財産税が五%強、社会保障関連の税収が二五%程度であった。

スウェーデンの税収構造で特徴的な点は、他のOECD諸国と比較して、(i)個人所得からの税収割合が大きいこと、(ii)法人所得からの税収割合が小さいこと、(iii)付加価値税（消費税）からの税収規模はOECDの平均を少し上回る程度であること、(iv)資産・財産税の税収割合は小さいこと、である。

スウェーデンにおける総税収に占める個人所得税収の割合は、一九六五年以降二〇一六年までOECD諸国の平均を大幅に上回る水準で推移している。一九九〇年代初頭には、スウェーデンの個人所得税収はGDP比でOECD諸国平均の二倍以上の規模であった。しかしその割合は一貫して低下し続けている。一方、法人所得税収については、総税収に占める法人所得税収の割合は一九六五年以降、五％未満の水準で安定的に推移している。スウェーデンの法人所得税収の規模は一九六五年以降、概ねOECD諸国の平均を若干下回る水準で推移している。一九九〇年以降、スウェーデンにおける付加価値税（消費税）の税収規模はOECD諸国の平均を若干上回っている。OECD諸国のGDP比の付加価値税（消費税）の税収規模の平均が七％前後であるのに対して、スウェーデンのそれは九％を超える水準である。但し、スウェーデンにおける付加価値税（消費税）の税収規模は、スウェーデンの総税収の二割を超える水準にあり、これは法人所得税収の二倍以上の水準である。

（二）一九〇〇年以降の税制改革

スウェーデンでは一九九〇年から一九九一年にかけて「世紀の税制改革」が断行され、その後のスウェーデンの税収構造と経済活動に大きな影響を及ぼした。一九九〇年から一九九一年にかけて断行された税制改革の基本原則は、「公平」「統一性」「簡素」「中立」であった。税制改革の目的は、税の歪みを減少させることによって徴税効果を高めることであった。具体的には、（1）課税ベースの拡大、（2）課税構造の簡素化、（3）限界税率の削減が実行された。一九九〇年から一九九一年にかけて断行された税制改革の基本方針は現在も堅持されている。

一九九〇年から一九九一年にかけて税制改革では、主に所得に関する税金は減税された。個人所得税については最高限界税率が七三%から五一%に、法人所得税については最高限界税率が五七%から三〇%に引き下げられた。一方、付加価値税（消費税）については、全体として増税された。付加価値税（消費税）の最高税率は一九九〇年に設定された二五%のままであったが、それまで付加価値税（消費税）の対象でなかった品目が課税対象品目に変更されたり、付加価値税（消費税）の軽減税率が引上げられたりするなどして、国民の付加価値税（消費税）支払総額は増加した。ほとんどすべての税に関して一九九一年以降も税率や税金控除の規定などは変更されたが、個人所得及び法人所得に関しては減税、一般消費財については増税という基本的な方向性は維持されている。二〇一七年時点で、個人所得の最高限界税率は五七・一%、法人所得税の最高限界税率が二二%、付加価値税（消費税）の最高税率は一九九〇年と同率の二五%であった。

個人所得税については、税率そのものは必ずしも減少傾向にあるわけではないが、さまざまな税控除の項目が追加され、全体として減税傾向にある。個人所得に対する税金は、労働供給と消費を阻害しないように制度変更が頻繁に行われている。法人所得税については、税率が一九八九年に六〇・一%であったものが、一九九〇年には五三%、一九九二年には三〇%、一九九四年には二八%、二〇〇九年には二六%、二〇一三年には二二%へと一貫して引き下げられ、二〇一七年現在も二二%の水準である。このように法人所得税率については引き下げが続けている。付加価値税（消費税）については、最高税率は現在も二五%で一九九〇年時点と同一であるが、課税対象でなかった品目を付加価値税（消費税）の対象品目に変更したり、軽減税率の対象であった品目を対象外としたり或いは税率を引き上げたりと、全体として増税傾向にある。

一九九〇年から一九九一年にかけての税制改革以降、総税収に占める個人所得税収の割合は減少し続け、付加価値税（消費税）からの税収の割合は増加し続けている。法人所得税に関しては法人所得税率は継続して引き下げられているにも関わらず、法人所得からの税収額そのものは増加し続けている。法人所得税収の総税収に占める割合も、一九九〇年代半ば以降増加し続けている。これは、一九九〇年半ば以降、企業業績の回復に伴い法人所得そのものが増加し続けていることに起因している。法人所得税収額は、法人所得と法人所得税率によって決まる。つまり、法人所得に対する税率が低い水準であったとしても、企業の利益が増加すれば法人所得税収は増加する。一九九〇年以降、スウェーデンでは法人所得税率が継続的に引き下げられているにも関わらず、対GDP比の法人所得税収の規模は増加し続けている。これは、法人所得税の引き下げがスウェーデン企業の競争力を高め、企業の収益増加に寄与してきたことの証左といえる。必ずしも高い法人所得税率が法人所得からの高税収をもたらすわけではない。特に、企業が国家間を移動可能である場合には、高い法人所得税は企業の国外への移転を助長してしまう。つまり、高い法人所得税率の結果、法人所得税収そのものが減少してしまう可能性が存在する。実際、一九九〇年半以降、ヨーロッパ諸国では法人所得税の引き下げ競争が発生し、海外企業の誘致競争が激しさを増している。

二〇〇〇年以降、スウェーデンのGDP比での総税収規模は減少していく。しかし、二〇〇八年のリーマン・ショックの時期を除いて、総税収額そのものは一貫して増加し続けている。これはスウェーデンが安定的かつ持続的に経済成長を実現していることを意味している。政府支出が一定であった場合、経済成長によりGDPが増加すれば、GDP比での歳出規模は低下していく。このことは、財政黒字に必要なGDP比の歳入規模（税収入の規模）のGDP比が減少することを意味している。スウェーデン経済は二〇〇八年のリーマン・ショックでマイナス五％以上の負の経済成長率を記録するが、二〇〇〇年以降のそれ以外の期間は安定的かつ持続的な経済成長を実現してきた。二〇〇〇年から二〇一六年の期間で、年平均で二％以上の経済成長率を達成している。その結果、二〇一六年のGDPは二〇〇〇年のGDPの五割増の水準を達成している。スウェーデンの経済成長は幸運な外的要因により達成されたものではない。構造改革や税制改革をはじめとするさまざまな経済政策を断行することによって、労働生産性を高め、OECD諸国の中でも最も高い経済成長率をスウェーデンは実現してきたのである。さまざまな制度変更や政策が行われる際には、「経済成長と財政の健全化には国民の労働参加が重要である」ということを念頭において、労働インセンティブを阻害しないように政策や制度変更が設計され実行されてきた。一九九〇年代初頭の経済危機に際して、スウェーデンで実行されたさまざまな施策の特筆すべき特徴は、財政再建と経済成長の両立を成し遂げた点である。

四　おわりに

一九世紀初頭までのスウェーデンの債務は自国が直接関わった戦争のための資金調達に起因するものであった。しかし、一九世紀初頭のナポレオン戦争以降、スウェーデン自身は戦争を行っていないものの、他国が引き起こした戦争によりスウェーデンの債務も増加した。これは戦争により他の国々が疲弊し景気が後退してしまったことに起因している。世界経済の状況がスウェーデン経済にインパクトを与えた最も顕著な例として、一九七〇年代のオイルショックを挙げることができる。オイルショックの影響でスウェーデンの債務は一九八〇年代半ばにはGDPの六割まで急増した。その後、一九八〇年代後半に好景気を迎え債務は減少するものの、一九八〇年代後半の好景気はいわば「バブル経済」であった。一九九〇年代初頭にバブル経済が崩壊し、一気に債務は増加し、累積債務がGDP比で一九九〇年の四割程度であったものが一九九六年には七割を超える水準まで膨らんでしまった。バブル経済崩壊直後からさまざまな経済政策や構造改革が断行された。その結果、一九九八年には財政収支の黒字が実現し、GDP比債務残高は一九九九年以降急速に減少し続け、二〇一六年末時点ではGDPの三割まで減少した。バブル経済後の財政再建と経済成長に最も貢献したのが、一九九〇年から一九九一年にかけて行われた「世紀の税制改革」と一九九七年度の予算編成から採用された予算編成に関する改革である。

一九九〇年から一九九一年にかけて断行された税制改革では「公平」「統一性」「簡素」「中立」を基本原則に、（1）課税ベースの拡大、（2）課税構造の簡素化、（3）限界税率の削減、のためにさまざまな改革が行われた。結果として、所得に関しては減税、消費財に関しては増税が行われ、この方向性は現在も維持されている。

一九九七年から採用された予選編成フレームワークの特徴的な点は、単年度会計から三年間の複数年度会計に変更した点と三年間の歳出総額のシーリング（上限）を設定した点、である。三年間の複数年度会計に変更した結果、より効率的且つ効果的な歳出が可能となった。歳出総額のシーリング（上限）の設定は「財政規律を厳守する」という意味で、一九九七年以降の財政収支の黒字に大きく貢献している。一九九〇年半ばに財政の健全化のフレームワークがしっかり構築されたことで、よほど大きな世界的な経済ショックが発生しない限り、スウェーデンは財政黒字を維持し債務を減少させ続けることが可能となった。

一九九〇年初頭の経済危機以降、断行されたさまざまな制度改革、構造改革、経済政策は「経済成長と財政の健全化には国民の労働参加が重要である」という認識のもとに実行された。つまり労働インセンティブを阻害しないように制度変更や制度設計がなされたのである。税金が高いにもかかわらず、スウェーデンは現在、ＯＥＣＤ諸国の中でも労働生産性が最も高い国のひとつとなっている。労働生産性が高いことは経済成長を促す。実際に二〇〇〇年以降、スウェーデンはＯＥＣＤ諸国の中でも最も高い経済成長率と健全な財政状況を実現している。しかしここで最も重要なのは、一九九〇年代初頭の経済危機に際して、政策や改革を決定する政治家が党派を超えて協力して、有権者にとって不人気な痛みを伴う政策や改革を断行したことである。経済危機が「二度と同じような状況に陥ってはいけない」という強い政治的コンセンサスを構築し、国民の同意を取り付けたことが、スウェーデンがいち早く経済危機から立ち直れた最も大きな要因と言えよう。

【註】

（1）財政収支の目標とする黒字の規模は、二〇〇七年にＧＤＰ比一％に引き下げられた。

【参考文献及び参考ＵＲＬ】

Agell, J, P. Englund and J. Södersten (1995) *Svensk skattepolitik i teori och praktik – 1991 års skattereform*. Bilaga 1till SOU 1995:104. Stockholm.

Agell, J, P. Englund and J. Södersten (1998) *Incentives and Redistribution in the Welfare State: The Swedish Tax Reform*, Stationery Office.

Fregert, K. and R. Gustafsson, (2014) Fiscal statistics for Sweden, 1670–2011, *Volume II: House Prices, Stock Returns, National Accounts, and the Riksbank Balance Sheet, 1620–2012*, Ch.5, Riksbanken, (Ekerlids Förlag).

Johansson, D., M. Stenkula, Mikael and D. R., Gunnar, (2014) Capital Income Taxation of Swedish Households, 1862-2010, *Scandinavian Economic History Review* 63.
Persson, M., (1996) Swedish Government Debts and Deficits, 1970-1995, *Swedish Economic Policy Review* 3.
Riksgälden ホームページ（https://www.riksgalden.se/sv/）.
Sørensen, P.B., (2010) Swedish Tax Policy: Recent Trends and Future Challenges, Elanders Sverige AB.
SCB (Statistiska Centralbyrån) ホームページ（https://www.scb.se/en/finding-statistics/statistics-by-subject-area/national-accounts/national-accounts/national-accounts-quarterly-and-annual-estimates/）

第七章　ＩＴ先進国としてのスウェーデン

加藤　晴子

一．近代産業社会の先駆者たち

北欧諸国は、おしなべてＩＴ（情報技術）先進国とみなされているが、スウェーデンも例外ではなく、ＩＴ関連産業のさまざまな分野で世界をリードする地位を確立し、保持し続けている。ヨーロッパではスペイン、フランスに次ぐ広い国土（四一万キロ平米、日本のほぼ一・二倍）を有しながら、総人口が一千万に満たない小国スウェーデンが、ＩＴ関連産業、特にソフトウエアやアプリケーションの創出においてアメリカに迫るような地位を達成できたのはなぜだろうか。そして、その地位を維持・拡大し、ＩＴ産業における国際競争力を一層強化していくためにどのような努力がなされているのだろうか。こうした疑問に答えるのは、決して容易ではない。

スウェーデンは、一九三〇年ごろまでは移民の送り出しを余儀なくされていたほどの貧困国であったが、その後比較的短期間で豊かな工業社会へ移行し、現在では知識集約型産業のフロントランナーに躍り出ている。そして、さらにはドイツなどと共にシリア難民などにも寛大な門戸を開いている数少ない人権大国でもある。

二〇世紀前半に遡るスウェーデン社会の転換は、農業社会から近代産業社会へ、そしてさらに知識集約産業社会へと飛躍する未来をすでに示唆していたといえよう。工業化に必要な豊富な自然資源（木材、鉄鉱石、銅、水力発電など）に恵まれていたことに加え、スウェーデンの人々は科学技術を重視し、その実用化すなわち今でいうビジネス化に果敢に挑戦するアントルプルヌールシップ（起業者精神）の旺盛な国民である。この国民的特性をもっとも顕著に発揮し、スウェーデン社会の工業化移行を先導した代表的存在としては、アルフレッド・ノーベル（Alfred Nobel 一八三三年～一八九六年）とラーシュ・エリクソン（Lars Magnus Ericsson 一八四六年～一九二六年）の二人を挙げるのが適切であろう。前者はダイナマイトなどの発明によって巨大な富を創り、その遺産がノーベル賞基金であることは誰もが知るところである。ここではスウェーデンが今日のIT先進国の地位を築くのに直接つながるエリクソンについてだけ少し触れておくことにする。

エリクソンはノーベルとほぼ同世代だが、ノーベルと違い科学技術を学ぶためのエリート教育を受ける機会には恵まれなかった。一二歳のときに父を失い、早くから自立の道を独力で探さなければならなかった。鉱山労働者として数年間働いた後、一八六七年にストックホルムに出て、Öller & Co. という電信機修理工場に職を得る。ここで働いている間にエリクソンの才能が開花しはじめる。優れた技能が評価されて、国費奨学金による海外研修の機会が与えられる。エリクソンが選んだ研修先はドイツとスイスだったが、もっとも長く研修を受けたのは、当時、アメリカでグラハム・ベル（Alexander Graham Bell 一八四七年～一九二二年）によって発明されて間もない電話機を製造していたドイツのシーメンス社であった。シーメンス社で学んだことは、エリクソン個人の生涯だけではなく広くスウェーデン社会に大きな転換をもたらすきっかけとなる。一八七六年、スウェーデンに戻ったエリクソンは、Öller &

Co.時代の友人の協力を得てストックホルム中心街に小さな機械工房を開く。自宅の台所を改修したわずか一三平米の小さな町工場だった。ここでエリクソンが全精力を傾注したのは、シーメンス社やベル社が製造した電話機を解体して詳しく調べ、それを参考にしながら独自の電話機を開発することであった。彼はその試みに見事成功し、町工場は拡大し続けて、やがて近代企業エリクソン社が誕生する。電話が新しいコミュニケーション手段として急速に普及する時代の波に乗り、エリクソンが立ち上げた企業は、電信電話時代を先導する重要な牽引車の役割を果たすことになる。目覚しい勢いで発展し続けるエリクソン社は、スウェーデン社会を近代産業社会の最前線へ押し出す結果ももたらした。しかし華々しい成功を成し遂げたエリクソンは、なぜか自分が創業した企業に長く関わり続けることはなかった。一九〇〇年、五四歳で企業経営から身を引き、五年後には保有していた自社株もすべて手放している。エリクソンはノーベルと違い、特許権の取得・保有には無関心だった。ノーベルは三五〇件にのぼる特許権を保有し、そのうえヨーロッパやアメリカで多くの企業を経営していた。エリクソンが特許取得に無関心だったのは、自分が開発した電話機器がシーメンス社やベル社の模造品呼ばわりされるのを恐れたからだと批判する人々もいたようだ。いずれにせよ、エリクソンは世俗的な栄誉や叙勲などはすべて拒み、自分の墓石にも何も記さないよう言い残している。エリクソンは、電話通信が急速に普及し、自分が情報化社会の夜明けを導くことになるだろうとは考えず、電話機はしょせん有閑階級の玩具に過ぎないと信じていたようだった。しかし誰も止めることなどできない電話機の急速な普及とそれにともなうエリクソン社の勢いは、エリクソンの個人的思惑や意図とは関わりなく拡大し続けた。

一九世紀後半から二〇世紀前半におけるスウェーデン社会の工業化に貢献したのは、もちろんノーベルとエリクソンだけではない。ボールベアリングを発明してSKF社を創業したスヴェン・ウインストローム（Sven Gustaf Wingqvist 一八七六年～一九五三年）、高圧電流の長距離高速送電システムを開発して重電機産業「アセア」社を興したヨナス・ウインストロム（Jonas Wenström 一八五五年～一八九三年）、飲料パッケージ製造会社「テトラパック」の創始者ルーベン・ラウジング（Ruben Rausing 一八九五年～一九八三年）など枚挙にいとまがない。これらの起業者たちも含めてスウェーデンの企業は、国内市場が小さいため、いずれも最初から国際市場を視野に入れた経営戦略を展開することが必要であり、その伝統的戦略は、グローバリゼーションが進む今日の世界を先取りする結果につながるスウェーデン産業界の重要なレガシーになった。

二．新たな挑戦

一九八〇年代に社会の高度情報化がはじまると、高福祉社会を達成して世界のモデルとみなされてきたスウェーデンも、新しい挑戦にせまられることになる。在来製造業（造船業や繊維産業など）は、すでに一九七〇年代に国際競争力を失い、労働力の安い開発途上国へ移転し始めていた。しかし、日本と違ってスウェーデンでは、国際競争力を失って衰退し始めている企業に公的資金を注入して救済を試みたり、延命策を講じたりすることはない。競争力を失った企業を無理して保護するのではなく、衰退産業からはみ出る労働力を再訓練して吸収できるような新しいフロンティア産業の開拓と育成を図る方が国のためにも国民のためにも合理的だとする社会的コンセンサスが存在するからだ。常にフロンティアを探し求め、新たなニーズに対応して組織の新陳代謝を大胆に進めるスウェーデンの伝統は、高い戦闘能力と優れた技術力（造船技術と航海術）によってバルト海域だけでなくアジアや中東にまで乗り出して交易や異文化接触を積極的に展開したヴァイキングの旺盛な冒険心にまで遡ることができるのかもしない。ヴァイキングについては、好戦的で獰猛な海賊という間違ったイメージだけが定着してしまっているのは残念である。

高度情報化時代がやがて到来することをいち早く察知したスウェーデン政府は、国民のすべてがICT（Information & Communication Technology すなわち 情報通信技術）にアクセスできるようにすることを目指す政策を展開しはじめる。そうすることが行政の効率化とコスト削減や市民生活の利便性増大に役立つのみならず、根源的には民主主義システムの強化にも有効な政策だと判断したからである。産業界も政府のこうした政策に呼応し、新しいフロンティアを、ICT活用分野、すなわち知識集約型産業へ求める方向へ舵をきる。知識集約型産業は付加価値が高くグローバル市場性も大きい分野であるからだ。エリクソン社も移動通信末端機器（携帯電話）製造に参入し、世界市場で大きなシェアを占める。一九八五年に開設した日本駐在員事務所は、五年後にはエリクソン・ジャパン社へと発展し、ソニー社との合弁企業も設立している。しかし、移動通信末端機製造分野では、やがて隣国フィンランドの後発企業「ノキア」に追い抜かれると、エリクソン社は末端機器製造から移動通信地上固定設備の開発に主力を切り替え、その世界最大メーカーになる。一九八八年に開発したラジオ電波に代わるGSM（Global System for Mobile Communication）の利用は、現在も全世界のモバイル末端機の四〇％を占めると推定されている。

科学技術を重視しそれを起業化するアントルプルヌールシップの豊かな風土に加え、高度情報化時代の国際コミュニケーション標準言語である英語の高い普及率も、スウェーデンがIT産業のフロントランナーに躍り出るのを後押しする要因の一つであると言えそうだ。ラジオ、テレビ、新聞・雑誌などを含む旧来メディアはすべてスウェーデン語であるが、英語も一般の人々の間で広く使われ、スウェーデン人の日常生活に深く浸透している。学校教育や職業訓練の中にも英語が取り入れられている。それは何よりも、スウェーデンの普通の人々が日常生活の中で、スウェーデン語を解さない異文化圏の人々とさまざまな場合や度合で接触する機会が多く、共通コミュニケーション手段として英語を使用せざるを得ないからである。加速するグローバリゼーションに対応するのに必要だという認識から日本でも小学校の教科目に英語を加え、大学入試に英語の読み、書き、聞く、話す能力のテストを導入するなどの動きがあるようだ。しかし、英語を日常生活の中で使う必要性が大きくならないかぎり、教育だけでは日本人の英語能力の向上は期待できないのではないだろうか。

一九八〇年代にＰＣ（パソコン）が急速に普及し、さらに九〇年代にはインターネットが世界的に拡大すると、情報の送受信が組織間でも個人間でも容易にやり取りできるようになる。そして汎用インターネットが一九九〇年代に瞬く間にユビキタスな存在になり、情報だけでなくモノやお金、そして人間も国境を越えて移動するグローバリゼーション現象をいっそう加速させた。またインターネットはさまざまないわゆる「ソーシャルメディア」の出現をもたらした。スウェーデンは特にＩＴのソフトやアプリの分野での貢献が目立つ。インターネットの電話サービス「スカイプ」（Skype）や音楽のストリーミング配信サービス「スポティファイ」（Spotify）などはみなスウェーデン発のソフトである。

ＩＣＴはとどまるところを知らず前進し続け、物理的な「モノ」（Things）をデジタル情報化して移動（売買）することができる新しい先端情報技術（IoT）の開発も進みつつある。このような超高度情報化時代になると、アナログ時代のマインドセットはリセットが迫られるのは必至だ。個人と社会の基本的な関係にも、そして個人間の関係にも根本的変化が発生するのは当然だ。他方、ビッグデータを集積し、それをさまざまな目的で解析し、特定目的のために操作できるようになる可能性も生まれる。それは消費者行動、市場動向、世論動向などをかなり高い精度で予測できるようになることを示唆している。こうした高度情報化とそれによって限りなく拡大し、加速しつつあるグローバリゼーションの先に見えるのはデジタル文明時代の到来である。そしてスウェーデンは、すでにデジタル文明時代の最先端を走り出しているのだ。スマホさえあれば、デジタル情報化された日常生活のすべてのニーズに対応できる仕組みと制度が構築されていて、誰もがそれを利用している。行政と市民生活のかかわりもすべてデジタル化された情報で処理することができ、経費削減にも寄与している。スウェーデンでは、金融サービスとICTを組み合わせたキャッシュレス（現金無用）社会が常態化し、現金を持ち歩く必要性は消滅しつつある。「国際決済銀行によると、一五年末時点で、スウェーデンで流通する現金の名目国内総生産（GDP）に対する割合は一・七％。米国（七・九％）や日本（一九・四％）に比べて低」さが際立つ実態を、最近の朝日新聞の現地レポートが指摘している。(1)このような現象は、裏を返せば国の社会制度に対してスウェーデン国民が高い信用性を示しているからだとも言えよう。まだまだ現金主義にこだわっている日本とは大差があるのを感じざるをえない。

他方、デジタル化社会では、私たちが知らないところで中央監視されたりコントロールされたりしかねない危険性が高まることも確かである。ICTも他の科学技術同様、もろ刃のやいばであることを忘れてはなるまい。また、いわゆる「情報格差」は「貧困格差」につながるという問題も無視できない。ICTがもたらしつつある社会変化は留まることなく進行し、新しい課題を次々に私たちになげかけているのも確かだ。しかし、インターネットの次に何が来るのか、またデジタル文明の行き着く先がどこなのかは不明である。

三．新しい時代を先導するサイエンス・パーク

スウェーデンは情報化社会が到来する前からＩＣＴの基盤整備に意を注いできている。すでに一九七〇年代後半に在来型製造産業に見切りをつけ、高付加価値産業への切り替え政策を積極的に展開し始めた。その象徴的な例が、産学共同によるリサーチ・パークの開設である。まず、一九八三年にスウェーデン南部スコーネ地域の学園都市ルンドに北欧初のリサーチ・パークがオープンする。イデオン・リサーチ・パーク（IDEON）である。ルンドはスコーネ地域の主要都市で、ウプサラ大学に次ぐ古い歴史のあるルンド大学の所在地で、工業化が早くから進み、テトラパックの発祥地としても知られている。リサーチ・パーク自体は決して目新しいコンセプトではないが、産学協力の密度の濃さと提供する施設の内容やサービスの多様性と高い専門性、そして隅々まで気を配ったきめこまやかなユーザーへの配慮などの点で、IDEON のユニークさは突出している。IDEON をジャンプ台にしてグローバル企業へ飛躍した成功例も少なくない。エリクソン・モーバイル・プラットフォームス、ＡＵシステム（動画管理）、アノト（映像処理）、ソニー・エリクソン・モーバイル・コミュニケーションなども IDEON の恩恵に負うところ大である。

ルンドの成功は、スコーネ地方の他の都市にも波及し、マルメではバイオテクノロジーや医学・医療、生命科学、ヘルシンボリではＩＴ技術、クリスチャンスタッドでは環境科学技術などにそれぞれ特化したリサーチ・パークが出現する。さらには二〇〇〇年、スコーネ最大都市マルメとオーレンス海峡対岸の隣国デンマークの首都コペンハーゲンが、オーレンス橋で結ばれると、スコーネ地域とコペンハーゲ

ン首都圏の一体化が進み、オーレンス知識集約型産業圏が形成されていく。オーレンス産業集積地域の最大特色は、ＩＴ関連産業が圧倒的に多いことである。もちろんこの広域ハイテク・クラスターは、ＩＴ関連産業だけではない。バイオ、ナノテクノロジー、ＡＩ、新素材、薬品、生命科学、医療など実に多様な分野にわたって先端科学技術研究開発が進められている。IDEON が誘発した知識集約産業創出競争の波は、首都ストックホルムにも直ぐに押し寄せる。IDEON に遅れることわずか三年の一九八六年、ストックホルムの近郊にヨーロッパ最大のリサーチ・パーク、シスタ・サイエンス・シティー（KISTA）が誕生する。KISTA（シスタと発音する）は、都市再開発も組み込んだ産学共同プラス公共セクターの三位一体の大規模プロジェクトとして展開されている。

都市再開発の必要に迫られていたストックホルム市当局は、あらかじめエリクソン社と契約したうえで、ストックホルムの北西二〇キロに在る広大な旧練兵場を取得する。そしてまずエリクソン社のR&D 部門がそこへ移転し、次いでストックホルム大学のコンピューター科学部やストックホルム王立工科大も移転してくる。この産学官「三位一体」共同プロジェクトを推進するに当たっては、運営主体となるエレクトラム財団を設立し、施設の運営や意思決定プロセスの透明性と公正性を保障している。この財団は、その後株式会社組織になるが、財団本来の基本理念や運営指針にかわりない。KISTA は、GIDEON と同じような施設とサービスを提供するにとどまらず、KISTA 入居者だけでなく一般市民のために恵まれた自然環境の中に快適な住宅を整備して KISTA をひとつの国際的ヒューマン・コミュニティーのモデルとして発展させることを目指している。KISTA にはエリクソン社などスウェーデン企業だけではなく海外のグローバル企業も研究開発拠点を移している。ＩＢＭ、Intel 社、マイクロソフト、アップル、オラクル、ノキアなどで、日本企業では富士通が進出している。こうした三位一体による協力は、規模の大小にかかわらずスウェーデンでは幅広くみられる。事実、筆者が仕事をしている小規模ハイテク企業もスウェーデン国立科学研究所の研究成果を民間が活用して創設された企業である。

日本でも産学官連携による研究開発は行われているが、規模の矮小性が目立ち、相乗効果が発揮されにくいのが実情だ。二〇一七年の「科学技術白書」によれば、「日本の大学と産官との連携の約半分が契約額一〇〇万円未満」で、海外と比べて小規模で「企業トップを巻き込めず、研究者同士のつながりにとどまっている」という。

日本の学界には学問の独立を強調し、産官との共同研究に距離を置く風土が強く残っているようだ。しかし、国立大学が行政改革によって自主運営が求められる「独立法人」制度に改められて以来、産業界からの資金支援による共同研究開発プロジェクトが積極的に導入されるようになった。こうした変化もあり、これまでは専ら高福祉社会のモデルとみなされてきたスウェーデンが、今度は産学官共同によってIT先進国になったモデルとしての観点からあらたな脚光を浴び、IDEONやKISTAを視察する目的でスウェーデンに来る日本の研究者や行政関係者が増えている。こうした傾向は日瑞関係の将来に必ず好ましい結果をもたらすであろうと期待できる。

しかし忘れてならないのは、日本とスウェーデンは、重要な点で異なった価値観に裏打ちされた社会であることだ。社会人類学者・中根千枝（東京大学名誉教授）が有名な『タテ社会の人間関係』の中で解明しているように、日本は集団の中の身分や秩序が重視され、原理・原則が状況によって変わる適応主義、順応主義が機能している社会である。(2) 中根は、二〇一七年五月の新聞インタービュー記事の中で、一九六〇年代に書いた著書で指摘した日本の集団志向性や状況適応主義の特質は、デジタル化時代の今日でも基本的には変わっていない、と断じている。(3) ちなみに中根はスウェーデンとかかわりの深い学者である。彼女が社会人類学者として大成できたのは、インドでフィールドワークをしていた時にスウェーデンの財団関係者に出会い、その財団の奨学金でイギリスに渡って研究を続けることができたからである。中根は、ウプサラ大学の創立五百年記念祭にも招待されて出席している。

中根の指摘した日本社会の特質性とは対照的に、スウェーデンは、自我己意識の旺盛な個人を共通の価値観や関心などで結ばれたヨコの関係を重視する枠組みの中に社会基盤が築かれている社会である。スウェーデン人のヨコ関係重視は、個人の行動に表れているだけではなく、社会制度や慣習の中にも深く根を下ろしている。職場や組織内の上下関係重視がオフィスのレイアウトにさえ明白に反映されている日本の職場と、誰もがコ・ワーカー（同僚）意識を強く共有していて誰が上司なのか判別できないようなスウェーデンの職場は対照的で、その違いはスウェーデンのオフィスを瞥見しただけで直ぐにわかる。大部分のスウェーデン人が望んでいるのは、ノーマルで平均的な人間であることだ。そこにはアメリカンドリームを求め競い合う荒々しい個人の姿は見当たらない。このような価値を基盤にした人間関係は、フェイスブック、ツイッター、インスタグラムなどの浸透とは無関係であるかのようで、基本的変化は見られない。スウェーデンは、上意下達方式では何事も動き出さない社会であり続けるようだ。こうした違いをまず認識することも、将来の日瑞関係を相互信頼性の高い二国間関係へと発展させていくためには大変重要ではなかろうかという思いがする。次の一五〇年の日瑞関係が相互の理解、信頼、友情の絆で固く結ばれた生産的な関係へ発展することを期待しつつ筆を置く。

【註】

（1）織田一、寺西和男「スウェーデン現金無用　キャッシュレス」上・中・下、朝日新聞（二〇一七年五月二四、二五、二六日）
（2）中根千枝『タテ社会の人間関係』（講談社現代新書、一九六七年）
（3）朝日新聞、「タテ社会」揺るがぬ50年　中根千枝さん　読み継がれる日本論」（二〇一七年五月一七日）

【引用文献・参考文献】

オレツ・ヘドクヴィスト＆可児鈴一郎（一九九九）『ヴァイキング7つの教え』徳間書店
ケヴィン・ケリー著、服部圭訳（二〇一六）『インターネットの次に来るもの――未来を決める12の法則』NHK出版
岡澤憲芙編著（二〇一五）『北欧学のフロンテイア――その成果と可能性』ミネルヴァ書房
岡澤憲芙・斉藤弥生編著（二〇一六）『スウェーデン・モデル――グローバリゼーション・揺らぎ・挑戦』彩流社
熊野聡（二〇一七）『ヴァイキングの歴史』創元社
Björklind Bengtsson, Inger. "From rune stones to radio waves - The story of Kista Science City : how a viking village became Sweden's Silicon Valley" (Anna Ma Media, Saltsjöö-Boo, 2014)
Lindkvist, Herman. " Historien om Sverige. Från istid till framtid – Så blev de första 14 000 åren" (Norstedts Forlag, Stokholm, 2002)
Lindström, Per. "Ideon Science Park- en framgångssaga" (Bild & media, Lund 2008)
" IT-samhället ska vara till för alla" (Svenska Dagbladet, 2005-06-30)
"Från IT-poltik för samhället" (Regeringens proposition, 2004/05-175, 2004)
"Arbetslivets (o)synliga murar" (Goverment publication, Stockholm 2006)

"Arbetskraftsinvandring till Sverige : befolkningsutveckling, arbetsmarknad i förändring, internationell utblick : delbetänkande" (Fritzes offentliga publikationer, Stockholm, 2005)

第八章　エレン・ケイと日本の女性運動
――平塚らいてうを中心として

トゥンマン武井典子

エレン・ケイ（一八四九年～一九二六年）の名は一九世紀終わりから二〇世紀初頭の世界の女性運動ときりはなせない。日本ではまず教育界がケイの名に注目したのである。ハミルトン夫人のケイの伝記が雑誌『女子教育』に一九〇五年から一九〇八年まで紹介された。当時ケイは『児童の世紀』の著者として世界的名声を得ていたが、一九〇六年にはケイの『児童の世紀』が雑誌『教育学術界』に紹介された。同年大村仁太郎による『児童の世紀』の翻訳も出版されたのである。(1)

しかしもっとひろくケイの名をひろめたのは一九一一年に金子筑水が、翌年石坂養平がケイの人間観、離婚観を紹介してからであった。これを読んで、平塚らいてう（一八八六年～一九七一年）は女性論を学ぼうと決意し、一九一三年の『青鞜』誌上にケイの「恋愛と結婚」を翻訳し始めた。(2)『青鞜』に紹介されると、ケイは他の誰よりも大きな影響を日本の女性運動に与えることになる。以後ケイといえば、何よりその恋愛観、女性観が注目されることになったのである。

大正期の日本女性運動家のなかで、エレン・ケイの思想を一番良く理解しまた共鳴したのは、そして一番めざましく活動したのは平塚らいてうであった。ケイとらいてうの著作を読むと、らいてうは世界で一番優秀なケイの読者だったのではないかと思うほど両者の主張は重なるところが多い。その背後にはふたりの生い立ちの類似、ふたりに共通する実社会へ開いた眼、よりよき社会にしたいという願いがみられよう。さらにスウェーデンと日本に共通する近代化途上という経済的、社会的類似もあろう。日瑞修好一五〇周年記念にあたりこれらの点について、二〇世紀前半の日本とスウェーデンの女性運動の間にあったつよい絆を再確認することが本稿の目的である。

まずケイとらいてうの思想形成の類似点をみたい。ふたりに共通するのは、確固たる己の「個」にたいする信頼である。これはふたりの生い立ちにおおくを負っていると考えられる。

ケイはスウェーデン南部スモーランド地方のヴェステルヴィーク郊外に豊かな地主の長女として生まれた。母は伯爵家の出で、父はリベラルな地方政治家であった。愛し合う両親と五人の弟妹にかこまれた厳しくはあるが幸せな家庭生活、ケイは湖のほとりの美しい自然のなかで自由に育った。学校にはいかず、家で家庭教師と学んだ。家の図書室の本を自由に読むのを許されていた。ケイの勉強はなにより読書が中心であった。これが自分で考えるというケイの原点であろう。

教育への関心は父方祖父にもあり、リベラルな父もそれを受けついだ。祖父は「勉強会」により労働者の教養を高め、階級差をなくそうとした（Ambjörnsson 2007:107-129）。これはのち社会民主党と労働組合により定着し現在まで続く勉強サークルのはしりだ。ケイも教育に関心があり、二〇歳のころ自宅に日曜学校を開いて子供たちを集めて教えた。一八七八年に若いころからの夢であった女子の学校をアンナ・ヴィットストックと開講する。ケイは五〇歳までこの学校で教師を務めたが、のちに『児童の世紀』に説かれるような新しい教育法の学校であった。ケイはなにより教師だったのである。

ケイは一八歳のころ病弱な母のかわりに国会議員となった父とストックホルムに移り住む。両親のケイへの信頼は厚く、父の秘書として政治について論文も書いた。当時ひとつしかなかった女子学校にも入学、そこでスウェーデン女性運動の指導者だったソフィー・アドレルスパーレ（一八二二年〜一八九五年）のもとで学ぶ。ケイはこのころはアドレルスパーレに将来を嘱目された女性のひとりであった。ケイはまた父に従い教育事情視察のためヨーロッパ諸国をまわる。将来コスモポリットとなるケイがすでにいるのである。ちなみにケイは一八歳の頃から社会問題への関心をノートに記している。(3)そこに将来展開される彼女の思想の萌芽がすでにしるされている。(4)

らいてうは末娘として、両親にかわいがられて育った。父は欧米視察の経験がありリベラルな家庭であったが、らいてうが小学校にはいる頃から国粋主義の復古調となる。(5)らいてうは良妻賢母養成を目的とする当時の学校教育に不満の多い青春時代であった。その悩みから参禅するが、そこで汎宗派的な「己」を発見する。(6)この参禅による「己」の原体験がらいてうの思想の基盤となり、リベラルな個人主義者を育てた。らいてうへの両親の信頼は厚く、この点でもケイと共通するのだが、それも自己への強い自信の基盤となったと考えられる（小林 二〇一五：七五）。

一八世紀後半、スウェーデンと日本では女性の権利の点で違いがあった。スウェーデンでは、エレン・ケイの時代にすでに、女性運動が勝ち取ったわけではないのだが、未婚の女性には事業営業権、遺産相続権と法的権利があった。しかし既婚女性は法的無能力者であり、彼女たちに営業権が必要となるのはもっと先のことであった。(7)

当時スウェーデンの中層階級の女性は結婚して夫に扶養されていた。女性人口の方が多かったので、条件のいい結婚をすることが中層階級の女性の生活保障として重要だった時代である（Weidel Randver 1999:53）。二重モラルであり、秩序維持のため女性の処女性と貞節が重視された。一八八〇年代の北欧で問題となった性道徳問題は、この男女の道徳差を問題とした。同じ問題は日本でも大正時代に「花柳病男子の結婚制限法」成立をめざすらいてう主導の女性運動が論点としたことであった。

スウェーデンの一八六〇年代、七〇年代の女性運動を推進したのはソフィー・アドレルスパーレと雑誌『家庭』（*Hemmet*）周辺の女性たちであった。彼女たちの目標は、未婚の女性に男性と同じ教育と仕事の機会を与えることと既婚女性に財産権を与えることであった。中層階級の女性たちの推進した自分たちのための運動であったといえる。これはアドレルスパーレがずっと歩をともにした女性運動先駆者フレデリック・ブレーメル（一八〇一年～一八六六年）も同様であった。『家庭』を中心とする女性運動は個人の自由と平等の理念を重要だとしたが、その根底にはキリスト教ルーテル派の道徳観があった。これは当時スウェーデン社会を支配していた道徳観であった。スウェーデンの女性運動は一八八〇年代半ばに分裂して、労働者階級の女性たちは、雑誌『前進』（*Framåt*）を創刊する。

ケイは若いころから労働者階級の女性の窮状も視野にいれていた。中層階級の女性とは違いケイの考え方は宗教や結婚制度にとらわれず自由であった。ケイは女性に教育と職業があれば結婚しないでもいいと考えていたし、離婚の自由も認めていた。結婚については「互いに愛し合っていれば夫婦だ。法的結婚でなくとも愛があれば道徳的で、愛のない結婚は不道徳だ」という（Weidel Randver 1999:61）。ケイは結婚が社会的な慣習ではなく、互いの愛情だけが結婚の基盤となる社会がきっとくる、と予言したのである。(9) 今日のスウェーデンは、男女の経済的な自立が進み、原則として結婚はケイのいう愛にもとづく絆になったといえよう。

ケイの結婚制度の批判は、結婚により夫は妻とこどもの法的代理人となる点であり、この点では実はアドレルスパーレたちと共通していた。当時離婚には両者の同意が必要だったが、婚姻中夫は性的権利を行使でき、そのため多くの出産で体をこわす妻もいた。性病感染という問題もあった。夫は妻を扶養したが、それでは売春と同じだというのがケイの考えであった（Weidel Randver 1999:62）。

ケイのいう「愛」は常に、結婚と一緒に論じられる真面目なものであった。真の愛は、女性のセクシュアリテイーを肯定し、人間性を高めるのだというケイの『恋愛と結婚』は、もっとも美しい愛の賛歌だと当時いわれたが、ケイのエロチックな理想主義はプロテスタント的道徳観と相いれなかった。ケイは一般社会からもアルデルスパーレなどの女性運動家からも「不道徳」だときびしく批判されたのである。

ケイは一生結婚せず子も産まなかったが、自身の恋愛経験が彼女の恋愛観、結婚観に影響を与えたと考えられる。ケイは二〇代終わりからウルバン・フェイリッツェン（一八三四年～一九一三年）と一〇年にわたり恋愛する。フェイリッツェンに家族がいたため主として文通の恋であった。ケイが彼の本の書評を書いたのが二人の交際のはじまりで、フェイリッツェンはケイの書評で批評家として有名になったのである。フェイリッツェンは男性と女性は基本的に違うと考えていて、その考えは進化論的、楽観的だった。結婚生活により互いに精神的な影響を与え合い、ともに自分の特性を発揮することにより、より理想に近づけると考えていた。ケイも「夫婦がともにさらに人間的になること―たんにもっと男らしく女らしくなるのではなく―によって結婚が真実のものになる」とこのころ自分のノートに書き残している(10)。彼の「人との出会いと共存により人は成長する」という考えはその後のケイのものとなった。

女性の職業に関しては、雑誌『家庭』による女性運動家たちとケイの考えは実は共通点が多かったのである。両者とも女性の特性をいかせる教育、医療などが女性に適する職業だと勧めた。

ケイにとって女性の解放は女性だけの問題ではなく、男性の解放でもあり、もっとおおきな宗教的、社会的、政治的な人間解放の一部であった。したがってケイは常に女性運動だけに吸収されるのをさけたのである。この点でもときに結社から距離をおいたらいてうを思わせるのである。

　ケイは一八七〇年代終わりによく「ルネッサンス」を語った。ルネッサンス理念は人間の自由をその基盤としている。そしてケイの場合は遺伝学とスペンサーの社会進化論が個人の自由と努力に方向性をあたえ、人類の進化に貢献することができるとする。国民、ひいては人類に貢献するか否かで、個人の行動と生殖の価値が測られるのである。これは良性遺伝の問題ともなるが、ケイだけでなく当時の欧米の思潮に強くあったものであり、ケイ思想の時代性といえよう。日本でも明治、大正時代には遺伝学やスペンサーの社会進化論が影響力を持った。そしてその底流にあるのは個人主義であった。個人の表現として「文学」が特権的な重要性を持っていた時代、文学が文化全体に果たす大きな役割をもっていた時代であったのも、当時のスウェーデンと日本、ひいてはヨーロッパに共通していたのである。

　らいてうは『青鞜』のころに、ケイが『恋愛と結婚』に説く恋愛観、結婚観にまず影響されたのである。実生活でもケイの思想を実行し、画家志望で五歳年下の奥村博史と結婚することなく同棲し、ふたりのこどもは自分の籍に入れた。

　ケイは男性と女性は本質的に異質な存在だと考えていたが、その女性にも愛せる種族と愛せない種族がいる、といい、愛せる女性の愛は母性と深くむすびついていると主張した。そして女性には他愛と「めんどうをみる」特性があるが、知的な分析能力では男性に劣るというのである。これは当時の女性運動家たちから激しく攻撃された考えであった。母性を重視するあまり女性の知的能力を過小評価し、女性解放に逆行するものだとみられたのであった。

　母性についてのケイの主張は、私生児差別の批判となり、また女性が子を産むことにより社会に貢献している数年間は社会から経済的支援を受ける権利がある、またこどもも両親から養育費をもらう権利がある、こどもの教育費はすべて平等に社会が負担する、女性の労働時間は「母性保護」によって規制し、八時間労働厳守と夜間勤務の禁止と最低賃金の保障をすること、などであった。社会は女性の家事労働の価値を経済的に評価して妻に「主婦月給」をはらうこと、も提案をしたのである。これらは女性のそれまで無給でしてきた家事労働と子育てを経済的に評価して、女性の経済的自立を助けようという方策である。ケイは政治家への提言としていったわけではなく、未来への「夢」だといっているが、これらはのちスウェーデンで実施された政策であった（Weidel Randver 1999:65-66）。唯一ケイの考えと反対になったのは、こどもを保育園に預けるということであった。ケイは最上の人間教育の場は家庭であるとしたので、こどもを施設に預けるのは反対であった。これだけは、スウェーデンは彼女の考えとは反対の方向を選んだ。

激しい批判、攻撃をうけてもケイは一生女性にとって母性が重要だという考えを変えなかった。労働者階級の女性たちのきびしい状況に目をむければ、男とおなじ仕事をしながら主婦と母の役割をはたすことの理不尽さはあきらかで、当時の社会の現実問題であった。労働者階級のこどもの死亡率の高いこと、不良化などをケイは論じたのである。労働者階級の女性の現状改善と、母親の子どもの教育への影響の大きさをかんがえた上でのケイの議論なのだが、女性運動家たちは女性を台所にしばりつける反動的議論としかうけとらなかったのである。

らいてうは一九二〇年に新婦人協会を発足させるが、その機関紙『女性同盟』の創刊の辞では「婦人が男子と異なる点において即ち女性である点において認められ、尊敬されるのでないかぎり、やはり婦人は永久に本当の意味では無視され侮辱されているよりほかありません」とケイの主張の聞こえてくるような辞を書いている。らいてうはいのちを生み出す性である「女」は、非人間的な資本主義制度のもとに社会的奴隷となっている、と現状を批判し、この点でもらいてうは婦人労働問題を論じたケイの声と重なるような主張をくりかえすのである。(11)

一九〇〇年に書かれた『児童の世紀』は出版して間もなくドイツ語に訳されケイの名声を高めたが、スウェーデン国内にはケイの自由なこども教育推奨が若者の非行の原因であるかのような論もあった。非難に疲れたケイは、一九〇三年に外国に居を移す。しかしスウェーデンでも国際的な名声によりやがてケイを受け入れる気運が高まったため（Weidel Randver 1999:69）、一九一〇年、六〇歳を迎えるころヴェッテルン湖のほとりのストランドに自分の家を建てようと帰国した。一九二六年の死まで、ケイはストランドで過ごしたのである。

ケイとらいてうの書いたものには、遺伝学と進化論の影響が顕著である。それがスウェーデンでも日本でも優性遺伝学として後年批判されるというのもふたりに共通している。しかしふたりの思想をナチスの優性遺伝思想とむすびつけるのはいささか性急であろう（折井 二〇一七：五八―六六）。ケイの場合は当時の科学への信頼の大きかった時代と関係しているとみるべきである。科学技術により人間の生活は限りなくよくなるという人類の「進歩」に希望の持てた時代が第一次大戦前であった。

スウェーデンの女性運動と平和運動との近い関係は一九世紀に遡る。一九世紀半ばにクリム戦争があり、ヨーロッパでは平和運動が起こった。スウェーデンの女性運動は一九世紀以来平和問題に大きな関心をしめし、一八八三年にスウェーデンに平和協会が結成されると、一九世紀終わりにはその女性支部が結成された。ケイも平和運動に賛同して、その機関紙にいくつか記事を書いている（Weidel Randver 1999:67）。

女性運動のなかにも、国際的な平和運動よりやはり自国の利害を一番に考えるべきだという考えもあった。一九〇五年にノルウェーはスウェーデンから独立するが、この時両国は戦争勃発の危機に面した。ケイはヨーテボリの労働者組織の招待で「スウェーデンのあるいは大スウェーデンの愛国心」の題で講演した。ノルウェーと敵対せず協調することでスカンジナビア、ひいてはヨーロッパの将来に貢献するべきだと説き、ノルウェーの独立に賛成したのだが、独立反対側からは「非国民」と非難されたのである（Weidel Randver 1999:69）。

しかし第一次大戦のころから世界平和へのケイの希望には曇りが生じ、次第に悲観的になった。ケイは当時世界的に有名な女性批評家であり、知識人、芸術家とは国境を越えた交流があった。大戦は国境の壁を露呈し世界は縮小してしまった。戦争はケイにとって友人を失う悲しい体験であった。

第一次大戦終結後に結ばれたヴェルサイユ協定についても、ケイは批判的であった。戦勝国の敗戦国にたいするきびしい要求を批判して、これは将来敗戦国の次世代に恨みを残すものであると予言的な発言をしているのである。国際連盟の結成はケイの長年の夢であったにもかかわらず、その開会式での講演の招待を断ったのである。ケイの批判は「ヨーロッパは戦禍により廃墟となり、人々は公正を語りながら公正に行動するのを拒否している。だから光明はヨーロッパからとりあげられ、世界のどこかほかのところにいくだろう。世界大戦という人類にとって未曾有の事態にあいながら、すでに忘れ去り、ヨーロッパはもう怠惰な死の眠りをむさぼっている」と国際連盟の将来にも悲観的であった。人類の向上を願っていたケイにとって戦争はその希望をうちくだくものであった（Weidel Randver 1999:72）。

日本は第一次世界大戦では戦勝国側に列し、それまで未曾有の近代的武器による戦禍を国土に受けることはなかった。らいてうは、人類の進歩への希望を打ち砕かれるということはなかったように見える。むしろ戦争中にヨーロッパでは女性の社会貢献の必要性が明らかになり、女性の参政権獲得が促進されたことを喜ぶ。か、喜ぶだけでなく、今こそ「産む性」としての女権を確立するときだとも書いたのだが[12]。

らいてうは第一次世界大戦後に日本でも顕著になった女性労働者のきびしい労働条件に注目したが、一九一九年には名古屋の繊維工場を視察、同年新婦人協会をたちあげる。翌年協会は発足するが、その運動は母性保護とこどもの権利、女性参政権を目標にかかげ、市川房枝の協力も得た。具体的には治安警察法第五条修正と花柳病男子の結婚制限法を争点とした。翌年らいてうは激務のため体調をくずし、一年半ほどの療養生活にはいる。諸事情で新婦人協会が数年後に解散すると、市川等は女性参政権運動を独自に推進することになった。

らいてうはその後世田谷の烏山、成城と居を移し、国定教科書を使わない成城学園の自由な教育方針に共鳴して子供たちを同校に入学させた。教育問題について書くことも多くなった。昭和四、五年から消費者組合運動に力をいれて自宅に組合支部をつくり活動した。生涯政党に属することのなかったらいてうが、資本の原理に一石を投じようとしての経済活動だが、それが原則として水平なつながりを基盤とする共同組合活動であるのも、らいてうらしい活動であった。

一九三七年に日中戦争がはじまり、一九四〇年には大政翼賛会が発足する。一九四一年には大日本婦人会が婦人の全国的組織として結成された。この年らいてうは婚姻届けを提出して奥村性となるが、『日記』によれば息子が技術者として幹部候補生になるのに婚外の出生では合格できなかったためだとある（米田 二〇〇二：二二七）。らいてうはこのころ「祖先」との血のつながりを書いたものがあり、転向作家たちの祖先と故郷の自然への回帰と共通する時代思潮を感じさせる。一九四二年春、一家は茨城県に疎開し、自給自足の農耕生活にはいる。終戦後一年半余まで、東京にはもどらず、その間らいてうの文筆生活もほとんど休止するのである。これにつき「……らいてうは、からくも戦争への国家的動員の波にのみこまれなかったひとりであるように思われる」と米田佐代子はいう。

らいてうは何十年も婦人たちの戦ってきた婦人参政権が、終戦後すぐ占領軍により与えられたことへの戸惑いを表明しつつも、喜んだのである。そして新憲法も続く民法改正も歓迎した。

一九四八年には前年の市川房枝の公職追放指名の取り消し運動をする。市川房枝が戦中大日本言論報国会の理事だったための追放指名であった。戦後の講和条約は全面講和であるべきだと主張して希望要項を来日中のダレス国務長官に提出、再軍備反対の声明を世界に訴えた。一九五三年に全日本婦人団体連合会が結成されると会長に推され、一九五五年からは名誉会長となる。世界の婦人団体との交流がその後も続き、軍縮、原水爆禁止にと、その死までらいてうは平和運動に参加した。ケイは晩年世界平和と平和運動に失望したのだが、一方、女性の権利獲得を第二次大戦後まで待たねばならなかったらいてうは最後まで平和運動に積極的であった。らいてうの一生はスウェーデンのケイの思想が、ケイ死後半世紀あまりもの間日本の土壌に根づき実を結んだ稀有な例といえるであろう。

【註】

（1）らいてうはケイの名を鷗外によりはじめて知ったと書いている。『平塚らいてう著作集　第七巻』一九八四年、四一〇頁。広瀬玲子「平塚らいてうの思想形成――エレン・ケイ思想の滋養をめぐる本間久雄との違い―」、『ジェンダー史学』第二号、二〇〇六年、三六頁。

（2）『青鞜』一九一三年第三巻一号。ケイ思想の日本での受容にかんしては、主として女性学、教育学、社会学の分野で、また思想、文学の分野でも研究されてきた。先行研究は金子幸子「エレン・ケイ女性論の受容——平塚らいてうを中心に」、『平塚らいてうの会紀要』第七号、五～一四頁、今井小の実、「エレン・ケイの母性主義思想と日本の母性保護運動、児童保護政策へ及ぼした影響」、『同志社社会福祉学』第十六号、二〇〇二年、八七～八九頁、及び九三頁の注一～六、内藤寿子「大正期の〈エレン・ケイ〉」、『文芸と批評』第九巻四号、二〇一年、一五～一六頁、島田節子「Ⅳエレン・ケイの母性主義」、『入門女性解放論』一番ケ瀬康子編、一九七五年、九五～一二六頁、また『平塚らいてうの会紀要』にケイとらいてう関係の論文があるが、ここに個々挙げない。

(3) 一八六八年から書いている。Tankebok/Anteckningsbok として現在スウェーデン国立図書館にある。

(4) 以下ケイの女性問題にかんしては、前述の Ambjörnsson とともに Weidel Randver, Gunnel. "Kvinnorörelsens orosande – Missbrukad kvinnokraft", Ellen Key (1849-1999) en minnesbok, B.Gerhardsson (red.), Ekken Key-sällskapet N° 1999/2000 所収、五三～七三頁による。

(5) 『平塚らいてう著作集』第七巻、三五〇～三五二頁。小林登美枝『平塚らいてう』二〇一五年、清水書院、二六頁。らいてうの幼年、少女、青春時代は第一章参照。

(6) 奥村直史「平塚らいてうと「15年戦争」——1931年～1941年を中心に」、『平塚らいてう会紀要』第六号、九頁。

(7) 以下、ケイの思想にかんしては主として Ambjörnsson. "Ellen Keys idéer om individ och kvinnlig särart", Ellen Key 1849-1999 en minnesbok 所収、二七～五一頁による。

(8) らいてうが新婦人協会を一九一九年に結成、翌年の発会式にこれを提案した。

(9) "brev till Julia Kjellberg", 1874, 引用は Ambjörnsson　同 三六頁。

(10) Ambjörnsson　同　四三頁。

(11) 奥村直史「平塚らいてうと「15年戦争」——1931年～1941年を中心に」、『平塚らいてうの会紀要』第六号、一〇頁。

(12) 『平塚らいてう著作集』第三巻、「婦人労働問題と種族問題」。二一～二六頁。初出不明だが、一九十八年に書かれたと推定されている。

(13) 米田佐代子「解説」、『平塚らいてう著作集』第五巻、四〇三頁。
(14)『平塚らいてう著作集』第七巻、三一頁に衝撃であると同時に「複雑な矛盾するおもいと感情」と書いている。

【参考文献】

『平塚らいてう著作集　全七巻』一九八三〜一九八四年、大月書店
『恋愛と結婚　上』エレン・ケイ著　小野寺信・小野寺百合子訳、新評論社、一九九七年
エレン・ケイ著、原田実訳（一九五〇）『児童の世紀』玉川大学出版部
今井小の実（二〇〇二）「エレン・ケイの母性主義思想と日本の母性保護運動、児童保護政策へ及ぼした影響」、『同志社社会福祉学』第一六号
奥村直史「平塚らいてうと「15年戦争」――1931年〜1941年を中心に」、『平塚らいてう会紀要』第六号、六〜二三頁。
折井美耶子（二〇一七）「平塚らいてうと「優性思想」覚書」『平塚らいてうの会紀要』第一〇号、五八〜六六頁
――（二〇一三）「平塚らいてうの新婦人協会構想と市川房枝」、『平塚らいてうの会紀要』第六号、二四〜三一頁
金子幸子「エレン・ケイ女性論の受容――平塚らいてうを中心に」、『平塚らいてうの会紀要』第七号，五〜一四頁
小林登美枝（二〇一五）『平塚らいてう』清水書院
島田節子（一九七五）「Ⅳエレン・ケイの母性主義」、『入門女性解放論』一番ケ瀬康子編、九五〜一二六頁
内藤寿子（二〇〇一）「大正期の〈エレン・ケイ〉」、『文芸と批評』第九巻四号、一五〜一六頁
広瀬玲子（二〇〇六）「平塚らいてうの思想形成――エレン・ケイ思想の滋養をめぐる本間久雄との違い――」、『ジェンダー史学』第二号

米田佐代子（二〇〇二）『平塚らいてう——近代日本のデモクラシーとジェンダー』

Key, Ellen (1900) *Missbrukad kvinnokraft: kvinnopsykologi*. Stockholm: Logos.

Key, Ellen. *Barnens århundrade*.

Key, Ellen. Livslinjer. Stockholm: Bonnier 1911-1925.

En bok om Ellen Key, 1919. Stockholm: Bonniers.

Ambjörnsson,Ronny. (2007)"Vad är bildning? Några grundtankar i Ellen Keys bildningssyn" Franke, Sigrid (red.) *Tydlig. Synlig. Djärv.*, 107-129.

——"Ellen Keys idéer om individ och kvinnlig särart", B.Gerhardsson (red.), Ellen Key (1849-1999) en minnesbok. Ellen Key-sällskapet N° 1999/2000, 27-51.'

Stenberg, Lisbeth (2009) *I Kärlekens namn*. Stockholm: Normal.

Manns, Ulla. (2001)"Kvinnorörelse och moderskap – en diskussion mellan Fredriks-Bremerförbundet och Ellen Key". Wikander & Manns (red.s) *Det evigt kvinnliga – En historia om förändring*. Studentlitteratur.

Weidel Randver, Gunnel. (1999) "Kvinnorörelsens orosande – Missbrukad kvinnokraft", B.Gerhardsson (red.), Ellen Key :1849-1999 : *en minnesbok*. Ellen Key-sällskapet 1999/2000, Linköping : Futurum, ss.53-73.

第九章　自立志向の介護と支援技術の展開

斉藤　弥生

一．はじめに

スウェーデン福祉国家とその社会政策は社民党の長期政権の影響とされるが、それは一九三〇年代以降、あるいは戦後の特徴である。S・E・オルソン（一九九〇）は、二〇世紀初頭のまだ農村人口の多かったスウェーデン社会に普遍主義の源流を見出しており、また普遍主義による社会政策が労働者と農民によりつくられた点に注目している。

一九世紀末、スウェーデンでは人口の四分の一にあたる約一〇〇万人が貧困を理由に、アメリカ等に移住した。その結果、二〇世紀初頭にすでに高齢化率八・五％という状況が生まれており、当時のドイツやイギリスの高齢化率が四％程度だったことからみても、スウェーデンは世界で最も早く高齢化社会を経験していたことになる。若者が移民として大量に国外に流出したことで、高齢者を誰が看るのかという問題が早々に浮上した。スウェーデンでは一九一三年に国民老齢年金保険制度が導入されたが、これはすべての国民を対象とした年金制度という点で世界初の試みといわれる。

日瑞修好一五〇周年にあたり、一九世紀末の介護事情から、今日のウェルフェア・テクノロジーの展開に至るまでを概観してみた。そこには戦後の福祉国家論だけでは語りつくせないスウェーデン社会の特徴、自分たちの生活を自分たちで守るという自立の精神が見えてくる。

二．高齢者を巡る一〇〇年前の議論

（一）「身元引受」「競売」「巡回介護」「貧困小屋」

一八七一年貧困救済令は一九世紀末のスウェーデンにおいて、唯一の社会福祉の法律であった。当時、村自治体は全国で二五〇〇程度あり、貧困救済事業は村自治体の裁量に任されていた。全ての事業が村自治体の支出となるため、救済対象者がどの村自治体の住民であるかが村自治体にとって重要であった。貧困救済事業は財政事情の悪い村自治体には大きな負担であり、特に過疎地域では、財政負担を避けようとして、村自治体間で救済対象者の居住地権を巡る衝突が頻発していた。

高齢の貧困者、特に介護を必要とする人に対する扱いはひどいもので、次の四つの対応があったとされる。一つめは「身元引受」で、村人が村自治体から少額の給付金をもらい、貧困者の身元を引き受けるものである。二つめは「競売」であり、村自治体が身元引受人を求めて、貧困者を競売にかけ、最も安い値段を示した村人がその貧困者を引き取ることになる。いずれも村人の目的は給付金をもらうことであり、「貧しい人が貧しい人を買う」と表現され、引きとられた貧困者は家畜よりひどい扱いを受けていたという記録もある。三つめは、「巡回介護」と呼ばれるもので、「身元引受」や「競売」にかかる費用と手間を省くため、貧困者が村人たちの家を転々と巡回して面倒をみてもらうもので、特に貧しい村自治体で行われていた。四つめは、「貧困小屋」で、それは貧困者が雨風をしのぐ程度の居場所を提供するもので、全体を管理する責任者もなく、共同で調理をすることもなかった。大都市では例外的に大規模施設もあり、身寄りのない高齢者、老衰の人、病人、障がいのある人、親のいない子どもたち、アルコール中毒の人などが一緒に収容されていた。

一八七一年貧困救済令が抱える、このような課題についての政治的関心は低く、その改革は一九一八年貧困救済法の施行まで待たなければならなかった。一九一八年貧困救済法は、貧困救済事業における村自治体の責任を拡大するとともに、救済対象者に対して異議申し立ての権利を認めた。また「身元引受」、「競売」、「巡回介護」は禁止され、村自治体には法律施行後一〇年間のうちに、何らかの貧困救済施設を持つことが義務付けられた。

(二) 全国民を対象とした老齢年金制度とその背景

スウェーデンではドイツのビスマルクによる社会保険プログラムの影響を受け、一九世紀末に社会保険制度の導入が検討され始めた。社会保険制度により、人々の生計が安定すれば、貧困救済事業の需要が減り、村自治体も財政的に救われると考えられた。約三〇年にわたる議論を経て、スウェーデンでは一九一三年に、全国民を対象とする国民老齢年金保険の導入が決定された。この目的は、貧困救済事業の対象者、恩恵的福祉の対象者を減らし、悲惨な状況を解消することであった。同時に村自治体の貧困救済事業の財政負担を軽減するためでもあった。

一九一三年の国民老齢年金保険について、次の三点は興味深い。

一つめは、工業化の遅れが全国民対象の社会保険制度を誕生させたことである。ドイツの社会保険プログラムの大きな目的は革命的な労働運動の矛先を変えることにあり、主に労働者階層を対象としていた。しかしスウェーデンはヨーロッパ諸国のなかでも工業化が遅かったため、労働者層の大きな社会グループはまだ存在せず、ドイツのように賃金労働者のみを対象とした社会保険制度の導入は困難と考えられた。当時のスウェーデンの就業構造では、まだ農民層が支配的であり、政治的にも国会の第二院は農民層の代表が多数派であった。農民層は労働者層だけを対象とした特別な援助形態には全く関心を示さなかったが、村自治体が抱える貧困救済事業の財政負担を軽減することには強い関心を持っていた。

二つめは、社民党が社会保険制度を労働者層に限定しなかった点である。一八八九年に結党した社民党は一九〇五年に『効果的な国民保険』という党プログラムを発表し、国会に動議を提出している。社民党は社会保険制度を特定層の制度になることを避けたかったので、国民全体を対象とする考え方を支持した。その結果、過疎地の人たちや農民層でさえ、社民党の政策は高齢者を保護するものとして前向きに捉えるようになったという。

国会に設置された老齢年金調査委員会のメンバーには、一九二〇年に初の社民党政権で首相となるヤルマール・ブランティング（一八六〇年～一九二五年）も含まれていた。国民老齢年金保険制度の実現に向けて、国会内で保守系の有権者同盟、自由党、社民党の間で協力関係が可能であったのは、当時の社民党リーダーの穏健協調路線と無縁ではない。

三つめは、保険料で運営される年金部分と税財源で運営する年金付加金部分という二つの異なる財源で構成された点である。前者のルーツはドイツにあり、この部分が機能するまでには一〇年以上の時間が費やされた。後者のルーツはデンマークにあり、低所得の高齢者は年金付加金を受けることで貧困救済事業に頼らずにすむという考え方は、当時のスウェーデンの事情にあっていた。この年金付加金部分は今日でもスウェーデンの年金制度の特徴となっており、高齢者間の所得格差を是正する上で大きな役割を果たしている。

三．介護研究からみるものづくり

貧困救済事業に頼らない自立した生活を求める文化は、数々の支援技術を生み出してきた。

スウェーデンの南部に位置するスモーランド地方は森林地帯で、農耕に適した土地も限られ、貧しい地域であった。小説家ヴィルヘルム・モベリイ（一八九八年～一九七三年）の四巻にわたる著作『移民』シリーズは、一九世紀半ばにスモーランド地方からアメリカのミネソタ州に移住した人たちを描いている。またスモーランドの中核市であるヴェクショーには、まちの中心部に「移民博物館」があり、その当時の人々の生活の様子が展示されている。世界的な植物学者カール・フォン・リンネ（一七〇七年～一七七八年）の生誕地もスモーランドである。

スモーランド地方には豊かな森林資源を生かした製造業があり、家具製造業のイケア社、ガラス工業ではコスタ・ボダ社など、グローバルに活動する数々の製造業がここで生まれている。

（一）家事の省力化に貢献するキッチン――イケア社

イケア（IKEA）社は家具製造販売の国際企業である。イケア社が扱う商品数は九五〇〇種類、売上高は年間五〇〇億ユーロ、年間に印刷されるカタログは二七言語、三八か国で、年間二億万部が発行されている。二〇一六年にイケア博物館がオープンした。イケア博物館もイケア本店もエルムフルトにある。博物館には、本店がオープンした時の買い物客や店内の写真、従業員の制服、社長室の復元などイケア社の発展を紹介する展示とともに、イケア社の企業理念がところどころで紹介されている。

「*Democratic Design*―よいデザイン、優れた機能、よい品質、長年にわたる製造、低価格。これらの五つの要素が一つの製品に込められている。それが*Democratic Design*」というメッセージは象徴的である。

イケア創業者のイングヴァル・カンプラート（一九二六年～二〇一八年）は、二〇一八年一月二七日に九一歳の生涯を閉じた。グスタフ国王は「スウェーデンを世界に押し上げた本物の起業家だった」と声明を出し、カンプラートの功績を称えた。カンプラートはエルムフルトに近いエルムタリュード村アグナリュード集落の出身で、イケア（IKEA）の社名は **I**ngvar **K**amprad **E**lmtaryd **A**gunnaryd のそれぞれの頭文字をとったものであり、「エルムタリュード村アグナリュード集落のイングヴァル・カンプラート」という意味である。イケア本店とその創業史をつづる博物館は、首都ストックホルムではなく、人口一万人弱の田舎町エルムフルトにある。「私たちのルーツ：初めは貧しく未開発であった。一九三〇年代、そしてそれ以降、国は、現代的で平等な社会を建設することを決めた。この全く異なる二つの時代は、なぜイケアが今日のような企業になったかを明らかにしている」というメッセージの横に、二〇世紀初頭のこの地域の貧しい農村の写真が展示されている。カンプラートにとって、〝エルムタリュード村で生まれたイケア〟という事実がいかに重要かがわかる。

博物館では、イケア社の発展が、スウェーデン福祉国家の成長とともにあったことを紹介している。「『国民の家』という光景―どのようにして、スウェーデンでは住みやすい国になったのだろうか。一九三〇年代に社民党政権は一つの計画を持っていた。合理的につくられた住宅、衛生的な環境、啓蒙された市民とともに、〝汚いスウェーデン〟を過去のものにしようとした。『国民の家』を建設する時が来た」。スウェーデン社民党の第二代党首ペール・アルビン・ハンソン（一八八五年～一九四六年）が「国民の家」構想を発表したのが一九三一年のことである。「より公平な社会は、現在、市民を特権が与えられた者と軽んじられた者に、優位に立つものと従属的な者に、富める者と貧しい者に、奪う者と奪われる者に、分けているすべての社会的、経済的バリアの崩壊によって、到達することとなろう。しかしそれは、革命などの暴力によって実現するのではない。……労働者のみの『家』ではなく、すべての市民が平等で助け合う『家』が理想である」（「国民の家」構想（一九二八）より）。ハンソンは一九三二年に首相となるが、この「国民の家」構想はスウェーデン福祉国家の基盤となってきた。

イケア博物館には、それぞれの時代にみる家庭のキッチンの変容が展示されている。日本の家庭の台所は、母や妻（女性）の管理のもとにあり、そこを主に使う人しか勝手がわからないことが多い。しかしスウェーデンの家庭にある一般的なキッチンは、どこに何があるかがすぐにわかるので、夫も妻も、子どもでも、初めて来た他人でも、使いやすい。イケア社のキッチンは誰でも使えるキッチンで、家庭内の家事分担の見直しにも大きく貢献してきた。スウェーデンでは、どの家庭にも、似たような掃除用具入れがあり、中には掃除機、ほうき、バケツ、洗剤などが入っている。これは合理的で、ホームヘルパーは、どの家庭にいっても、すぐに仕事にとりかかることができる。イケア社の事業展開は、ものづくりを通じたソーシャル・イノベーションといえる。

（二）要介護者を寝かせきりにしない車イス——インバケア・レア社

イケア本社と博物館があるエルムフルト中心部から、車でわずか一五分ほどのところに、人口は一〇〇〇人足らずのディオ村がある。ローカル線無人駅のディオ駅の真向かいに、国際展開をするインバケア・レア社（Invacare Rea）のモジュール型車イスの製造工場がある。

モジュール型車イス（【写真1】）は、多くがスウェーデンで生産されている。この車イスは身体に合

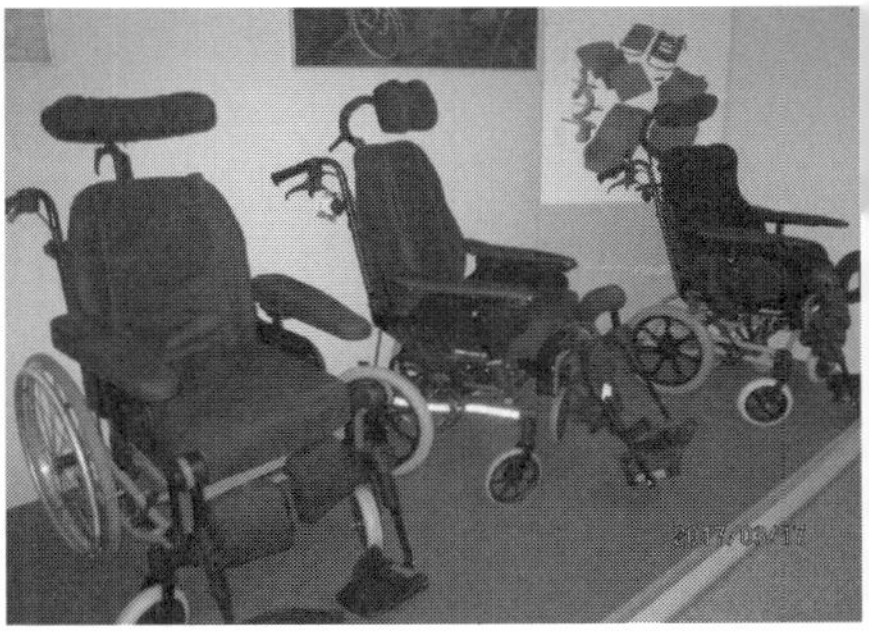

【写真１】インバケア・レア社のモジュール型車イス

【写真２】創業当時の木製車イス

わせて各部のサイズ調整や部品交換が可能であり、主に重度の身体障がいがある人たちに利用されているが、座位を保つことが難しい高齢者にも対応できる。つまり、ほぼ寝たきりの高齢者でも、寝かせきりにせず、わずかな時間でもベッドを離れることを可能とするイスなのである。モジュール型車イスの効果は明らかであるが、高額なので日本の高齢者施設や在宅介護ではほとんど利用されていない。

インバケア・レア社の前身であるレア社は、このスモーランド地方のディオ村で一九五五年に車イス製造を始めた。レア社は一九九九年、アメリカの福祉医療機器メーカーであるインバケア社に買収されたが、主力製品はモジュール型車イスであることに変わりはない。インバケア・レア社はＥＵのモジュール型車イス市場で約五〇％のシェアを持ち、ＥＵを超えて世界中から注文を受け、製造を行っている。

【写真２】は創業当時の木製車イスとその車イス用の木製ケースである。木製ケースには車イスの絵が描かれ、「スチール家具」と書かれている。レア社の車イスは、地場産業である家具職人の技術と障がいのある人々の自立生活への思いの結晶として誕生した。

工場の入り口には、工場で働く人々一〇〇人強の写真が貼ってある。この工場で働く人々はディオ村か、その周辺に住む人々のようで、創業者の息子で、技術者であるベンクト・サンドストロムの写真も他の職員に混ざって貼ってある。実に家庭的な雰囲気の工場である。モジュール型車イスは座る人の体形に合わせて作られる。ラインで流れてくる座イス部分は大人用の大きなものもあれば、子ども用の小さなものもある。工場で働く人たちは、どの国で、どんな人が座るのかに思いをはせて仕事をしていた。

インバケア・レア社のホームページには、さまざまな用途の車イスが掲載されており、これを見ると自分の車イスのイメージがいかに乏しいかを思い知らされる。ハイテクを駆使した車イスは、もはや家具や補助具の領域を超え、移動支援の介護ロボットである。

これらの優れた車イスは海外にも輸出されるが、スウェーデン国内での顧客は、県かコミューンとなっている。人口一〇〇〇人のディオ村の車イス工場における技術開発は、コミューンを基盤とする福祉システムの貢献が大きい。自治体が顧客であることは、事業者の経営の安定につながり、補助具センターの作業療法士、理学療法士、看護師や技術者、そして利用者との直接対話のなかで、世界に通じる支援技術が開発された。そして優れた車イスは要介護者を寝たきりにしない社会づくりに貢献してきた。

四．支援技術の開発に貢献してきた自治体

スウェーデンでは、介護付き住宅でも、一般の住宅でも、モジュール型車イスの利用をよく目にする。スウェーデンではなぜ、高額な車イスの利用が可能なのか。

(一) 高齢者の約二割が補助具を利用

スウェーデンの人口は九九八・一万人、高齢化率は一九・八%である(二〇一六年)。六五歳以上のホームヘルプ利用者は約二二・八万人、介護付き住宅入居者は約八・九万人で、全体でみると六五歳以上高齢者の約一六%が介護サービスを利用している(二〇一六年)。

完全に合致するとはいえないが、スウェーデンで日本の介護保険給付の福祉用具にあたるものは補助具(hjälpmedel)となる。補助具について、社会庁は、「(一)参加のために、(二)保護し、援助し、訓練するため、あるいは失われた身体的機能に代わるものとして、(三)機能低下、活動の境界、あるいは参加の制限を防ぐために使用され、機能低下の状況にある人のために特別に配慮したもの」と定義している。

スウェーデン国内の補助具利用者数は合計五五・二万人で、一七歳以下の利用者が二・二万人、一八〜六四歳までの利用者が一四万人、六五歳以上の利用者が三八・九万人である。補助具利用者の約六三%が高齢者であり、六五歳以上人口の約二〇%が補助具を利用している(二〇一四年)。

(二) 補助具に関する制度的位置づけ

スウェーデンの地方自治システムは、国、県(landsting/region)、基礎自治体コミューン(kommun)(本稿では固有名詞には「市」を使用する。例:ヴェクショー市)の三層構造である。スウェーデン国内には二九〇コミューン、二〇県が存在する(二〇一七年)。社会保障制度における諸制度の運営について、国と地方関係をみると、まずコミューンが介護と福祉、県が保健医療、国が年金を担当しており、それぞれの運営責任が明確にわかれている。またスウェーデンの税体系は地方所得税を中心とし、自治体の財源の約七割が地方所得税による自主財源となっている。コミューンの歳出の約六割が義務教育、介護、福祉に、県の歳出の約九割が保健医療に使われ、その意味でスウェーデンの地方所得税は目的税的な性格がある。

一九九二年に実施されたエーデル改革（高齢者医療福祉改革）は、県が担当する保健医療とコミューンが担当する介護の境界線を引き直した。具体的には県の責任領域であったナーシングホームと訪問看護がコミューンの責任となった。ただし、この境界線については、自治体に任されている部分もあり、各県と各コミューンの協定で取り決められる。補助具については、ストックホルム県では県がすべての補助具センターの運営責任を持つが、後述のクロノベリイ県では県内のコミューンそれぞれに補助具センターがあり、両者で役割分担をしている。

(三) 補助具センターの役割

ここではスモーランド地方にあるクロノベリイ県（人口一九・五万人）と、クロノベリイ県内のヴェクショー市（人口八・九万人）の事例にその役割を検討する。

ヴェクショー市は、市内に居住する一八歳を超える市民に補助具を提供する責任を持つ。補助具とは機能低下の予防と軽減、機能を補償するためのものであり、日常生活を支えるものとして、便座、歩行器、車イスなどがある。自宅で介護を受ける人のためには電動ベッドや自宅で使用可能なリフトがある。もし身体機能が低下、もしくは身体機能を喪失した場合、立ち位置を支える器具、腕や上半身を鍛える器具などもある。日本と異なり、障がい者と高齢者の区分がないこともあり、提供される補助具の種類が多い。利用に当たっては、所得に応じた費用負担があるが、保健医療法では、利用者負担の上限額は月額三六〇クローナまでとされており、払えない程に高い金額ではない。

ヴェクショー市立補助具センターは、市介護部にあるリハビリ部門に所属している。市立補助具センターには六七人の職員が配置されており、補助具の管理と給付、補助具給付の認定審査、利用者に合わせた補助具の調整などを行っている。専門職は、作業療法士、理学療法士、栄養士、視覚・聴覚インストラクターの他に、住宅改修判定員、リハビリ助手、補助具技術者、フィックスサービス担当者などで構成されている。フィックスサービスとは、電球の交換、カーテンの取り付けなど、高齢者の生活のちょっとした手助けを行うサービスであり、コミューン内に住む高齢者に対して無料で提供される。

クロノベリイ県は、ヴェクショー市を含め、八つのコミューンで構成されている。前述のエーデル改革の流れの中で、クロノベリイ県内のコミューンは新たに市立補助具センターを開設し、一八歳以上の成人に対応することになったが、一八歳未満の子どもに対応する補助具は、県立補助具センターが提供する。スタッフは補助具技術者、在庫保管技術者、補助具相談員など一九名で構成されている。

成人が利用する補助具でも、電動車イス、治療や訓練向けの補助具、コミュニケーションや認知障がいのための補助具、高度な調整を必要とする車イスなど、高度な専門性を必要とする補助具は、一括して県の補助具センターが扱い、一八歳を超える人への給付で発生する費用はコミューンが負担する。

スウェーデンの補助具給付は、介護サービス給付とは別の枠組みで行われている点が日本と大きく異なる。日本の介護保険制度では、要介護認定で決定される要介護度別の支給限度額の枠内で、介護サービスと同様に利用者が選ぶことになる。スウェーデンの自治体では、介護サービス給付の判定とは別に、補助具給付判定員（作業療法士、理学療法士、看護師）が補助具の給付判定を行っている。その判定結果に基づき、機器が用意され、本人に合わせて調整される。本人に対して、補助具センターは使い方の指導や練習を行うだけでなく、継続して調整を続けることになる。また作業療法士と理学療法士は、コミューン内の関連施設を回り、職員に対して補助具の使い方の訓練も行っている。

（四）なぜみんなが高額のモジュール型車イスを使えるのか

スウェーデンでは、補助具は、自治体から個人を対象にレンタルされる。補助具センターは町工場のような建築で、レンタルから戻ってきた製品は、分解し、洗浄して、部品として在庫管理システムに再び登録される。使用が困難となった古い電動車イスも分解し、使える部品は他の製品の故障や同じ製品の製造停止に備えて、取り換え部品として登録し保管する。新たな利用者に対する補助具は、部品から組み立てるので、一台の車イスでも座イス部分と車輪の部分の登録番号が異なっている。

病院、介護付き住宅、自宅、場所を問わず、コミューン内で利用されるすべての補助具がここで管理されている。すべて補助具について、購入年月日、過去の利用者名、その利用期間、過去の故障や不具合についてなど、すべての情報が在庫管理システムに登録されている。補助具に不具合が見つかると、補助具センターはすぐにメーカーに連絡をする。これらの情報もすべて在庫管理システムに登録され、次回以降の機器の購入や修理などに生かされる。

一台一〇〇万円のモジュール型車イスを購入するのは補助具センター（コミューン）であり、補助具センターでは利用者に合わせて調整しながらレンタルを繰り返す。そのため、病院や介護付き住宅の運営者や、個人が高額な補助具を購入する必要はない。それゆえに、必要な人は誰でも高額で高品質の補助具を利用できる。

五．ウェルフェア・テクノロジーという挑戦

（一）「補助具研究所」から「参加促進庁」へ

参加促進庁（Myndigheten för delaktighet）は障がい支援分野の行政機関（社会省管轄）で、ウェルフェア・テクノロジーの推進を目的に、二〇一四年に障がい者政策庁（Handisam）と補助具研究所（Hjälpmedelsinstitutet）の一部が合併して新たに組織化された。年齢や性別にかかわらず、すべての人々にとって完全な社会参加の機会を増やしていくことを目指し、状況の把握、社会参加促進のための手法やガイドラインなどの提案、知識の普及、研究調査および開発の先導、政府に対する支援や提案を行う。

具体的にはデジタル・テクノロジーとデジタル・セキュリティ、デジタル・サービスへの対応、EUにおけるアクセシビリティに関する指令についての評価、障がい者人権会議への対応、視覚障がい、聴覚障害、言語的障がいのある人たちのコミュニケーションにおけるデジタル・プラットホーム（参加・活動・自立・安全）の認知症高齢者の生活環境、認知障害の人のための技術革新を担当している。

参加促進庁の新設に伴い閉鎖された補助具研究所は、国連の障がい者権利条約に基づき設立された、支援技術とアクセシビリティを研究する国の機関であった。障がい者組織や高齢者組織の代表者で構成される諮問委員会を持つ、ユニークな組織でスウェーデンにおける支援技術の開発でも重要な役割を果たしてきた。

（二）ウェルフェア・テクノロジーへの期待援助を必要とする生活を支える技術

ウェルフェア・テクノロジー（välfärdsteknologi）は、北欧諸国特有の用語であり、たとえばイギリス

ではデジタル・テクノロジー、デジタル・ケアと呼ばれている。参加促進庁はウェルフェア・テクノロジーと従来の補助具の区別を次のように説明する。補助具は「障がいの状態を調整することで、活動性、参加、自立性を維持し、増強することを目的とした個別に試される製品」であり、有資格の保健医療の専門職による判定の後で給付されるものである。これに対し、ウェルフェア・テクノロジーは、「障がいのある人や障がいリスクが高い人にとって、安全性、活動性、参加、そして自立生活を維持、あるいは増強するための技術」であり、本人以外でも、家族や親せき、職員、近くにいる人など誰でも使用できるもので、補助具として給付される場合もあるが、市場で購入することもある。

しかしウェルフェア・テクノロジーと補助具の間の境界線は絶対的なものではない。安心アラームは、初めはウェルフェア・テクノロジーと捉えられていたが、現在では補助具とされている。タブレット型端末は今では一般性が高いので「ウェルフェア・テクノロジー」とされるが、処方によっては補助具とみなされることもある。このように技術の進化や一般社会での普及状況によっても境界線は変わる。

図はウェルフェア・テクノロジーと補助具の棲み分けのイメージであるが、ウェルフェア・テクノロジーと補助具の重なり合うところが、今後期待される部分である。一人暮らしをする知的障がいのある人を対象に、季節と気温から、外出時の衣服をアドバイスするアプリなど援助を必要とする人たちの自立生活を支援する製品が次々と開発されている。あるコミューンではデジタル・ホームヘルプ（e-hemtjänst）と称し、テレビ電話、遠隔操作型コミュニケーションロボット、就寝時の安心カメラ等、ホームヘルパーとのコミュニケーションに情報技術を導入し、一定の効果を報告している。

スウェーデンでは高齢者や障がいのある人たちに対して、ＩＴ機器の使い方について数多くの学習機会を提供している。日本の内閣府による調査によると、スウェーデンの後期高齢者（七五歳以上）で

図. スウェーデンにみるウェルフェア・テクノロジーと従来の補助具・医療機器の関係

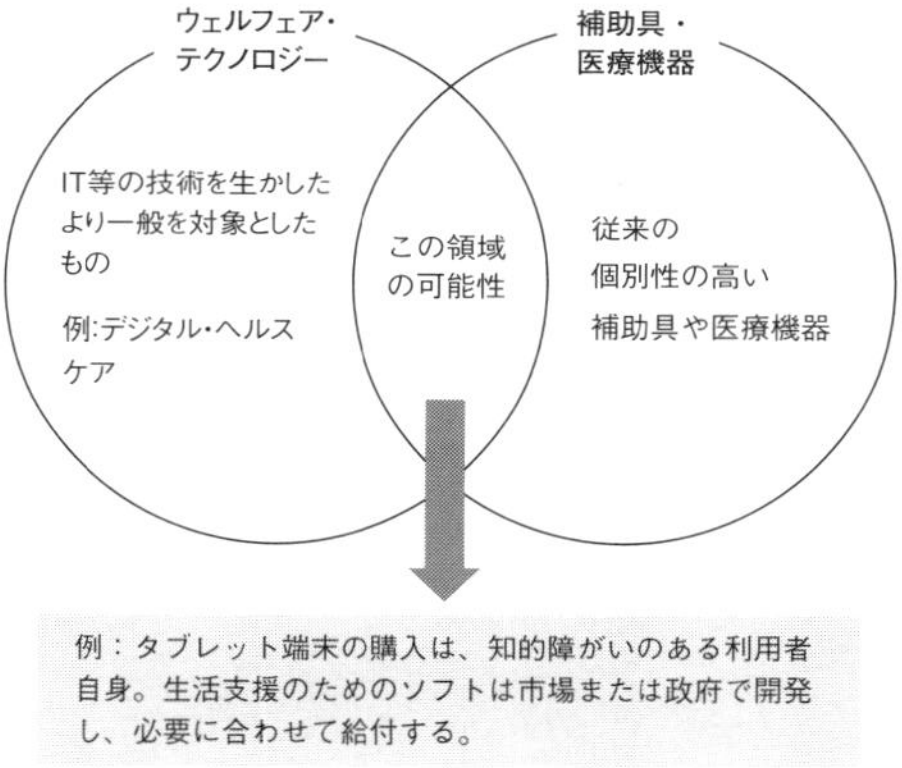

は「PCの電子メールで家族・友人などと連絡をとる」という回答四六・〇％（日本七・七％）、「インターネットで情報収集やショッピングをする」という回答が三七・〇％（日本三・九％）もあり、後期高齢者にとっても情報機器はソーシャル・ネットワークの面で欠かせない機器となっている。

高齢社会への対応策として、また新たな産業分野として、日本でも介護ロボットや支援技術の開発に力を入れている。日本には世界が羨む最先端の技術があるにもかかわらず、それが介護現場と結びつかない。優れた技術があっても、さまざまな理由でそれを必要とする人が使えない。生活を豊かにする支援技術の開発と普及は、突出したテクノロジー研究があるだけでは実現できず、そこに暮らす人々の自立心、そして人々の共感と協働があってこそ成り立つように思われる。

【引用・参考資料】

公益財団法人テクノエイド協会（二〇一七）『平成二八年度　福祉用具の種目の検討等に関わるシステム構築に関する調査研究事業報告書』

内閣府（二〇一六）『第八回　高齢者の生活と意識に関する国際比較調査』

岡澤憲芙（二〇〇九）『スウェーデン現代政治』東京大学出版会

斉藤弥生（二〇一四）『スウェーデンにみる高齢者介護の供給と編成』大阪大学出版会

斉藤弥生・石黒暢（二〇一三）『高齢者介護に関する国際比較調査（NORDCAERE 調査）日本調査結果報告書』

ヴェクショー市、クロノベリイ市資料（二〇一七年三月に実施したヒアリング調査による）

Edebalk, Per Gunnar (1990). Hemmaboendeideologins genombrott- åldringsvård och socialpolitik 1945-1965. *Meddelanden från Socialhögskolan 1990:4*. Socialhögskolan, Lunds Universitet.

Edebalk, Per Gunnar (1991). Drömmen om ålderdomshemmet. Åldringsvård och socialpolitik 1900-1952. *Meddelanden från Socialhögskolan 1991:5*. Socialhögskolan, Lunds Universitet.

Olsson, Sven E (1990). *Social policy and welfare state*. Arkiv.

Socialstyrelsen (2016). *E-hälsa och välfärdsteknik i kommunerna. Redovisning av nyckeltal för utveckling av e-hälsa och välfärdsteknik i kommunerna 2016*.

Socialstyrelsen (2017). *Statistisk om äldre och personer med funktionsnedsättning efter regiform 2016*.

第一〇章　福祉国家の形成とストックホルム学派の経済学

藤田　菜々子

一．はじめに――福祉国家としてのスウェーデン

福祉国家の歴史的起源をたどるとき、世界史的にはイギリスやドイツの事例がしばしば紹介される。イギリスでは一六〇一年にエリザベス救貧法が制定されたことで、貧民の救済は国家の管轄事項となった。ドイツでは一八七〇年代にビスマルク（一八一五年～一八九八年）が社会保険制度を整備し、それは「飴《アメ》と鞭《ムチ》」の「鞭」としての富国強兵策や社会主義運動の鎮圧と一体であったが、全国民を対象とした貧困への事前的対処がなされるようになった。

スウェーデンは、ヨーロッパのなかでは福祉国家として後発といえる。一九世紀後半には産業が発展し始めていたものの、なお北アメリカを中心に多くの移民を出さねばならないほどに貧しかった。しかし二〇世紀に入ると、二度の世界大戦への参入を回避し、大恐慌も比較的うまく切り抜けて、経済力をつけた。また、「国民の家」のスローガンの下、福祉国家の建設に乗り出し、公的福祉を急速に拡充した。一九五〇・六〇年代には「スウェーデン・モデル」と呼ばれるような独自の政治経済システムを築きあげ、経済と福祉を両立させている成功国として世界に知られるようになった。

本章は、福祉国家としてのスウェーデンを経済学の視点から見る。とりわけ経済学史から見る場合、一九三〇年代に「ストックホルム学派」が果たした役割が重要となるだろう。なぜなら、その時期にストックホルム学派の経済学者たちが積極的に政策論議に参加することで、経済政策や福祉政策の新たな基本方針が定まり、戦後、その理論的・思想的基礎の上にスウェーデン・モデルが成立したからである。そこで本章では、経済と福祉に関するストックホルム学派の学説の内容を紹介する。なかでもグンナー・ミュルダール（一八九八年～一九八七年）に多くの焦点を当てるが、それは経済・福祉政策の両面において、彼がスウェーデン社会に与えた影響が大きかったからである。

二　失業委員会とストックホルム学派

（一）「旧世代」と「新世代」

スウェーデンからは人口の割に多くの著名な経済学者が輩出してきた。このことは、ノルウェーでは経済（資本主義）よりも早く政治（民主主義）が発展したのに対し、スウェーデンではその逆の経過が観察されたという比較研究（Sejersted 2011）を裏打ちするかもしれない。スウェーデンにおける経済学者集団は、「スウェーデン学派」や「北欧学派」と呼ばれることも多いが、そうした呼称には一九三〇年代における「旧世代」と「新世代」の両方が含まれる。

スウェーデンの経済学者のなかで、最初に国内外に広く名を知られることになったのは、クヌート・ヴィクセル（一八五一年～一九二六年）であった。彼はスウェーデンにおける経済学の始祖的な存在である。とはいえ、彼が研究にかかわる契機は、経済というよりも人口への関心にあった。ヴィクセルは新マルサス主義をスウェーデンで最初に説いた一人であり、急進的な社会改革を志向し、一時期は神を冒涜した罪で獄中生活も送ったが、やがて貨幣的景気循環理論を研究するようになり、経済学史では「ケインズ革命」を先導したと位置づけられることも多い。『利子と物価』（一八九八年）で示した自然利子率と貨幣利子率の乖離に基づく累積的な物価上昇・下降理論は、市場経済の不安定性を説くものであり、早期の政策介入を求めるものであった。彼はルンド大学を退職した後、ストックホルムの「経済学クラブ」(1)などで他の経済学者と交流を続けていたが、一九二六年に亡くなっている。

ヴィクセルの亡き後、一九二〇年代後半には、当時のスウェーデン経済学界で勢力をもつ「旧世代」とその弟子たちに当たる「新世代」が現れてきた。「旧世代」の代表格には、グスタフ・カッセル（一八六六年～一九四五年）とエリ・ヘクシャー（一八七九年～一九五二年）がいた。カッセルはストックホルム大学に在職し、一九二一年に発表した購買力平価説によって世界的にも有名であった。ヘクシャーは経済史分野における重商主義研究と「ヘクシャー＝オリーンの定理」に名を残す国際貿易理論研究をして、ストックホルム商科大学にいた。彼らは保守的な政治信条をもち、「自由放任」に近い政策や均衡財政を志向する態度において共通していた。

しかし、この時期、イギリスでケインズ（一八八三年～一九四六年）が『自由放任の終焉』（一九二六年）を発表したことが、スウェーデン経済学界にも少なからず影響を及ぼした。まもなくストックホルムの「経済学クラブ」でも話題作として議論の対象となったが、「旧世代」が批判的であったのに対し、「新世代」には肯定的に受容したからである。

一九二〇年代後半の「新世代」には、ルンド大学卒のエリック・リンダール（一八九一年～一九六〇年）、カッセルの四人の弟子としてニルス・ウォリーン（一八八一年～一九四八年）、イェスタ・バッジェ

（一八八二年〜一九五一年）、グンナー・ミュルダール（一八九八年〜一九八七年）、バーティル・オリーン（一八九九年〜一九七九年）、さらにヘクシャーの弟子としてアルフ・ヨハンソン（一九〇一年〜一九八一年）がいた。ただし後年にカッセルの弟子たちの政治信条は見事に分かれ、ウォリーンは農民同盟、バッジェは保守党、ミュルダールは社会民主党、オリーンは自由党に入党する。もともとウォリーンやバッジェは年齢的にも政治信条的にも「旧世代」の要素を併せもっていたといえるだろう。また、オリーンは一九二四年から一九三二年にかけて隣国デンマークで在外研究をしており、後述の大恐慌期にスウェーデンを不在にしていたことには留意する必要がある。

『自由放任の終焉』をめぐる議論は、スウェーデン経済学界における世代間の政治的態度の違いと対立を鮮明にした。ヨハンソンは、ミュルダールこそが「旧世代」への対抗を率先して試みるべきだと扇動し、『経済学説と政治的要素』（一九三〇年）が出版された。そのミュルダールの著書は、「旧世代」を含む経済学の伝統的主流派は暗黙裡に自由主義への政治的偏向を含んだ学説を展開してきており、決して価値中立的な科学とはなっていないという根本的な批判を投げかけるものであった。

（二）「ケインズ以前のケインズ的政策」

一九二九年一〇月二四日、ニューヨーク株式市場で株価が暴落し、大恐慌が始まった。スウェーデンでも一九三一年に失業率が二五％を超え、一九三二年には社会民主党への政権交代が起こった。

大恐慌が生じる前から、スウェーデンは「失業委員会」を設置していた。(2) 一九二六年の失業委員会にはヘクシャーが委員として参画しており、失業保険などについて検討していたが、一九二七年には「失業の性質と原因」に関する新委員会が設置された。その当初の検討課題は好況における若年層の失業率の高さであったが、大恐慌後には大量失業の問題が扱われるようになり、ここに既述の「新世代」と追加的に参入した後輩経済学者たちからなる「ストックホルム学派」[3]が形成された。彼らの主な拠り所になったのは、ヴィクセルの経済理論であった。

一九三二年に発足した社会民主党政権は、農民同盟との連立であった。社会民主党党首ハンソン（一八八五年〜一九四六年）が首相となったが、その内閣の大蔵大臣ウィグフォシュ（一八八一年〜一九七七年）は経済学の知識を多くもっていた。彼はストックホルム学派の面々と専門的な議論ができるほどに諸文献や学問動向に通じていたので、「経済学クラブ」への出席も特別に許されていた。

リンダールやオリーンなど、失業委員会に携わった経済学者はそれぞれに専門的な報告書や覚書を作成した。しかし、ウィグフォシュから依頼されてミュルダールが作成した一九三三年政府予算案付録は、「ケインズ以前のケインズ的政策」を説いたものとして、とりわけ経済学史に名を残している。それは不況時に財政政策という「ケインズ的政策」を求めるものであったが、ケインズの『雇用・利子および貨幣の一般理論』が出版されたのは、それより後の一九三六年のことだったからである。この予算案付録は、ウィグフォシュ主導の「新しい財政政策」路線を理論的に支えた。

既述のように、オリーンは自由放任をめぐる世代間対立の時期に在外研究に出ていたため、ストックホルム学派の中心人物とは言い難い面があるが、「ケインズ革命」後にケインズと『エコノミック・ジャーナル』誌上で議論をしたことで、ストックホルム学派の存在と意義を世界に最も喧伝する役割を果たした[4]。また、一九三〇年から失業委員会の副事務長となり、一九三二年から事務長を務めたのに、ハマーショルド（一九〇五年〜一九六一年）であった。ハマーショルドは後に第二代国連事務総長として世界平和の構築に尽力するが、学問的な専門分野は経済学であり、この政策実現の場に立ち会っていたことは記憶にとどめておく価値があるだろう。

スウェーデンでは、経済理論研究を通じた政策提言がなされ、「新しい財政政策」として実行に移された。それは同時代の他国では経験されなかったことであった。他方、「旧世代」のカッセルも別個に中央銀行（リクスバンク）に為替切り下げという金融政策を提言した。財政・金融政策の導入が奏功し、軍備増強を進めていたドイツへの輸出を伸ばすなどして、スウェーデンは迅速に不況から脱することができた。一九三〇年代において、社会民主党の経済運営はおおむね成功し、大衆からの信頼を得たのであり、ここに市場諸力に対する政策介入を支持する社会的基礎が築かれたのである。

三．福祉と経済の両立

(一) 人口問題

一九三〇年代は、大恐慌による経済的危機の時代というだけでなく、政治的にも危機の時代であった。すでに一九一七年にソ連という社会主義国が建国されており、またイタリアやドイツや日本において全体主義が台頭してきていたからである。スウェーデンを含む資本主義圏の民主主義国は、自国の体制を意識的に守る必要に迫られた。

福祉国家の起点は、こうした危機の時代に見出せる。イギリスではケインズの『一般理論』が刊行されていたが、さらに第二次世界大戦中にベヴァリッジ（一八七九年～一九六三年）によって『社会保険および関連サービス』（通称『ベヴァリッジ報告』）が発表された。全国民加入の社会保険を整備することは、ナショナル・ミニマムを確保することで貧困の撲滅を図るものだが、所得再分配によって有効需要の構成要素である消費を拡大させる働きをもつので、社会的公正だけでなく経済にとっても有益であると説かれた。社会保障制度の計画は、戦争に疲弊した国民に戦後の理想社会の青写真を与えるものであり、『ベヴァリッジ報告』は広く支持された。

スウェーデンは「中立」を国是として第二次世界大戦への参戦を回避したので、イギリスと状況は異なる。戦争からの影響がなかったわけではないが、それよりも早く、社会的危機として人口問題が認識されたことが政策制定に決定的な影響を与えた。一九三〇年代初めに出生率がヨーロッパ最低水準にまで低下し、移民流出も続く状況で、保守派を中心に人口減少への危惧が高まっていた。

スウェーデンでは、少子化という人口問題への対処として、新たな福祉制度の必要が説かれた側面が強い。福祉国家形成の起点において、老齢や疾病や失業だけでなく、それと同等以上に女性・子ども・家族に焦点が当てられたことが特徴的であった。人口動向は保守と革新の両方が関心をもつテーマであり、人口論議に基づいてスウェーデンは独自の福祉政策の方針を開拓し、社会改革を進めることになった。ここで政治家や世論に大きな影響を与えたのが、一九三四年一一月に出版されたミュルダール夫妻の共著『人口問題の危機』である。

(二) 普遍主義的福祉政策の経済的側面

経済学の歴史を通じて、人口の認識は大きく変化してきた。アダム・スミス(一七二三年〜一七九〇年)が『国富論』(一七七六年)において分業に基づく経済の発展を説いたとき、人口増加に分業を促進するものとして歓迎された。だが、まもなくマルサス(一七七六年〜一八三四年)が『人口論』(一七九八年)において食糧生産との比率から人口は抑制されるべきと説いたことで、人口減少を歓迎する考えが一般的となった。しかしまた、一九世紀後半に人口増加が頭打ちになり始めると、適度な人口規模を探究する最適人口理論が展開された。

ストックホルム学派に理論的示唆を与えたヴィクセルは、最適人口理論の代表的論者の一人でもあった。その理論によると、一人当たり生産が極大となる人口規模があるが、現在はその極大点を超えた状態にあるので、人口は減少するのが望ましい。そのための推奨手段は、新マルサス主義に基づく避妊具の使用である。こうしたヴィクセルの考えは、生活水準の上昇を求める労働者層に浸透し、社会民主党内でも支配的な考えになったが、それに対して保守派は国力増強の狙いから人口増加を目指していた。一九一一年のスウェーデンでは、マルサス主義連盟が設立される一方で、避妊具の広告・販売を禁止する法律が保守派によって制定されてもいる。

しかし、一九二〇年代後半には、フランスを筆頭に広くヨーロッパで出生率低下が危惧され、一九三〇年代には危機感が強まった。ケインズは『一般理論』を発表した翌一九三七年、イギリス優生学協会において「人口減退の若干的経済的帰結」という論文を発表している。輸出入を捨象したケインズ理論では、国内における投資と消費が有効需要を構成するが、人口増加は消費増加をもたらすものと分析され、失業や貧困を回避する要因として経済学的観点から再び歓迎されるようになった。

一九三四年に出版されたミュルダール夫妻の『人口問題の危機』は、出生率低下の原因と帰結、それに対する政策提言を論じた重厚な学術書であったが、世論を喚起し、国内でベストセラーとなった。彼らは、出生率低下の原因を保守派のいうような個人のモラルの変化でなく、経済構造の変化にあると見た。結婚率が緩やかに上昇しているのに、出生率が低下しており、とくに都市部での低下が顕著である。その理由は、女性がかつてよりも労働市場に参入して生活水準を上げることが可能になっているのに、働きながら出産・育児をすることが不可能な制度環境となっているからである。結果、女性は出産・育児よりも働くことを選んでいる。

さらに、一九四〇年に夫グンナーは『人口』を、一九四五年に妻アルヴァは『国民と家族』をそれぞれ出版し、独自の考察を進めた。『人口』において、グンナーは出生率低下の帰結に関する経済分析を展開したが、それはケインズの論文の内容と近似していた。すなわち、出生率低下は消費を減少させ、またそれが投資を減少させるので、失業と貧困のリスクを高める。しかし、彼は供給面についても考察した。老年層が相対的に増えることで、若年層の昇進の機会が制限され、労働意欲や労働生産性が低下する。したがって、人口減少は需要面だけでなく供給面からしても望ましくない。

ミュルダールが求めた政策対応は、「消費の社会化」であった。世帯の所得の多寡にかかわらず、すべての母親や子どもや家族に関する消費を量質ともに社会的に管理することであり、その財源は累進課税で賄うとした。また、夫妻は現金給付よりも現物給付（公的サービスの無償提供）を重視した。

ミュルダール夫妻が現物給付にこだわった理由は四つある。第一に、現金給付にすると、その使途が不明確となり、子どもの福祉に結びつかない可能性がある。第二に、個々の家庭による育児よりも、大規模な育児の方が効率的である。第三に、個々の家庭では育児に関する専門知識が不足している。第四に、現物給付の方が雇用政策や他の経済政策との親和性が高い。第二・三点目はアルヴァの意見であったのに対し、グンナーは経済学者として第四の意見を出した。妊産婦の入院施設や保育所を増やすこと、またそこで働くスタッフを増やすこと、家族向けに住宅を建てることなどは、雇用創出策としても有効であった。当時の社会民主党は農民同盟との連立政権であったので、妊産婦向けの栄養食材を無償配給することは、過剰な農産物への対策としても考案された。

「消費の社会化」は、ミュルダールがすでに提示していた「予防的社会政策」の理念に合致する方針でもあった。従来の「治療的社会政策」というべき事後的・選別主義的な施策から一歩進んで、いまや事前的な施策へと踏み出す時代に入ったと彼は一九三二年の論文（Myrdal 1932）で述べていたが、それは北欧的な普遍主義的福祉の理念の提示にほかならなかった。普遍主義的福祉はコストとしてではなく、社会からの積極的な人的資本への投資とみなされ、社会政策であるだけでなく、需給両面からの経済成長戦略として意義づけられた。

(三)「ゆたかな社会」における普遍主義的福祉政策

選別主義とは異なる普遍主義の福祉理念は、経済との両立が説かれることによって、「バラマキ」と国民に認識されることなく、スウェーデンに定着した。しかし、一九三〇年代において、スウェーデンはいまだ「高福祉・高負担」ではなかった。しばしば指摘されてきた「高福祉・高負担」というスウェーデンの特徴は、一九五〇年代末の付加年金論争を経てから獲得されたものである。

第二次世界大戦後、資本主義圏の先進諸国は高度成長期を迎えた。スウェーデンでも、従来の普遍主義的福祉の水準が低く感じられるほどに「ゆたかな社会」(5)が到来したことで、貧困の撲滅よりも現行生活水準の維持が多くの人々の関心事となってきた。

ここにおいて、旧来の国民年金に上乗せするような付加年金の制度構想が、社会民主党によって示された。社会民主党案は、普遍主義的福祉の理念を継続し、全国民加入の付加年金を創設しようというものであり、いまや個人の自由は手厚い公的福祉の上に成り立つと新たに説かれた。しかし、オリーンを党首とするようになっていた自由党などは、その案に強く反対し、個人の自由はむしろ「小さな政府」

の上に成り立つと説いた。両勢力は拮抗した。議会でも意見が大きく割れ、最終的には社会民主党案が採択されたが、わずか一票差の議決であった。しかし、これ以降、スウェーデンは一九八〇年代半ばまでは着実に「高福祉・高負担」路線を歩んだのである。

スウェーデン福祉国家形成の起点が一九三〇年代の人口論議にあるというならば、第二の歴史的分岐点は、この一九五〇年代末の付加年金論争にあったといえるだろう。「ゆたかな社会」が到来しても、普遍主義的福祉の理念は保持された。ここには、出来事の変化のなかにある理念の継続を見出すことができる。

四．おわりに――過去から現在へ

二〇世紀半ばにおけるスウェーデン福祉国家の経済的・政治的・社会的成功を表す語として、「スウェーデン・モデル」が使われてきた。いくつかの定義があるが、連帯的賃金政策・積極的労働市場政策・普遍主義的福祉政策という三つの政策の柱が含まれることは広く了解が得られるものと考えられる。最初の二つの政策の補完的組み合わせは、一九五一年に戦略的に提示された「レーン＝メイドナー・モデル」として知られており、労働市場に参加する者に関わる特徴的な雇用・賃金取り決め制度である。他方、本章で論じたとおり、労働市場に参加していない者も対象に含むような普遍主義的福祉政策の方針は、一九三〇年代の人口論議に端を発するものであった。

ストックホルム学派は、一九三二年の社会民主党への政権交代時において、不況に対する積極的な政策介入を説き、大蔵大臣の「新しい財政政策」路線を支えた。それは必ずしも十分な規模で実行されたわけではなかったが、理論的な研究成果に基づく政策として先駆的に導入され、海外情勢や金融政策にも助けられて成功を収めた。社会民主党の経済運営能力への信頼が生成・強化され、一九三八年以来の労使協調路線もあって、「レーン＝メイドナー・モデル」の導入という戦後の大規模な社会実験へと結びついた。その意味において、ストックホルム学派の存在は、スウェーデン福祉国家の経済政策面の特徴をもたらした要因の一つであった。

また、ストックホルム学派の一員であったミュルダールは、福祉や社会改革にも強い関心をもち、人口論議に妻アルヴァとともに深く関与した。彼は経済学者であったことで、普遍主義という新たな福祉理念を示す際、そこに経済戦略としての意味も込めて、大衆に説いた。彼の政策提言の核心をなす「消費の社会化」のアイデアは、人口増加を狙いとする人口政策、主に母と子をとりまく制度的環境を改良する社会政策、そして需給両面から持続的な成長をもたらす経済政策という三つの側面を併せもつものであり、首相ハンソンの「国民の家」構想を支えた。

経済と親和的な福祉観が存在してきたことは、スウェーデン福祉国家の特質である。さらに、付加年金論争時には、個人の自由を確保するための手厚い普遍主義的福祉という新たな考えが説かれた。これらのことは、一九八〇年代に英米を中心に新自由主義的政策が強まったときも、スウェーデンが社会民主主義的な「ネオ・コーポラティズム」に基づく政治経済を維持しえた主要因となった。一九九〇年代以降、冷戦構造の崩壊やグローバル経済競争、またスウェーデン国内のバブル崩壊があり、スウェーデン的福祉の特質は変容してきている。しかし、一九三〇年代の政治的説得において提示され、スウェーデンの福祉政策の底流となってきた「人的資本への積極的投資」という福祉観は、知識経済と特徴づけられる現代において、いっそう重要で有効な意味をもつとも考えられる。

【註】

（1）活動の詳細はHenriksson (1991) を参照。一九一六年、ヴィクセルが退職してストックホルムに戻った際、妻アンナ・ブッゲが夫の議論の場を創設するようヘクシャーに依頼してできたスウェーデン経済学者の会合である。

（2）スウェーデンにおける失業委員会の活動概況についてはWadensjö (1991) を参照。

（3）「ストックホルム学派」という語は、ヨハン・オカーマン（一八九六年～一九八二年）がスウェーデン学派（スウェーデンの共通見解）ではないという意味で批判的に用いたが、オリーンが一九三七年の『エコノミック・ジャーナル』掲載の論文（Ohlin 1937a; 1937b）で積極的意味をもたせて広めた。

（4）両者の直接的議論はKeynes (1937a; 1937b) とOhlin (1937a; 1937b) を参照。また、ケインズ経済学とストックホルム学派の関係性については外国語論文では多数あるが、本章の関心に沿った日本語論文として河野（一九九八）を参照。なおケインズは一九三六年一〇月に「経済学クラブ」を訪れて講演した。

（5）アメリカの経済学者ガルブレイスの有名な著作『ゆたかな社会』は一九五八年に刊行され、その時代をよく映し出した。彼とミュルダールは友人関係にあり、ミュルダールは『豊かさへの挑戦』（一九六三年）でアメリカに対してスウェーデンの福祉政策などを推奨した。

【参考文献】

河野良太（一九九八）「ストックホルム学派とケインズ革命――スウェーデンにおける『新しい経済学』の生成をめぐって」『経済情報学論集』（姫路獨協大学）(10), 29-125.
藤田菜々子（二〇一〇）『ミュルダールの経済学――福祉国家から福祉世界へ』ＮＴＴ出版。
――（二〇一四）「スウェーデン・モデルとミュルダールの経済思想――福祉・経済・価値規範」『比較経済体制研究』(20), 40-53.
――（二〇一七）『福祉世界――福祉国家は越えられるか』中央公論新社。

Henriksson, R. G. H. (1991) *The Political Economy Club and Stockholm School, 1917-1951*, in Jonung, L. (ed.) (1991).

Jonung, L. (ed.) (1991) *The Stockholm School of Economics Revisited, Cambridge*: Cambridge University Press.

Keynes, J. M. (1937a) Alternative Theories of the Rate of Interest, *Economic Journal*, 47, 241-252.

——(1937b) The "Ex-ante" Theory of the Rate of Interest, *Economic Journal*, 47, 663-669.

——(1937c) Some Economic Consequences of a Declining Population, in Mogrridge, D. (ed.) (1973) *The Collected Writings of John Maynard Keynes, vol. 14, The General Theory and After: Part II Defense and Development*, London: Macmillan and St. Martin's Press for the Royal Economic Society, 124-133.

Myrdal, A. (1945) *Nation and Family: The Swedish Experiment in Democratic Family and Population Policy*, London: Kegan Paul.

Myrdal, A. and G. Myrdal (1934) *Kris i befolkningsfrågan*, Stockholm: Bonnier.

Myrdal, G. (1932) Socialpolitikens dilemma, *Spectrum* 2 (3), 1-13; (4) 13-31.

——(1940) *Population: A Problem for Democracy*, Cambridge; Mass.: Harvard University Press.（『人口問題と社会政策』河野和彦訳、協和書房、一九四三年）。

Ohlin, B. (1937a) Some Notes on the Stockholm Theory of Saving and Investment I, *Economic Journal*, 47 (185), 53-69.

——(1937b) Some Notes on the Stockholm Theory of Saving and Investment II, *Economic Journal*, 47 (186), 221-240.

Sejersted, F. (2011) *The Age of Social Democracy: Norway and Sweden in the Twentieth Century*, Princeton: Princeton University Press.

Wadensjö, E. (1991) The Committee on Unemployment and the Stockholm School, in Jonung, L. (ed.) (1991).

第一一章　スウェーデンの児童文学の歴史と現状

三瓶 恵子

一．最初の児童書出現から児童文学が誕生するまで

スウェーデンにおける最初の児童書は一五九一年に出版された『心地よく素敵な乙女の鏡』（*Een skiöön och härligh jungfrw speghel*）である（Boglind & Nordenstam, 2015）。この本の作者はラウレンティス・ヨハニス・ラエリウス（Laurentius Johannis Laelius, 一六〇三年没）で、これが最初の児童書とみなされる理由は、学校用の教科書や教会における手引書ではない、若者を読者とする本、であるからとされる。ドイツ語からの翻訳本で、オリジナルはドイツで一五八〇年に出版されたコンラッド・ポルタ（Conrad Porta, 一五四一年〜一五八五年）の本である。教会における若者を対象としたキリスト教の手引書としては、一五世紀に二冊、やはりドイツ語からのスウェーデン語に翻訳されたものがあるが、上記の理由から『心地よく素敵な乙女の鏡』が最初であったのだった。聖書に基づいた、上流階級の女子のあらまほしい振る舞いを説いたもので、一〇〜一二歳の女子に向かって、女子にあるべき振る舞いや結婚の意味を説明している。

翌年、男子を対象にした同じような本『若者の習慣の尊厳についてのゴールデン・ブック』（*En gyldenne book, om unga personers sedhers höffwelighеet*）が出版された。これもドイツ語からの翻訳で、原著者

はオランダの教育学者デジデリウス・エラスムス（Desiderius Erasmus Roterodamus, 一四六六年〜一五三六年）であった。これらの本に代表されるように児童書は、しつけを目的としてスウェーデンに出現したものであり、内容は宗教的なものであって、文学的なものではなかった。一七世紀の一〇〇年の間、スウェーデンで出版された児童書は四〇に満たず、そのすべてが宗教的なしつけに関するものだった。

一八世紀に入るとヨーロッパでは啓蒙主義的な教育観が現れ、スウェーデンにおいてもそのような内容の児童書が約八〇冊出版された。一九世紀に入るとロマン主義の傾向が児童文学にも反映され、ファンタジーや動物を主人公にした寓話などが出現した。ロマン主義における児童観は、無垢な、純真な子どもというものだった。また、一九世紀には伝承文学を集める動きがヨーロッパ全体でみられ、ドイツではグリム兄弟（Jacob Ludwig Carl Grimm, 一七八五年〜一八六三年 & Wilhelm Carl Grimm, 一七八六年〜一八五九年）、ノルウェーではアースビヨルンセン（Peter Christen Asbjørnsen, 一八一二年〜一八八五年）とモオ（Jørgen Engebretsen Moe, 一八一三年〜一八八二年）が偉大な業績を残した。フィンランドではリョンロート（Elias Lönnrot, 一八〇二年〜一八八四年）が民間の伝承を収集して『カレワラ』（*Kalevala*）にまとめた。スウェーデンにおいてはアルヴィドソン（Adolf Ivar Arwidsson, 一七九一年〜一八五八年）が、『スウェーデンの古代の歌』（*Svenska fornsånger*, 一八三四年〜一八四二年）を、ヒルテン＝カヴァリウス（Gunnar Olof Hyltén-Cavallius, 一八一八年〜一八八九年）が『スウェーデンの民話と冒険』（*Svenska folksagor och äfventyr*, 一八四四年〜一八四九年）を発表した。それらの多くは本来学術的研究書であったが、一九世紀の児童文学の源泉ともなったのであった。たとえば、アースビヨルンセンの『冒険物語全集』（*Samlade Eventyr*, 一九四四年）は『太陽の東、月の西』という邦題で日本にも紹介されている（一九五八、二〇〇五年）。

一九世紀はまた、デンマークのアンデルセン（Hans Christian Andersen, 一八〇五年～一八七五年）やフィンランドのトペリウス（Zacharias Topelius, 一八一八年～一八九八年）によって新しい児童文学が書かれ始めた時代でもあった。

一九世紀には、男の子向け児童書、女の子向け児童書が並列して発達した。男の子には冒険物語、女の子には家庭物語というのがモチーフだった。

スウェーデンにおいては一八四二年の国民学校制度の導入以来、国民の読書能力が徐々に向上していった。ちなみに一般の子どもを対象とする「国民学校」の登場は、デンマークでは一八九九年、ノルウェーでは一八八九年であった。けれども、どの国においても学校以外で本を手にできた階層は依然として限られていた。

一九世紀末になると、スウェーデンでは、翻訳ではなく、スウェーデン人による児童書が急激に増えた。一八八二年に『子ども部屋の本』（*Barnkammarens bok*）が出版された。それには古くからの子どもの歌が収録されており、パリに留学していた画家、エニー・ニーストレーム（Jenny Nyström, 一八五四年～一九四六年）のイラストがつけられていた。これは、翻訳ではない、スウェーデン人による最初の絵本であった。この本によってスウェーデン語の韻を踏んだ古くからの歌が全国に新たに広まっていった。

スウェーデンにおいては二〇世紀初頭に、子どもたちの読書能力の向上に関心が集まった。出自に関わらずすべての子どもが良い本に出会えることを人々は望んだのだった。国民教育と民主主義的な考え方が児童書にも及んだと言える。エレン・ケイ（Ellen Key, 一八四九年～一九二六年）は『児童の世紀』（*Barnets århundrade*）と銘打った研究書を一九〇〇年に発表し、新しい時代の子どもたちの状況について分析した。上流階級の子どもたちだけを対象にしたような児童書が批判されるようになり、貧しい子どもたちを描いたフィフティングホフ（Laura Fitinghoff, 一八四八年〜一九〇八年）の『フロストモ山の子どもたち』（*Barnen ifrån Frostmofjället*）が一九〇七年に出版された。

二〇世紀初頭、多くの子どもたちに優良図書をより廉価で提供しようとする試みが行われた。一八九九年に「児童図書館サーガ」（Barnbiblioteket Saga）という雑誌がスウェーデン国民学校教員連盟（Sveriges Allmänna Folkskollärareförening）から出版された。国民学校の教師を通じて、子どもたち一般に廉価で良い本を冊子の形で提供しようというものだった。エルサ・ベスコフ（Elsa Beskow, 一八七四年〜一九五三年）、セルマ・ラーゲルレーフ（Selma Lagerlöf, 一八五八年〜一九四〇年）、カール・ラーション（Carl Larsson, 一八五三年〜一九一九年）、ヘレナ・ニーブロム（Helena Nyblom, 一八四三年〜一九二六年）、エニー・ニーストレーム（前出）、アルフレッド・スメードベリィ（Alfred Smedberg, 一八五〇年〜一九二五年）、アンナ・ワーレンベリィ（Anna Wahlenberg, 一八五八年〜一九三三年）、など、同時代の人気作家やイラストレーターもこの「児童図書館サーガ」の趣旨に賛同して物語やイラストを提供した。スウェーデンの児童書の最初の隆盛期は一八九〇年から第一次世界大戦直前まで続いたのだった。

第一次・第二次世界大戦の間の時期のスウェーデンの児童書は、ベスコフの絵本と彼女のスタイルを真似たものが主流だった。また、この時期にはアラン・ミルン（Alan Alexander Milne, 一八八二年〜一九五六年）の『熊のプーさん』（*Nalle Puh*）や、エーリッヒ・ケストナー（Erich Kästner, 一八九九年〜一九七四年）の『エーミールと探偵たち』（*Emil och detektiverna*）、パメラ・トラヴァース（Pamela Travers, 一八九九年〜一九九六年）の『メアリー・ポピンズ』（*Mary Poppins*）などの翻訳がスウェーデンでも人気を博し、ユーモアとファンタジーという新しい潮流をもたらした。

スウェーデンの児童書にとっての画期的な年は一九四五年といわれる。スウェーデンは中立政策を標榜しているため、第一次・第二次世界大戦に参加しなかった。そのため戦後、ヨーロッパの他の国々が戦争の傷跡にあえいでいたのに対し、スウェーデンは無傷で、いち早く経済が復興し、景気が良くなった。向上した国民の購買力を背景に、出版社は児童書部門を立ち上げ、出版数を増やした。作家たち自身も一九四八年に青少年書作家連盟（Ungdomsförfattareförening）を設立した。アストリッド・リンドグレーン（Astrid Lindgren, 一九〇七年～二〇〇二年）が一九四四年にデビューし、翌年『長くつ下のピッピ』（*Pippi-Långstrump*）でセンセーションを巻き起こした。リンドグレーンについては次節で詳説する。一九四五年にレナート・ヘルシング（Lennart Hellsing, 一九一九年～二〇一五年）が『銀の角を吹いた猫』（*Katten blåste i silverhorn*）でデビューし、子どものための詩の分野を確固たるものにした。同年、スヴェン・ヘンメル（Sven Hemmel, 一九〇六年～一九八二年）が『探検者カールソン』（*Upptäcktsresanden Karlsson*）を出版し、フィンランドではトーベ・ヤンソン（Tove Jansson, 一九一四年～二〇〇一年）がムーミン・シリーズの最初の本『小さなトロルと大きな洪水』（*Småtrollen och den stora översvämningen*）を出版した。これらの著作は、言葉遣いや物語の方向性、児童観などにおいてこれまでとは異なる新しい傾向を示したものだった。より自由な教育、しつけの考え方が反映されている（次節参照）。

子どもを取り巻く状況はその後急激に変化し、児童書の内容も社会の発展とともに大きく変わってきている。二〇一〇年代以降に出版された児童書には子どもの孤独や疎外感、暴力などをテーマにしたものが目立つ。現代の児童書については第三節で触れる。

二．アストリッド・リンドグレーンの意義

アストリッド・リンドグレーン（旧姓エリクソン）は、一九〇七年に南スウェーデン、スモーランド地方のヴィンメルビーで生まれた。父は教会付属の農園の管理人で、働き者であった。小さいころから書くことが好きだったアストリッドは、中等学校卒業後、ヴィンメルビー新聞でアルバイトするようになり、記事も書いたが、そこの編集者の子どもを身ごもってしまう。田舎にいられなくなったアストリッドは首都ストックホルムに移り、タイピスト養成学校に通いながら、当時未婚の母に対してスウェーデンより寛容だったデンマークのコペンハーゲンの病院で出産する。生まれた息子はデンマーク人に養子に出し、ストックホルムで秘書の仕事をしながら時々息子に会いに行っていた。その後秘書の仕事が縁で上司と結婚し、リンドグレーン夫人となった。

一九四一年、娘のカーリン（Karin Lindgren, 一九三四年〜）が風邪で長く寝込んでいたとき、アストリッドは、お話しをせがむカーリンに「長くつ下のピッピ」という名の世界一力持ちの女の子の物語を語って聞かせた。ピッピの物語はとても面白かったので、その後カーリンが健康を回復してからもカーリンやその友人たちのために何度もお話しをしてあげるシリーズとなった。一九四四年、ラーベン・オク・ショーグレン（Rabén och Sjögren）社が女の子向けの物語を募集し、アストリッドは『ブリット・マリはただいましあわせ』（*Britt-Mari lättar sitt hjärta*）という物語を書いて送り、銀賞を受賞した。翌年同社はまた児童文学の一般公募を行った。今度は女の子向けに限らず六〜一〇歳までの子ども向けなら何でもよい、という条件だった。アストリッドは「長くつ下のピッピ」の物語を送った。それは実は一年前に大手出版社ボニエル（Bonnier）社が突き返してきた原稿だった。そして『長くつ下のピッピ』は金

賞を受賞して一九四五年に出版されたのだった。

『長くつ下のピッピ』は出版されるや否や、国内国外にセンセーションを巻き起こした。まだ旧い児童観が支配的だった一九四〇年代に、自由奔放なピッピについての賛否両論がスウェーデン社会に溢れたことは想像に難くない。リンドグレーンは「良い子」の基準を脅かすものとして批判された（三瓶一九九九）。一方で、「ピッピは旧来のすべての限界やしきたりを打ち破る向こう見ずな天才である」と称賛する意見もあった（三瓶一九九九）。

リンドグレーンはその後、『名探偵カッレ君』（*Mästardetektiven Blomkvist*, 1947）や『やかまし村の子どもたち』（*Alla vi barn i Bullerbyn*, 1947）、『ミオよわたしのミオ』（*Mio, min Mio*, 1954）、『おもしろ荘の子どもたち』（*Madicken*, 1960）、『エーミールと大どろぼう』（*Emil i Lönneberga*, 1963）、『わたしたちの島で』（*Vi på Saltkråkan*, 1964）、『ロッタちゃんと自転車』（*Visst kan Lotta cykla*, 1971）、『はるかな国の兄弟』（*Bröderna Lejonhjärta*, 1973）、『山賊のむすめローニャ』（*Ronja Rövardotter*, 1981）など、晩年目が悪くなるまで執筆をつづけた。彼女の作品はみな音読に適したものだ。というのもリンドグレーンは執筆中、何度も原稿を音読し、子どもたちが耳で聞いて内容を理解できるかどうかをチェックするのが常であったからである。リンドグレーンは「自分はいつも自分の中にいる子どもの時分に向かって物語を作っている」と述べている（三瓶一九九九）。それこそが彼女の作品が世界中の子どもたちに今でも受け入れられている要因だろう。

リンドグレーンの作品のほとんどは一九七〇年代から八〇年代にかけて映画化され、テレビでも繰り返し、今でも、放映されている。そのテーマソングや挿入歌はリンドグレーン自身が作詞したもので、保育所や学校で歌われる子どもの歌の定番となっている。リンドグレーンの物語に出てくるセリフは、スウェーデン国民の必須の教養であり、今でも新聞の見出しなどに使われていたりする。
リンドグレーンは二〇〇二年に亡くなったが、その葬儀はほとんど国葬であるかのように盛大だった。そして、彼女の作品は彼女の死後も世界中で読まれ続けている。

三．児童書は社会を映す鏡

スウェーデン児童書研究所（Svenska barnboksinstitutet, sbi）は、毎年、前年に出版された児童書に関する統計と傾向の分析レポートを発表している（sbi, 2017）。二〇一六年に新規に出版された児童書数（若者向け書籍も含む）は、二四一四（一つのタイトルを一つと数える）で、前年比一五・六％の伸びを示した。カテゴリー別にみると絵本（七八五）、六歳から九歳向け（四一八）、九歳から一二歳向け（三八九）、ノンフィクション（三六四）の順である。全集（四五）詩集（一一）、歌集（九）などは少ない。一二歳以上向け（若者向け）は三〇六であった。漫画は八六で前年比三・六％増だった。日本からの翻訳は漫画で四タイトルであった（前年は三）。

二〇一六年の傾向としては、これまで五、六年以上続いていた、孤独、疎外、いじめなどの「暗い」基調は継続しているものの、どうにか統合をめざそうとする試みが現れてきていることが挙げられている（sbi 同）。人種、性的傾向、機能障害などで規範外に居る子どもの視点から描かれる物語が多い。性同一障害をテーマとする物語は年々増えてきているが、低年齢化していることが最近の顕著な傾向である。また、ノーマルでなくてはならないという「規範」の方が間違っているのだ、あなたはあなたでいればよいのだ、という主張を前面に打ち出しているものが主流となっている。ADHDやアスペルガー症を患っている主人公も出現している。ジェシカ・スティグスドッテル＝アックスベリィ（Jessica Stigsdotter Axberg, 一九七〇年〜）の『私はトウレット症候群、ちょっとADHDもあるの』（*Jag har tourette! Rätt! Rätt! Och lite ADHD*）では、主人公ソフィーの一日を解説することによってトウレット症候群とADHDの理解を促している。若者向けではぽっちゃり体型に悩む主人公の問題や、肌の色に合った化粧法に悩む主人公がテーマになっているものもある。

二〇一六年発行の児童書に見られるもう一つの傾向は、宗教と神話である。キリスト教関連のものの多くは聖書の物語を絵本にしたもので、多くは英語版からの翻訳である。スウェーデンの作家シャーロッテ・セーデルンド（Charlotte Cederlund, 一九八三年〜）の『昼間の暗闇』（*Middnatsmörker*）では、一七世紀のキリスト教の血祭の歴史が現代のサーメ人の主人公の人生に影を落としている。

二〇一五年には、スウェーデンに二〇万人近くの難民がやってきた。それを反映してか、難民や内戦をテーマにしたものも増えており、二〇一六年には合計四〇冊がこのカテゴリーに属したものであった。戦争から逃げてきた過程、難民キャンプの様子など、子どもたちがたどった現実を描写したものが多い。より年かさの子どもを対象にしたものは、逃げてきた過程に加え、新しい社会へ統合がテーマになる傾向がある。

恐怖、スリル、幽霊、などは児童書にいつも現れるテーマである。二〇一六年の傾向としては、年少の子どもを対象とする児童書にこのカテゴリーのものが多く表れている。特に夏休みに別荘の近くで遊んでいるうちに幽霊屋敷を発見し探検する、といったストーリが多い。以前に死んだ教師が学校に出てくる、というものもある。ゾンビが主人公のコンピュータ・ゲームをしているうちに、ゾンビにつかまってゲームの中に消えていくというものもある。

社会的格差もまた二〇一六年の児童書にみられるテーマである。これはここ数年、年々増加しているもので、二〇一六年ではたとえばエーリン・ヨハンソンとエレン・エークマン（Elin Johansson, 一九七八年～& Ellen Ekman, 一九八六年）の『児童手当が来る前の週』（*Veckan före barnbidraget*）は、年少の児童を対象とした経済的に苦しい一家の物語である。前の週はソーセージとマカロニだったのだが、今週はマカロニだけになってしまった。家じゅうを探検して小銭を探す週だ。インゲル・エークボムとエンマ・ヨスネル（Inger Ekbom, 一九五七年～、Emma Göthner, 一九七五年～）の『ペイエのたくさんの質問、物乞い、郷愁、携帯電話』（*Pejjes många frågor, tiggare, längtan, och mobiltelefoner*）では、お父さんが働くスーパーマーケットの前で物乞いをしているおばさんを見たペイエがいろいろなことを考えるというもの。社会的格差を取り扱う児童書はそのほとんどがスウェーデン人によって書かれたもので、スウェーデン社会の現実をこれでもかというくらいに描写している。

スウェーデンの児童書には、スウェーデンの子どもを取り巻く社会、特にその問題点が色濃く反映されていると言えよう。いまさら子どものために夢物語を書け、というわけではないが、あまりにも現代社会の現実をそのままの形で子どもに投げつけ過ぎているのではないかとも感じられる。しかし、一方、現実の社会がそうなってしまっているのだから、子どもたちに、自分だったらどうするか、どうすればよいのか、という問いかけをするという意味合いにおいては、スウェーデンの社会における児童書・児童文学の果たす役割は大きいと言えるだろう。

四．スウェーデンに入ってきた日本の漫画

スウェーデンに入ってきた最初の漫画は『はだしのゲン』（*Gen, pojken från Hiroshima*, 1985、原著者：中沢啓治、一九三九年〜）の単行本である（Seriefrämjandet, 2017）。その後一九八六年と一九八九年に漫画雑誌ポックス（Pox）に不定期に辰巳ヨシヒロ（一九三五年〜）の漫画が掲載された。一九八八年から一九九二年まで漫画雑誌サムライ（Samurai）に小池一夫（一九三六年〜）原作・小島剛夕（一九五八年〜二〇〇〇年）作画の『子連れ狼』（*Ensamvargen*）が、一九九一年から一九九二年まで白戸三平（一九三二年〜）の『カムイ』（*Kamui*）が掲載された。一九九一年から一九九二年まで漫画雑誌コブラ（Cobra）に工藤かずや（一九四一年〜）原作・浦沢直樹（一九六〇年〜）作画の『パイナップル Army』（*PinappleArmy*）と小池一夫原作・池上遼一（一九四四年〜）作画の『クライング　フリーマン』（*Crying Freeman*）が掲載された。

しかし最大の成功は二〇〇〇年代に入ってからのコミック単行本、鳥山明（一九五五年〜）作『ドラゴンボール』（*Dragon Ball*）である。ドラゴンボールの成功にあやかり、その後、高橋留美子（一九五七年〜）作『らんま１／２』（*Ramma 1/2*）、尾田栄一郎（一九七五年〜）作『ワンピース』（*One Piece*）、青山剛昌（一九六三年〜）作『名探偵コナン』（*Mästarditektiven Conan*）などが、大手コミック出版社カールセン・コミックス（Carlsen Comics）社より次々に発行された。けれども、その後、二〇〇八年のリーマンショック以来、書籍出版全体が落ち込んだ影響で、日本の漫画は二〇一〇年以降ほとんど出版されなくなってしまった。しかし、オードビルデル（Ordbilder）社という小さい出版社が現在でも細々と日本漫画を出している。

二〇一六年に出版された日本の漫画は、入江亜季の『乱と灰色の世界　六&七』（*Rans magiska värld 6 & 7*）および岩岡ヒサエ（一九七六年〜）の『星が原あおまんじゅうの森　五』（*Aomanjuskogen 5*）のみであった。

五．スウェーデンの子どもは図書館から本を借りる

スウェーデンには図書館の貸し出し統計というものがある。全国の市民図書館および学校図書館においてどの作家の本がどのくらい貸し出されたかを合算したものだ。図書館の電子化が進んでいるからできることだろうが、その背景にあるのは、貸し出しの数に応じて、著者、翻訳者、イラストレーターにペイバック・システムがあるということなのだ。「図書館手当て」（biblioteksersättning）と呼ばれるこの制度は、デンマークで一九四一年に提案され、一九四六年に導入されたもの（bibliotekspenge）が世界最初だった。その後一九四七年にノルウェーで（bibliotekavgift, 現在は bibliotekvederlag）、そして一九五四年にスウェーデン、一九六一年にフィンランド、一九六七年にアイスランドで導入された。その後、イギリスやオランダ、ドイツなどにも普及している。スウェーデンにおいては一九四八年に設置された「書籍審議会」（bokutredningen）の報告書（SOU 1952:23）に基づいて制定された「スウェーデン作家基金に関する法律」（Förordning om Sveriges författarfond）に規定されている。同基金は「スウェーデン会計管財庁」（kammarkollegiet）で管理されている。スウェーデン作家連盟（Sveriges författarförbund）によれば、二〇一八年は、二〇一七年より八エーレ引き上げられ、一貸出しあたり著者に一クローナ六八エーレ（約二二円）が支給される。翻訳者は半額である。二〇一九年は一クローナ七六エーレ（約二三円）にな

るという。二〇一八年の手当て総額は一億六三八〇万クローナ（二一億三〇〇〇万円）になるものとされる。

ペイバックを受ける条件は、その本がスウェーデン語で書かれていること、著者あるいは翻訳者がスウェーデン在住であること、である。手当てには課税される。貸し出し数が作家の場合は二〇〇〇、翻訳者の場合は四〇〇〇を超えないと受給資格がない。また、作家の場合は二〇万、翻訳者の場合は四〇万の貸し出し数の上限が設けられている。スウェーデンでは作家の死後七〇年まで著作権が保護されているので、そのルールに基づいて、その期間は著作権保持者に貸し出し統計に基づいて手当が支給される。それ以降は基金自体に払い戻される。二〇一五年の貸し出し統計を見てみると、大人対象の作家が現れるのはなんと四〇位以降で、それより上位はすべて児童書の作家またはイラストレーターであった。二〇一五年のトップは、一八八万四九四三回のマッティン・ウィードマルク（Martin Widmark, 一九六一年〜）で、五年連続の一位を保っている。ラッセマイヤという女の子が主人公の探偵物語が二〇〇二年以来『ラッセマイヤの探偵事務所』（*LasseMajas detektivbyrå*）以来二〇冊以上のシリーズとなっている。ちなみにアストリッド・リンドグレーンは八八万四六二二回で第四位だった。

数年前に市民図書館と学校図書館の貸し出し統計が統合されてしまったために、学校イコール児童書関連の貸し出し数が多くなることは当然であろうが、それにしても児童書貸し出し数の圧倒的状況は目を見張るべきものだ。

スウェーデンでは、大人の大衆小説や推理小説などのペーパーバックの本を除けば、一般的に書籍は高価である。特に児童書は、しっかりしたハードカバーのものが多く、普通の人々が気軽に本屋で買うのではなく、誕生日やクリスマスなどの特別のプレゼント用に購入する。たとえば二〇一六年に最も売れた児童書は『ハリーポッターと呪いの子、第一部』（*Harry Potter och det fördömda barnet*）であったが、送料別のネット販売で二二〇クローナ（約二八六〇円）であった。ちなみに日本のアマゾンでは第一部・第二部合本で送料別一九四四円である。図書館に希望を出せばほとんどすぐに購入してくれるし、図書館の方でも人気が出そうな本はすぐ棚に並ぶので、子どもたちは図書館から借りて読書するのである。

スウェーデンの図書館の児童書の貸し出し数の多さのもう一つの背景要因は、保育所（daghem）との連携である。スウェーデンでは男性も女性も働くのが普通なので、子どもたちは基本的にほとんどみな保育所に預けられる。保育所は二〇一〇年に制定された現行の学校法（Skollagen）では、正式には「就学前学校」（förskola）と呼ばれ、学校体系の中に組み込まれている。

就学前学校ではいろいろな保育活動、教育活動が行われるが、職員による絵本の読み聞かせはその中でも重要なものである。絵本を読み聞かせている間は子供たちが比較的静かになる、というメリットもある。就学前学校自身が児童書を所有するケースはあまりなく、近くの市民図書館や学校図書館に借りに行くのが一般的である。つまり前出の貸し出し統計にはこのような保育所への貸し出しも多く含まれているのだ。

学校へ上がった子どもたちも学校図書館や市民図書館で良く本を借りる。スウェーデンの一〇歳〜一八歳対象のある調査では女子の六〇％以上、男子の四〇％以上が、週一日以上読書をすると回答している。その割合は低学年の方が高く、四〜六年生では女子の七七％、男子の五九％が本を読んでいるのに対し、高校生になると女子五〇％、男子二八％と激減するのが嘆かわしいが。

ともあれ、スウェーデンの子どもたちの読書において、図書館および就学前学校の果たす役割は大変大きい、といえよう。

【参考文献】

三瓶恵子（一九九九）『ピッピの生みの親——アストリッド・リンドグレーン』岩波書店

Borglind, A. & Nordenstam, A. (2015) *Från fabler till manga 1*, Gleerups

Edman, L.K. (2002) *Barn- och ungdomsböcker genom tiderna*, Natur och Kultur

Furuland, L.&Orvig,M.(1990) *Ord och bilder för barn och ungdom I & II* Rabén och Sjögren

Key, E.(1900) Barnets århundrade, Project Runeberg, http://rueberg.org/barnets/

Kåreland, L.(2001),Möte *med barnboken*, Natur och Kultur

Kåreland, L. (2013) *BARNBOKEN I SAMHÄLLET*, student litteratur

Seriefrämjandet（2017）：https://seriewikin.serieframjandet.se/index.php/Manga

Svenska Barnboks Institutet (2017) *Bokprovning på Svenska barnboksinstitutet: En dokumentation, Årgång 2016*

Svenska författarfond (2017)　：http://www.svff.se/pdf/Topp2015.pdf

Sveriges författarförbund（2017）：http://www.forfattarforbundet.se/biblioteksersattning-hojs-med-16-ore/

第一二章　ノーベル賞からみた日本・スウェーデン関係
――その歴史的展開と今後の課題

吉武 信彦

一．はじめに――ノーベル賞と日本

毎年一〇月から一二月にかけて、世界中の目がスウェーデンとノルウェーに向けられる。一〇月にはノーベル賞の受賞者が次々に発表され、一二月一〇日には授賞式がストックホルムとオスロで盛大に開催される。一九〇一年に始まったノーベル賞は、今や世界で最も権威ある賞となっている。現在では物理学賞、化学賞、生理学・医学賞、文学賞、平和賞、経済学賞(1)の六分野にまたがる賞として発展を遂げている。その選考主体は賞によって異なり、物理学賞、化学賞、経済学賞がスウェーデン王立科学アカデミー、生理学・医学賞がカロリンスカ研究所、文学賞がスウェーデン・アカデミー、平和賞がノルウェー・ノーベル委員会となっている。

日本では日本人がノーベル賞を受賞するか否かをめぐり注目が集まる。受賞者発表前から受賞者の予想がニュースとなり、受賞の可能性が高いとされる日本人「候補」の動向はテレビ、新聞、雑誌などで細かく報道される。実際に日本人が受賞したときには一二月の授賞式までさらに報道が過熱し、まさにノーベル賞フィーバー（熱狂）とも呼べる状況になる。ノーベル賞に対する日本人の関心は世界の中でも極めて高い部類に属するといえよう。スウェーデン、ノルウェーについてほとんど知らない日本人でも、このノーベル賞の存在により両国を身近に感じ、敬意を抱くきっかけになっている。資料編の資料五（一四四～一四五頁）に示される通り、二〇一七年現在、日本人のノーベル賞受賞者は二五名になる。これにはアメリカ国籍を取得した南部陽一郎（一九二一～二〇一五年、二〇〇八年物理学賞受賞）シカゴ大学名誉教授、中村修二（一九五四年生まれ、二〇一四年物理学賞受賞）カリフォルニア大学教授も含まれている。

本章ではノーベル賞を題材にして日本・スウェーデン関係（以下、日瑞関係と略）の一五〇年を振り返る。実際には、ノーベル賞が始まったのは一九〇一年であるため、一五〇年よりも短い期間になるものの、その大きな部分を占めており、日瑞関係で見逃すことのできないトピックであろう。日本人のノーベル賞受賞という観点から両国の関係を振り返ったとき、大きく三つの時期に分けることができる。

第一期（一九〇一～一九四八年）は、ノーベル賞が創設されたものの、日本人受賞者が全く出なかった時期である。しかし、ノーベル賞の存在自体は日本で着実に認知され、大きな関心を集めるまでになっていた。それは憧れと呼ぶこともできるものであった（第一期の詳細は、吉武、二〇一七を参照）。第二期（一九四九～一九九九年）は、一九四九年に湯川秀樹（一九〇七～一九八一年）京都大学教授が日本人初のノーベル賞（物理学賞）受賞者となってから、日本人受賞者が徐々に増えた一九九九年までの時期である。日本人にとってノーベル賞の受賞が現実のものとなり、受賞が単なる憧れから手の届くものとして認識された。しかし、日本人受賞者は一〇年に一名、二名のペースが続き、受賞の難しさから賞の権威がますます高まると同時に、停滞感も漂っていた。第三期（二〇〇〇年～現在）は、日本人のノーベル賞受賞者が急増し、第二期の受賞者総数を短期間に大きく上回る状況になり、ノーベル賞をめぐる日瑞関係においてまさに蜜月時代とも呼べる時期である。しかし、同時に日本経済の停滞が続き、日本の高等教育を取り巻く環境悪化から、日本の科学技術力の将来に対して不安も高まっている。

以上の三つの時期の違いは資料編の資料五（一四五頁）の年代別分野別日本人受賞者数をみても明らかである。本章は、この三つの時期を手がかりに日本人がノーベル賞をいかに受容し、熱狂的な態度をとるようになったのかに注目し、ノーベル賞からみた日瑞関係の歴史的展開を明らかにする。最後に、その分析を踏まえ日瑞関係にノーベル賞が果たした役割と今後の課題を考察する。

二．ノーベル賞の認知と憧れの拡大
――第一期（一九〇一～一九四八年）

ノーベル賞を創設したアルフレッド・ノーベル（一八三三～一八九六年）【写真1】は、いつ頃日本に紹介されたのであろうか。朝日新聞の記事データベースによれば、ノーベルが同紙に初めて登場するのは、一八九六年八月のことであった。スウェーデンの探検家、アンドレ（一八五四～一八九七年）による北極探検に対して「アリフレドノーベル氏六万五千クロン」を寄付したとある（「北極探検船の出発」『東京朝日新聞』一八九六年八月一日朝刊）。

ノーベルが亡くなり、その遺言が明らかになると、一八九七年一月に「ダイナマイトの発明者ノベル氏ハ学術研究の為に万国共同資本の組織を設けんと欲し其巨額の資財の全部を寄付せり（一月二日倫敦発）」との短い新聞記事が出ており（「学術の奨励」『東京朝日新聞』一八九七年一月一二日第二回）、その後、

【写真1】アルフレッド・ノーベル肖像（1885年）。©The Nobel Foundation

雑誌記事で詳細が伝えられた（「〈雑報〉アルフレッド、ノーベル氏ノ遺産（学術及平和ノ奨励）」『国家学会雑誌』第一一巻第一二二号、一八九七年）。ノーベルの遺言は、その死後早い段階で日本に伝えられ、前例のないものであったため、関心を呼んだのであった。

一九〇〇年にノーベル財団が発足し、一九〇一年にノーベル賞の授与が実際に始まった。しかし、当初、日本の新聞はノーベル賞受賞者を詳しく報道していなかった。読売新聞は、一九〇一年の文学賞受賞者についてノーベルの設けた「懸賞授与者」としてフランスの詩人、シュリ・プリュドム（一八三九～一九〇七年）が受賞したことのみを伝え、他の受賞者については言及していない（「〈よみうり抄〉懸賞授与者」『読売新聞』一九〇二年二月二七日朝刊）。同紙がノーベル賞受賞者を次に報道したのは、一九〇五年の各賞受賞者であった。ベルリン経由の情報として、同年のコッホ（一八四三～一九一〇年、生理学・医学賞）ら全受賞者の名前を記し、「ノーベル賞金」が授けられたと報じている（「諸大学教授受賞」同、一九〇五年一二月一三日朝刊）。一九〇六年にアメリカのセオドア・ローズヴェルト大統領（一八五八～一九一九年）がノーベル平和賞を受賞した際も、同紙は報道している（「米大統領の平和賞章」同、一九〇七年一月一七日朝刊）。朝日新聞においては、ノーベル賞受賞者の最初の紹介は、一九〇五年のコッホらの受賞を報道したものであり（「独逸の学問奨励」『東京朝日新聞』一九〇五年一二月一三日朝刊）、それに続くのは一九〇六年のローズヴェルト大統領の平和賞受賞を伝える記事であった（「大統領と平和」同、一九〇六年一二月一二日朝刊。「米国大統領と平和」同、同年一二月一三日朝刊）。同様に、雑誌でもノーベル賞について紹介記事が出るようになった。ノーベル賞の存在は、創設当初はまだ十分知られていなかったが、一九一〇年頃には日本で認知されるようになったと考えられる。

その後、新聞報道は、一九一〇年代から一九三〇年代までノーベル賞受賞者の選出を同時代的に伝える記事を中心に順調に増えた。その中心は文学賞、平和賞関連の記事であった。しかし、こうした増加は、第二次世界大戦の勃発で中断している。一九四〇年代前半はノーベル賞に関する新聞報道は限定的になった。

なお、ノーベル賞の呼称については、「ノーベル賞典」、「ノーベル賞金」、「ノーベル賞牌」など、さまざまなものが存在した。とくに、「ノーベル賞金」という呼称は長く使われた。受賞者に多額の賞金が分配されることから、「賞金」が注目されたためであろう。一九二〇年代後半頃から「ノーベル賞」という呼称も徐々に使われ始め、その後これが定着した。

他方、図書に関しては、第二次世界大戦以前だけで約四〇冊の図書がノーベル、ノーベル賞に関して出版されている（吉武 二〇一七：一二）。一九〇九年には、日本初のノーベルの伝記、藤井宇平『世界的偉人ダイナマイト王　ノーベル傳』が出ている（藤井 一九〇九）。ノーベルの伝記がノーベル賞創設から早い段階で出版されたことは、日本人のノーベル、ノーベル賞理解を進める上で大きな意味をもったと考えられる。一九一〇年代～一九三〇年代には、ノーベル、ノーベル賞に言及する成人用、児童用の文献が徐々に増え、紹介内容も詳しくなった。これらの文献は、ノーベルを「偉人」の典型的事例として捉え、具体的に「世界的実業家」、「富豪」、「大成功者」、「爆薬王」、「大科学者」、「大発明家」などさまざまな切り口から紹介した。これらの紹介を通じて、ノーベルとノーベル賞の存在は日本人の間に広く定着したと考えられる。とくに一九三〇年代はノーベル、ノーベル賞に関して多数の図書が出版されており、この時点でノーベル、ノーベル賞についての知名度は日本で極めて高かったと推測される。一九四〇年代前半には、ノーベルについて本格的な伝記が三冊出版されている（西澤 一九四一、槇尾 一九四二、ゾールマン、シュック 一九四二）。そのうちの一冊は、ノーベル財団関係者による定評のあるノーベル伝の翻訳であった。さらにノーベル賞受賞者の作品を翻訳した『ノーベル賞文学叢書』全一八巻も最初の計画通り完結している（『ノーベル賞文学叢書』、一九四〇～一九四二。詳細は、吉武 二〇一七：二三）。しかし、戦時体制が深まる中でノーベルの紹介も内容に若干変化が生じ、ノーベル賞よりも爆薬開発におけるノーベルの貢献が注目され、爆薬の重要性、科学技術開発の重要性が強調された（江口 一九四二：二九五―三〇一、横山 一九四四：二〇九―二二〇）。

第二次世界大戦後、湯川のノーベル賞受賞以前においてもノーベル、ノーベル賞に対する日本人の関心は高かった。第二次世界大戦でスウェーデンが中立を守ったことから、「平和国家」としてスウェーデンの歩みが高く評価され（吉武 二〇〇三：八六―八八）、その一環でノーベル賞も注目されたのである。ノーベル、ノーベル賞の紹介本も引き続き出版されている。

ノーベル賞は、一九〇一年に第一回目の受賞者を出したが、一九四九年の湯川まで日本人が受賞することはなかった。しかし、この期間に多くの日本人がすでに候補になっていたのも事実である。たとえば、分野別の日本人候補名（推薦年）は以下の通りである（生没年は省略）。いかに多くの日本人がノーベル賞の候補となりながら、涙を呑んできたかがわかる。とくに、生理学・医学賞には多くの日本人が推薦されていた。山極勝三郎（一八六三～一九三〇年）東京帝国大学教授が癌研究で優れた業績を挙げたにもかかわらず受賞できなかったときには、ノーベル賞の選考に対して疑問、不信の声が日本の医学界で出た。一九三〇年代には、日本人の研究業績が評価されない理由が、その業績の水準にあるのか、あるいは評価する側の問題にあるのか、議論が続くことになった（岡本二〇〇〇ａ：四八―五六、同二〇〇二ａ：三一―三四、同　二〇〇二ｂ：二六二―二七二、同二〇一六：一九七―二〇一）。

①　物理学賞二名：

本多光太郎（一九三二年）、湯川秀樹（一九四〇、一九四一、一九四三、一九四四、一九四五、一九四六、一九四八年）（岡本一九九九、同二〇〇〇ｂ）。

②　化学賞二名：

秦佐八郎（一九一一年）、鈴木梅太郎（一九二七、一九三六年）（岡本一九九九、同二〇〇三）。

③　生理学・医学賞一五名：

北里柴三郎（一九〇一年）、秦佐八郎（一九一一、一九一三年）、野口英世（一九一三、一九一四、一九一五、一九二〇、一九二一、一九二四、一九二五、一九二六、一九二七年）、鈴木梅太郎（一九一四年）、井戸泰（一九一九年）、稲田龍吉（一九一九年）、山極勝三郎（一九二五、一九二六、一九二八、一九三六年）、加藤元一（一九二八、一九三五、一九三七年）、呉建（一九三一、一九三三、一九三五、一九三六、一九三七、一九三九年）、佐々木隆興（一九三五、一九三六、一九三九、一九四一年）、市川厚一（一九三六年）、久野寧（一九三六、一九三八年）、挟間文一（一九三八年）、石原誠（一九三九年）、鳥潟隆三（一九三九年）（岡本二〇〇〇ａ、同二〇〇二ａ、同二〇〇二ｂ）。

④　文学賞一名：

賀川豊彦（一九四七、一九四八年）（吉武二〇一三・二〇一四）。

⑤　平和賞二名：

有賀長雄（一九〇九年）、渋沢栄一（一九二六、一九二七年）（吉武二〇一〇）。

三．日本人受賞者誕生の喜びと停滞感
——第二期（一九四九年〜一九九九年）

一九四九年に湯川秀樹京都大学教授【写真2】が初めてノーベル賞を受賞した。湯川は一九四〇年から物理学賞を選考するスウェーデン王立科学アカデミーに候補として推薦され始め、一九四九年にはアメリカ、フランス、スウェーデンの科学者一〇名から推薦を受けていた。スウェーデン王立科学アカデミーの物理学賞委員会および総会は圧倒的支持で湯川の受賞を決めている（岡本 一九九九、同 二〇〇〇b）。湯川の受賞は、第二次世界大戦に敗北し、連合国の占領下におかれた日本人にとって、大きな喜びと希望を与えるものであった。たとえば、当時の小学校教科書は早速この受賞を取り上げ、次世代を担う子供たちにその感動を伝えている。「昭和二十四年の『文化の日』に、いかにもこの日にふさわしいニュースがもたらされ、われわれ日本人の心を明かるくした。それは湯川秀樹博士が、ノーベル賞の中の物理賞の受賞者に内定したしらせであった。世界文化の大きな歩みの中に、進出していく日本人のすがたを、まのあたりに見るような気持がして、国民に深い感動と大きな希望をあたえないではいなかった」という文章で始まった紹介はノーベル、ノーベル賞について触れ、さらに湯川夫人の手記を基にして授賞式

【写真2】湯川秀樹博士ノーベル物理学賞。出所『20世紀デザイン切手シリーズ第10集』2000年

の様子を説明した後、最後に「これを読んで、当日の光景を想像し、その感げきを新たにするとともに、さらに日本人の進出を期待したいものである」と結んでいる（『希望 新国語六年下』、一九五〇：四、一〇。同様の見方は、槇尾 一九四九、再版の辞にもみられる）。

この湯川の受賞を受けて、一九五〇年代から一九六〇年代にかけて湯川についての伝記、さらにノーベル、ノーベル賞を紹介する図書がとくに児童向けを中心に多数出版された。当時、軍事的に敗北した日本にとって、新たな国家目標として「文化国家」、「平和国家」が掲げられたが、湯川の受賞によりノーベル賞はそれを証明する一つの指標と位置づけられた。また、経済復興から高度経済成長に向かう時期において、科学技術に対する関心は高く、その水準を示す指標としてもノーベル賞は意味をもったのである。

しかし、その後の日本人のノーベル賞受賞は険しい道のりであった。一九四九年の湯川に続く日本人の受賞者はなかなか現れず、二人目の受賞者は一九六五年にノーベル物理学賞を受賞した朝永振一郎（一九〇六〜一九七九年）東京教育大学教授であった（岡本 二〇一六：二〇六）。湯川の受賞からすでに一六年の歳月が流れていた。

一九六八年には三人目のノーベル賞受賞者として作家の川端康成（一八九九〜一九七二年）が文学賞を受賞している。川端は、インドのタゴール（一八六一〜一九四一年、一九一三年文学賞受賞）以来、アジアから二人目の文学賞受賞者であった。タゴールの場合、当時のインドがイギリス植民地であり、タゴール自身が英文の作品も出していたことを考慮すると、非欧米言語の文学として川端の受賞はノーベル文学賞の「グローバル化」に大きな意味をもつものであった。欧米の著名作家にノーベル文学賞を一通り授与したスウェーデン・アカデミーは、一九六〇年代になると、同賞を「欧米」の文学賞から「全世界」の文学賞に脱皮させることを模索し、非欧米文学に関心を寄せていた（Espmark 1991:131-144）。しかし、自然科学分野のノーベル賞に比べると、ノーベル文学賞には言語、文化などの壁が大きく立ちふさがり、日本をはじめとする非欧米諸国の出身者が同賞を獲得するのは極めて困難であった。一九五〇年代、一九六〇年代に質の高い翻訳が次々に出たことにより、ようやく川端のノーベル文学賞受賞は可能になったのである（柏倉 二〇一六：一五八）。この時期の日本におけるノーベル文学賞への関心の高まりは、『ノーベル賞文学全集』の刊行に見出すことができる（『ノーベル賞文学全集』、一九七〇～一九七二）。

一九七〇年代以降も一九九〇年代まで、一〇年に一名、二名の日本人の受賞が続いた。一九七〇年代には、一九七三年に江崎玲於奈（一九二五年生まれ）アメリカＩＢＭワトソン研究所フェローが物理学賞を、一九七四年に佐藤栄作（一九〇一～一九七五年）元首相が日本人初の平和賞を受賞している。一九八〇年代には、一九八一年に福井謙一（一九一八～一九九八年）京都大学教授が日本人初の化学賞を、一九八七年に利根川進（一九三九年生まれ）マサチューセッツ工科大学教授が日本人初の生理学・医学賞を受賞している。一九九〇年代には、一九九四年に作家の大江健三郎（一九三五年生まれ）が日本人二人目の文学賞受賞者となっている。以上のように、一九七〇年代以降、日本人の受賞分野は物理学、文学以外に徐々に広がりをみせたのである。

一九九九年時点の日本人のノーベル賞受賞者の総数は八名であり、各分野の内訳は物理学賞三名、化学賞一名、生理学・医学賞一名、文学賞二名、平和賞一名、経済学賞〇名であった。湯川の受賞から半世紀で八名ということであり、ノーベル賞受賞が単なる憧れから、実際に手に届くものと認識されてからも、現実には受賞は簡単なものではなかった。自然科学分野のノーベル賞において、日本人受賞者は一九八七年の利根川以後、出ていなかった。一九六九年に授与を開始した経済学賞については現在に至るまで依然として日本人受賞者はいない。

一八九五年一一月二七日付けの遺言において、ノーベルはノーベル賞の構想を具体的に記していたが、基金の利子を「その前年に人類に最大の利益をもたらした人たちに、賞の形で毎年分配」するとし、物理学賞については「最も重要な発見または発明をした人物」に、化学賞については「最も重要な化学上の発見または改良をなした人物」に、生理学・医学賞については「最も重要な発見をした人物」に、文学賞については「文学で理想主義的な傾向の最もすぐれた作品を創作した人物」に、平和賞についてては「諸国家間の友好、常備軍の廃止または削減、平和会議の開催や推進のために最大もしくは最善の活動をした人物」に与えると明記していた（吉武 二〇一一：三九）。受賞者は、これらの基準を満たす必要があるが、それには極めて高い創造性が要求されるのである。第二期の日本人受賞者の状況をみる限り、いかに創造性に富んだ業績を挙げ、ノーベル賞の各選考委員会に認められることが困難であったか、浮かび上がるのである。

四．受賞者の急増による蜜月時代と将来への不安
——第三期（二〇〇〇年～現在）

第二期における停滞感は、日本政府に危機感を与えることになった。政府は、自然科学分野の学術振興をめざし、その方向づけを行なう「科学技術基本計画」を一九九五年以来策定していたが、その「第二期科学技術基本計画」（二〇〇一～二〇〇六年度）において「ノーベル賞に代表される国際的科学賞の

受賞者を欧州主要国並に輩出すること（五〇年間にノーベル賞受賞者三〇人程度）」と具体的に明記したのであった（「科学技術基本計画（平成一三年三月三〇日閣議決定）第一章二（一）」、文部科学省、二〇〇一）。ここでいうノーベル賞とは、物理学賞、化学賞、生理学・医学賞の自然科学三賞のことを指している。バブル経済崩壊後、低迷する日本経済を立て直すために、政府は「科学技術創造立国の実現」を掲げ、「知の創造と活用により世界に貢献できる国」を「目指すべき国の姿」の一つにすえたのである。その際、自然科学分野の目標をノーベル賞受賞者数という目にみえる数値目標でアピールしようとしたのであろう。ノーベル賞をめざすことが自然科学分野の研究者の使命として奨励されたのである。

この事例は、ノーベル賞に対する日本人の見方を象徴している。第一に、今後の学術活動を評価する際、日本の自前の評価基準、将来構想よりもノーベル賞を高く評価していることに示されるように、ノーベル賞に対して絶対的な信頼がおかれたのである。第二に、日本ではノーベル賞をみる場合、自然科学分野に注目しすぎる傾向も指摘できる。その結果、自然科学分野でもノーベル賞の対象である物理学、化学、生理学・医学が重視され、そのほかの自然科学分野は軽視されたのである。こうした批判もあり、上記のノーベル賞についての具体的目標はその後の「科学技術基本計画」ではトーンダウンした（たとえば、「科学技術基本計画（平成一八年三月二八日閣議決定）第一章三（一）」、文部科学省、二〇〇六）。

こうした動きがある中で、二〇〇〇年代になると、日本人のノーベル賞受賞に関して状況が一変する。二〇〇〇年、化学賞を白川英樹（一九三六年生まれ）筑波大学名誉教授が受賞する。自然科学分野での日本人の受賞は、一三年ぶりのことであった。これ以後、物理学賞、化学賞において受賞者が急増した。二〇〇〇年代の最初の一〇年間にそれまでの約五〇年間に獲得した受賞者数と並ぶ八名が受賞している（物理学賞四名、化学賞四名）。二〇一〇年代に入っても、二〇一七年現在、物理学賞四名、化学賞二名、生理学・医学賞三名の九名が受賞したのである。これについて、文部科学省は二〇一六年の「第五期科学技術基本計画」（二〇一六〜二〇二〇年度）において「今世紀に入り、我が国の自然科学系のノーベル賞受賞者数が世界第二位であることは、世界の中で我が国の科学技術が大きな存在感を有している証しである」、「これまで四期にわたる基本計画では、政府研究開発投資について明確な目標を掲げることで、研究開発環境を着実に整備し、ノーベル賞受賞者も数多く輩出するようになった。これらは長年にわたる政府の研究開発投資の成果である」と述べている（「科学技術基本計画（平成二八年一月二二日閣議決定）第一章（二）、第七章（五）」、文部科学省、二〇一七）。

自然科学分野の場合、受賞理由となる研究成果と実際の受賞との間には数十年の時間差があることも普通であるため、戦後の学問の発展が二〇〇〇年代になって評価を受けているといえよう。とくに、第二次世界大戦以前からの学問的伝統が受け継がれ、人材育成制度が整っていたこと、第二次世界大戦の戦災による疲弊の中、湯川秀樹のノーベル賞受賞がきっかけとなり、国民の間に科学技術信奉が強まり、優秀な人材が自然科学系の学問に流入したこと、高度経済成長期以来、政府、企業が資金面でも人材面でも研究開発を重視した結果、大学や企業において研究者が若い時から研究に打ち込める環境が用意され、外国での研究の機会も与えられるなど、さまざまな要因が重なった結果と考えられる(2)。

以上のように、二〇〇〇年以降、日本人のノーベル賞受賞者が急増し、日本とノーベル賞との間に蜜月時代が到来した。しかし、これら受賞者は受賞の喜びとともに、将来への不安を口にする事態となっている。たとえば、二〇一六年にノーベル生理学・医学賞を受賞した大隅良典（一九四五年生まれ）東京工業大学栄誉教授は、「日本は豊かになったが、精神的にゆとりがない社会になってしまった。日本の大学はすべてを効率で考えるという袋小路に陥り、科学の世界に『役に立つ』というキーワードが入り込みすぎている。研究費が絞られるほど研究者のマインドは効率を上げることに向かうが、自由な発想なしに科学の進展はない」、「かつての日本の大学は基礎的な研究活動を支える講座費という制度が充実し、みんなが好きなことをやれた時代があった。今は研究できるポジションも少なくなり、親が大学院進学を止めるほど研究職は将来が見通せない職業になった」、「このままでは将来、日本からノーベル賞学者が出なくなると思っている。（日本人の連続受賞は）過去の遺産という面もある」と述べ、日本の研究環境の劣悪化を指摘し、現状に警鐘を鳴らしている（「一六年生理学・医学賞　大隅良典氏『ノーベル賞、日本から出なくなる』」『日本経済新聞』二〇一七年九月三〇日朝刊）。

二〇〇四年の国立大学の法人化以後、国の財政難を理由に運営費交付金が毎年削減され続けた結果、研究費の減少、研究職の減少と任期制化などの事態が進行し、とくに基礎研究を行なう環境は著しく劣化したのであった。大隅栄誉教授が口にした不安は多くの研究者に広く共有されている。「第五期科学技術基本計画」においても、「世界における我が国の科学技術の立ち位置は全体として劣後してきて」いることは認識されている（「科学技術基本計画（平成二八年一月二二日閣議決定）第一章（二）」、文部科学省、二〇一七。同様の指摘は、同白書中の「二〇一六年ノーベル賞受賞、及び学術研究・基礎研究の振興に向けた我が国の取組　三」にもみられる）。

五．おわりに——今後の課題

以上、ノーベル賞の創設された一九〇一年から現在までの日瑞関係をノーベル賞という観点から紹介した。その間、二五名の日本人受賞者が生まれ、ノーベル賞は日本の学問、文化の発展に大きな刺激を与えてきた。とくに、自然科学三賞の受賞者がそのうちの二二名を占め、二〇〇〇年代に入り受賞者ラッシュが続いていることは、日本の自然科学分野の学問の発展を鼓舞し、日本人に自信を与えてきたのである。ノーベル賞は、日本人とって極めて大きな存在となっている。今後も日本人の関心を集め続け、日瑞関係の発展にとってもプラスに働くことであろう。

しかし、ノーベル賞に対する日本人の対応に問題がないこともない。

第一に、日本においては、ノーベル賞の権威があまりにも高く評価されすぎた結果、一種の「神話」ができている。ノーベル賞を絶対視し、その評価基準が独り歩きを始めている。上記の「第二期科学技術基本計画」においては、ノーベル賞を獲得することが学問の目標にすらされたのである。その後、そこまで露骨な言及はなくなったが、それでも日本人のノーベル賞受賞をめぐる官民挙げての大騒ぎをみると、ノーベル賞をとることが期待され続けているのは確かであろう。

ノーベル賞の選考対象となっているのは、自然科学においても三分野に限られており、多くの分野が抜け落ちている。また、その三分野に限っても、それぞれの学問の中にさまざまな研究領域があり、世界中に有力候補がひしめく中で、各賞最大三名の枠内でいつ誰にいかなる理由で賞を授与するかは、その時どきの選考側の判断次第である。選考側の意図、価値観を抜きにして、賞は存在しない。自然科学以外の文学賞、平和賞、経済学賞の選考に至っては、選考はより恣意的なものであろう。ノーベル賞の選考結果にのみ一喜一憂し、賞を選考する側の意図が軽視されている日本の現状は、ノーベル賞に対してあまりにもナイーブといわざるを得ない。ノーベル賞を受賞することは受賞者個人にとって極めて名誉なことであろうが、それが一国の学問を評価する尺度に利用されたり、学問の方向性まで左右することとは行きすぎた事態である。ノーベル賞のもつ意義と限界を見極め、冷静になることが求められている。

賞に憧れ、受賞することばかりに目を向けるのではなく、スウェーデンのノーベル財団という一民間団体が国際的な賞を一世紀以上の時間をかけて発展させ、世界中から敬意を集めている事実にこそ目を向け、その人類への貢献を学んでも良いのではないだろうか。

第二に、上記の点とも重なるが、日本人はノーベル賞を考える際、日本人受賞者にこだわりすぎており、ノーベル賞をナショナリズムの道具として利用している面も強い。オリンピックのメダル獲得競争を想起させる思考がみられる。ノーベル賞の基になったノーベルの遺言では、受賞者は「人類に最大の利益をもたらした」ことが求められ、さらに「国籍はいっさい考慮されてはならず、スカンディナヴィア人であろうとなかろうと、最もふさわしい人物」であることが明記されていた（吉武 二〇一一：二九）。ノーベルは、ナショナリズム全盛の一九世紀末にそれを超えた普遍的な学問の発展や平和の促進をめざしていたのである。ノーベルがいかに先見の明に満ちた思想家であったかがわかる。実際に、今日ノーベル財団の出す資料に国別のノーベル賞獲得ランキングはなく、国家間の競争をあおることはない。

これまでも日本人受賞者が日本国内で研究をするだけでなく、海外の研究施設で受賞につながる研究をしてきた歴史もある。今後は外国人研究者が日本の研究施設で大きな成果を挙げ、ノーベル賞を受賞するかもしれない。国境を超えた研究者の交流がノーベル賞に値する研究を生み出すきっかけになるであろう。そうした交流の重要性は作家や政治家にも当てはまる。まさに知的刺激を生む多様性をいかに確保できるかがノーベル賞への近道になるかもしれない。その点でいえば、これまでの日本人受賞者がいずれも男性であった点にも留意が必要である。女性の活用は、研究、文学、政治の分野においてもますます重要性を増しており、新たな発想を生む突破口になりうるものであろう。

以上のように、ノーベル賞は受賞者を単に称えるものではなく、彼らを通じて人類全体に知的刺激を与え、より普遍的な視点から学問、文化の発展、世界平和の行方について問い直す存在である。ノーベルは、人類にとって極めて大きな財産を遺したのである。

【註】

（1）経済学賞は、ノーベルの遺言によるものではないため、厳密にはノーベル賞ではない。一九六八年にスウェーデン銀行（中央銀行）が同行の創立三〇〇周年を記念して経済学賞を設けることを提案し、ノーベル財団がそれを受け入れた結果、翌六九年から経済学賞がノーベル賞と同等の扱いをする賞として始まった。正式名称は、「アルフレッド・ノーベルを記念するスウェーデン銀行経済学賞」である。

（2）文部科学省は、二〇〇〇年以降の自然科学分野の日本人受賞者の躍進の背景について詳細な分析を行なっている（「ノーベル賞受賞を生み出した背景〜これからも我が国からノーベル賞受賞者を輩出するために〜」、文部科学省、二〇一六）。それによれば、ノーベル賞受賞者の歩みを分析した結果、「次代を担う人材を育成していくことが重要であり、……理数好きの児童生徒の拡大を図ることが重要」、「若手研究者がキャリアの段階に応じて高い能力と意欲を最大限発揮できる環境の整備が重要」、「国際的な研究ネットワークを強化していくことが重要」、「政府によるさまざまな支援が必須。……科学技術イノベーションを進めていくための環境整備が重要」という四点の課題を導き出している。

【参考文献】

秋元格、鈴木一郎、川村亮（二〇一四）『ノーベル賞の事典』東京堂出版。
江口芳樹（一九四二）『文明を築いた人々』青年書房。
岡本拓司（一九九九）「ノーベル賞文書からみた日本の科学、一九〇一年―一九四八年――(I)物理学賞・化学賞」『科学技術史』第三号。

――（二〇〇〇ａ）「ノーベル賞文書からみた日本の科学、一九〇一年―一九四八年――(II)生理学・医学賞（北里柴三郎から山極勝三郎まで）」『科学技術史』第四号。

――（二〇〇〇ｂ）「日本人とノーベル物理学賞：一九〇一年―一九四九年」『日本物理学会誌』第五五巻第七号。

――（二〇〇二ａ）「戦前期日本の医学界とノーベル生理学・医学賞――推薦行動の分析を中心に」『東京大学教養学部哲学・科学史部会　哲学・科学史論叢』第四号。

――（二〇〇二ｂ）「山極勝三郎の非受賞が教えたこと」『学術月報』第五五巻第三号。

――（二〇〇三）「戦前期の日本の化学とノーベル賞――ノーベル賞選考資料から」『現代化学』第三八二号。

――（二〇一六）「日本の物理学とノーベル賞――湯川秀樹と朝永振一郎の受賞まで」『現代思想』第四四巻第一二号。

柏倉康夫（二〇一六）『ノーベル文学賞――「文芸共和国」をめざして（増補新装版）』吉田書店。

『希望　新国語六年下』（一九五〇）、光村図書出版株式会社、一九五〇年文部省検定済、「大きな歩み（一）日本人の進出」。

西澤勇志智（一九四一）『ノーベル兄弟（近代科学者傳二）』朝日新聞社。

ノーベル賞人名事典編集委員会編（二〇一三）『ノーベル賞受賞者業績事典　新訂第三版――全部門八五五人』日外アソシエーツ。

『ノーベル賞文学全集』（一九七〇～一九七二）全二四巻、別巻一、主婦の友社。一九七四年に第二五巻、一九七六年に第二六巻が追加された。

『ノーベル賞文学叢書』（一九四〇～一九四二）全一八巻、今日の問題社。

藤井宇平（一九〇九）『世界的偉人ダイナマイト王　ノーベル傳』世界最良書普及會。

槇尾榮（一九四二）『ノーベル傳』冨山房。

――（一九四九）『ノーベル傳（再版）』冨山房。

文部科学省（二〇〇一）『平成一三年版科学技術白書』。

――（二〇〇六）『平成一八年版科学技術白書』。

――（二〇一六）『平成二八年版科学技術白書』。

――（二〇一七）『平成二九年版科学技術白書』。

矢野暢（一九八八）『ノーベル賞――二十世紀の普遍言語』中公新書。

横山夏樹（一九四四）『輝く靖國物語』太平書房。

吉武信彦（二〇〇三）『日本人は北欧から何を学んだか――日本・北欧政治関係史入門』新評論。

――（二〇一〇）「ノーベル賞の国際政治学――ノーベル平和賞と日本：第二次世界大戦前の日本人候補」『地域政策研究』（高崎経済大学）第一二巻第二・三号。

――（二〇一一）「ノーベル賞の国際政治学――ノーベル平和賞の歴史的発展と選考過程」『地域政策研究』第一三巻第四号。

――（二〇一三・二〇一四）「ノーベル賞の国際政治学――ノーベル文学賞と日本：日本人初の文学賞候補、賀川豊彦」（一）、（二・完）『地域政策研究』第一六巻第一号、第三号。

――（二〇一五）「ノーベル賞の国際政治学――ノーベル平和賞研究の課題」岡澤憲芙編『北欧学のフロンティア――その成果と可能性』ミネルヴァ書房。

――（二〇一七）「ノーベル賞の国際政治学――第二次世界大戦以前の日本におけるノーベル賞の受容」『地域政策研究』第二〇巻第二号。

ラーション、ウルフ編（二〇一一）『ノーベル賞の百年――創造性の素顔（改訂第二版）』津金―レイニウス・豊子訳、ユニバーサル・アカデミー・プレス。

Abrams, Irwin (2001) *The Nobel Peace Prize and the Laureates: An Illustrated Biographical History, 1901-2001*. Canton, MA: Science History Publications.

Bergengren, Erik (1960) *Alfred Nobel*. Stockholm: Gebers.［エリック・ベルイエングレン（一九六八）『ノーベル伝』松谷健二訳、白水社］

Espmark, Kjell (1991) *The Nobel Prize in Literature: A Study of the Criteria behind the Choices*. Boston, MA: G. K. Hall.
Fant, Kenne (1991) *Alfred Bernhard Nobel*. Stockholm: Norstedts Förlag.［ケンネ・ファント（一九九六）『アルフレッド・ノーベル伝――ゾフィーへの二一八通の手紙から』服部まこと訳、新評論］
Nobel Foundation ed. (1962) *Nobel: The Man and His Prizes*. Amsterdam: Elsevier Publishing Company.［ノーベル財団（一九七二）『ノーベル賞物語（ノーベル賞文学全集別巻）』磯谷孝訳、主婦の友社。仏語縮訳版の邦訳］
Schück, Henrik och Ragnar Sohlman (1926) *Alfred Nobel och hans släkt*. Uppsala: Almqvist & Wiksells Boktryckeri.［R・ゾールマン、H・シュック（一九四二）『大ノーベル傳』菊池武一訳、東峰書房。独語版の邦訳］
Sohlman, Ragnar (1983) *The Legacy of Alfred Nobel: The Story behind the Nobel Prizes*. London: The Bodley Head.
ノーベル財団　http://www.nobelprize.org/
日本文部科学省　http://www.mext.go.jp/

第一三章　スウェーデンの外交・防衛政策

塩屋　保

一．中立政策の起源

カルマル連合の解体（一五二三年）とともに始まったスウェーデンの対外拡張政策は、一七世紀中葉に国王グスタヴ二世アドルフの下で頂点に達し、バルト海に覇権を確立した「バルト帝国」が誕生する。ナポレオン戦争では、ロシアを最大の脅威と考えたスウェーデンは、イギリスと同盟を結び、ロシアと同盟関係にあったフランスと対立するが、これは逆にスウェーデンの国際的孤立を招く結果となり、スウェーデンはフィンランドを含む全領土の三分の一を失う。とくにフィンランドの割譲はスウェーデン国内を深刻な政治危機に陥れ、グスタフ五世は国外亡命を余儀なくされる。スウェーデン議会は、代わってフランスのベルナドット将軍をスウェーデンの国王に迎えるが、それはスウェーデンがフランスと同盟してフィンランドを奪還するためには、彼が適任者だと判断されたためである。

しかしながら、スウェーデンの限られた国力とナポレオン帝国の限界とを十分認識していたカール一四世ヨハンは、地理戦略的に見てフィンランドを喪失してもノルウェーを獲得した方が得策だと判断し、あえてロシアと同盟関係を結ぶという外交選択を行った。このようにして誕生したスウェーデン＝ノルウェー同君連合のもとで、スウェーデンは自然国境に守られた半島国家となった。フィンランドの喪失こそが、中立政策への転換をもたらす重要な契機となったといえる。カール一四世ヨハンの外交政策の基本は、ロシアとの関係において緊張緩和をはかり、北ヨーロッパにおける英国とロシアとの勢力均衡の下での中立外交であった。これは一般に「一八一二年政策」と呼ばれ、スウェーデンの中立政策の起源とされている。

第二次大戦後に設立された国際連合加盟問題をめぐっても、スウェーデン国内には二つの立場が存在した。大戦中の挙国一致内閣のもとで外務大臣を務めたギュンテルは、国際政治は依然として権力政治であり、国際連合に過度の期待をしてはならないと考えた。中立政策は国連加盟を不可能にするものではないが、外交政策の基本は依然として戦後も中立政策であるべきだと主張した。これに対して戦後に成立した社会民主労働党内閣のウンデーン外相は、国際連帯と中立政策とは基本的に両立しえないと考え、中立政策ではなく、国際連合を中心とした国際主義こそが戦後スウェーデンの外交政策の基本となるべきだと主張した。スウェーデン政府は国連憲章と中立政策との両立性に関する厳密な法律解釈を避け、急速に冷戦に向かいつつある国際情勢下では、安全保障理事会において五大国すべての支持を必要とする強制措置が発動される可能性はきわめて小さいとの判断のもとに、政治的にこの問題に対処したのである。

二　戦後「非同盟・中立政策」の形成

スウェーデンの外交政策の指導原則が「戦時の中立を目的とした、平時の非同盟」であることはよく知られている。非同盟・中立政策の具体的内容に関する合意はしかしながら、冷戦初期を通じて徐々に形成されたのである。

まず、東西両陣営が軍事戦略的・政治イデオロギー的に対立する世界で、スウェーデンはイデオロギー的に中立であるべきかが問題となった。ウンデーン外相は、イデオロギー的中立の必要性を否定し、スウェーデンはイデオロギー的には西欧民主主義陣営の一員であることを明言している。しかし同時に、それはスウェーデンと社会体制を異にする諸国との間に平和的関係を維持することを不可能にするものではない点も強調された（「平和共存の原則」）。

次に問題となったのが、非同盟政策の目的である。非同盟政策は戦時における中立を無条件に義務づけるものだとする政府の立場と、非同盟政策をあくまで手段と位置づけ、有事における同盟政策への転換の可能性も残しておくべきだとする保守陣営の立場との対立が見られた。「戦時における中立を目的とする、平時における非同盟」という戦後スウェーデンの外交政策の指導原則に関しての国内的コンセンサスが成立したのは、一九五〇年代の終わりになってからである。

一九五〇年代の中立政策を特徴づけるものは、東西両陣営が対立する国際問題に関して明確な立場をとることを避けるという「消極的中立政策」であり、これはウンデーンの「小国レアリズム」を反映したものと見ることができる。

一九六〇年代中葉以降、ウンデーンに代わったウーロフ・パルメが、国際道義を重視する「積極的中立政策」を展開する。積極的中立政策の信憑性を担保するためには、中立政策に関しての国民的コンセンサスが重要となる。中立政策の具体的内容に関しての判断は政府に委ねられ、政府の「正統な」解釈に異を唱えることは、国内的団結を弱め、中立政策に対する対外的信憑性を損なうものであるとされた。その結果、政策批判には自ずと自粛の心理が働き、中立政策に関しての国内的議論の場は制限されるこ

とになる。(1)

三 「中立政策」から「非同盟政策」へ

戦後の非同盟・中立政策のもとで、スウェーデンは軍事同盟であるNATOへ加盟せず、また超国家的統合を目的とするECにも加わらなかった。しかしながら、一九九〇年代に入り社民党政府は、それまでの方針を転換してEU加盟申請を正式に決定する。スウェーデンは一九九五年にはEU(欧州連合)に正式加盟を果たすが、(2)その際に、「戦時における中立を目的とした、平時における非同盟」という従来の政策が、「有事における中立を可能とする、平時における軍事的非同盟」に改められ、有事における中立は選択肢のひとつとなった。

スウェーデン政府のEU政策の急激な転換をもたらした国際的要因は、一九八九年以降の東ヨーロッパを中心とした政治的、経済的激変、つまり冷戦の終焉である。(3)また国内的要因としては、社民党政府の経済政策の失敗、(4)および保守政権の誕生が重要であろう。

当然のことながら、一九八九年以降の急激なEU政策の転換は、社民党内に深刻な分裂を引き起こした。国際環境の変化は、中立政策の見直しを不可避にしたと判断した党指導部と、中立政策を自己目的化している多くの一般党員との間の認識ギャップは深刻であった。社民党指導部の抱えるディレンマは、党の支持基盤をこれ以上弱体化させることなく、いかに必要な外交政策上の転換を図るかということであった。野党となった社民党は、保守政権の政策を批判しつつ、同時に、既成事実としてその政策を追認しうる立場を利用して「中立政策」から「非同盟政策」へと外交政策の転換を図る。この政策転換は、与野党間の対立と暗黙の協調のもとで進められたと考えることができる(5)。

四．「非同盟政策」から「連帯」へ？

中立政策のもとでスウェーデンは、外国からの軍事侵略に備えて、自国領土防衛に必要かつ十分な軍事力を独自に備えておく必要があった。そして徴兵制に依拠した軍隊、兵器・装備の国内開発・調達能力の保持が防衛政策の核心をなすと考えられていた。また、全体防衛の考えにもとづき、民間諸組織を取り込んだ国土防衛システムも構築されていた。冷戦期にスウェーデンは国連平和維持活動に積極的に参加したが、国土防衛がスウェーデン軍の第一義的任務とされ、国際平和維持活動がそれほど重要な位置を占めることはなかった。

冷戦終結により、ヨーロッパの東西緊張関係は解消したが、旧ソ連地域の情勢がいまだ不透明であったため、スウェーデンは領土防衛を第一任務とする軍隊組織を当面維持することになる。しかしながら一九九〇年代後半以降、中欧諸国が次々とＮＡＴＯ加盟国となり、バルト諸国もＥＵ加盟交渉を進めていく状況のなかで、スウェーデンはそれまでの領土防衛を第一任務とする軍隊組織の抜本的改革へと乗り出す。領土防衛軍から国際派遣部隊への軍隊組織の転換は、二〇〇四年に一応の完成をみる。徴兵制に依拠した領土防衛を目的とする従来の軍隊は、国際平和維持活動には適さない。国際派遣部隊に求められるのは専門的知識と技術を有する職業軍人である。そのため、徴兵制は段階的に廃止され、志願兵によって構成される部隊に取って代わられることになる。

スウェーデン領土への軍事的脅威がもはや存在しない状況下で、国際軍事活動に参加できる国際遠征軍の方が、従来の領土防衛軍の保持より、国益に合致すると判断されたのである。同時に重要な理由は、国内財政事情である。一九九〇年代に入っても続くスウェーデン経済の低迷のなか、財政規律上、軍事費の大幅削減が求められた。このような国内事情から、領土防衛軍から国際派遣部隊への転換は不可避であった。また同時に、スウェーデン軍の兵器・装備の開発・調達はそれまで国内自給を原則としてきたが、この領域においても国際協力を余儀なくされることになる。

〈連帯宣言〉

二〇〇六年議会選挙で成立した保守中道連合政権（アリアンセン）は、二〇〇九年に、他のEU加盟国との有事における連帯を内容とする「連帯宣言」を行う(6)。この宣言は、EU加盟国であるスウェーデンは、他の加盟国の有事において政治的中立の立場も、軍事的不介入の立場も採りえないという地政学的必要性を承認すると同時に、領土防衛軍から国際派遣部隊への転換に伴い、もはや独自の領土防衛能力を有しないスウェーデンは、有事における領土防衛のためには他国の軍事援助を必要としているという現実を反映したものでもある。この宣言は、過去二〇〇年間にわたり自主独立防衛を原則としてきたスウェーデンの安全保障政策の一大転換を意味するものであった。

二〇〇八年八月のグルジア戦争を契機として、スウェーデンを取り巻く国際環境が悪化の一途をたどるなか、二〇〇九年にそれまで国際平和維持活動を主たる任務としてきたスウェーデン軍の任務の再定義が行われる。以後、スウェーデン軍には国際危機管理と自国領土防衛の両方の任務が課せられることになる。

しかしながら、それまでの軍事費大幅削減(7)の結果、スウェーデン軍は弱体化しており領土防衛の任務遂行のためには、大幅な軍事力増強を必要としていたが、財政規律を優先する財務省がこれに強く反対し、軍事予算の増額は実現せず、逆に、さらなる削減が求められる状況であった。これに抗議して、防衛大臣が辞任するという事態まで起こった。

〈「ベルテルマン報告書」〉

グルジア戦争、クリミア併合、とりわけウクライナ危機は、スウェーデン政府に北ヨーロッパ安全保障環境に対する認識を根本的に改めさせ、スウェーデンの防衛政策の中で再び、領土防衛が重要な位置を占めることとなる。二〇一四年外交政策報告書は、このような状況認識を反映した厳しい内容のものとなっている。保守中道連合政権により二〇一四年に設けられた防衛調査委員会（通称「ベルテルマン委員会」）は、軍備縮小の結果、スウェーデンは独自で領土防衛を行うに必要な軍隊をもはや保有しておらず(8)、同時に、近年の厳しい財政状況下では、冷戦時の強力な軍隊の復活は不可能であるとして、領土防衛に必要な軍事力を担保するためには、EU、NATO等の地域的安全保障組織との協力が不可避であると結論している。

〈地域的安全保障組織との防衛協力〉

北欧諸国の防衛協力の全体的枠組みを提供するNORDEFCO（北欧防衛協力）が二〇〇九年に設立されたが、防衛協力をめぐり、北欧独自の防衛協力を重視するNATO非加盟国（スウェーデン、フィンランド）と、北欧防衛協力はNATOとの域外防衛協力に取って代わるものではなく、あくまでそれを補完するものであるとの立場をとるNATO加盟国（ノルウェー、デンマーク等）との間に対立が見られる[9]。北欧諸国を結びつけている歴史的、文化的近似性は安全保障領域には及ばず、北欧防衛協力に多くを期待することは現実的ではない。またEUとの関係では、EU独自の防衛能力の必要性を重視する加盟国と、NATOとの関係を重視する加盟国との間に、地域防衛協力に対する温度差が見られる。とりわけ、二〇〇九年に締結されたリスボン条約では、NATOに加盟しているEU加盟国[10]においては、NATO加盟国間の集団防衛義務を規定したNATO条約第五条がリスボン条約に優先するとされており、有事においてEUの集団防衛体制が有効に機能するか大いに疑問である。また、スウェーデンとNATOとの間では「平和のためのパートナーシップ（PfP）」協定にもとづきさまざまな形での防衛協力が行われているが、パートナーであるスウェーデンには第五条の適用はない[11]。ベルテルマン報告書は、スウェーデンのNATO加盟の是非も前向きに検討すべきだと提言している。

〈「ヒュルムクビスト・ドクトリン」〉

ベルテルマン報告書は二〇一四年選挙で誕生した赤—緑連合政権に提出されるが、その提言、とりわけNATO加盟問題に関する提言は、社民党の受け入れるところとならなかった。また、社民党は、二〇〇二年の全党間合意に基づく「軍事的非同盟政策はスウェーデンにとって有益であった」（「現在完了形」）とする外交政策の基本方針を一方的に、「軍事的非同盟政策は現在でも依然として有益である」（「現在形」）と改めるとともに、スウェーデンはNATOへの加盟申請をしないと宣言した。政権復帰後、「ベルテルマン報告書」に続くNATO加盟への動きを牽制する目的で社民党が提起したと思われる安全保障政策（通称「ヒュルトクビスト・ドクトリン」[12]）は、非同盟政策とNATO正式加盟との中間に位置づけられるものであり、その核心は、NATOに加盟せず、米国との二国間軍事協力を強化することが、スウェーデンにとって最も現実的で有効な安全保障政策の選択肢であるという点にあり、これまでのスウェーデンの安全保障政策とは明確に立場を異にするものである。

五．スウェーデンの選択

北ヨーロッパの急激に悪化する安全保障環境のもとで、スウェーデンは自国の安全保障政策はいかにあるべきかという深刻な問題に直面している。従来通りの非同盟政策を続けるのか、あるいは非同盟政策を改めてＮＡＴＯに加盟するのか、それともヒュルムクヴィスト外相の提唱するように、ＮＡＴＯの外に留まって米国との二国間防衛協力を選択するのか。今日スウェーデンには主としてこれら三つの選択肢が与えられていると思われる。

ＮＡＴＯに加盟すべきではないとする主張は、スウェーデンが二世紀にわたって直接戦争に巻き込まれることを免れたのは、中立政策を採ってきたからであり、この政策を継続することにより、将来にわたりスウェーデンの平和は保障される、とするものである。ＮＡＴＯ加盟支持の立場からは、スウェーデンは平和のためのパートナーシップのもとでＮＡＴＯとさまざまな協力関係を築いているが、集団的防衛義務を定めた第五条の適用を受けるのは加盟国のみであり、その恩恵を受けるためには、スウェーデンはＮＡＴＯに正式加盟する必要がある、との主張がなされる。米国との二国間防衛協力にスウェーデンは安全保障の道を見出すべきであるとの立場からは、スウェーデンはこれまでの軍縮政策の結果、もはや自国領土の防衛に必要な軍隊を保有しておらず、厳しさを増す国際環境のもとで、可能な限りの軍事力増強を図るとともに、米国との防衛協力を進めることが、スウェーデンにとって唯一の現実的安全保障政策である、との主張がでてくる。[13]
　現時点では、穏健党、自由党、中央党、キリスト教民主党の保守四党は基本的にＮＡＴＯ加盟賛成の立場をとっており、環境党、左党はＮＡＴＯ加盟に反対している。社民党はＮＡＴＯ加盟反対の立場から、米国との二国間防衛協力の道を主張している。[14] 二〇一八年選挙は「ＮＡＴＯ選挙」となるといわれている。スウェーデン国民はいかなる選択をするのであろうか。

【註】

（１）有事における軍事支援に関する「密約」が西側（米国）との間に結ばれていたが、一九六九年以降、つまり、パルメの積極的中立政策のもとで、それは実質的に廃止されたといわれている。また、中立政策はスウェーデンの国民のアイデンティティに根ざしたものであるとされているが、それはある意味で、社民党の政治的へゲモニーを正当化するというイデオロギー的側面をもつものでもある点を看過すべきではない。この問題を「制度化」の視点から分析したものに Gustavsson, Jakob (1998) Politics of Foreign Policy Change がある。

（２）一九九四年一一月に行われたＥＵ加盟問題をめぐる国民投票の結果は、加盟賛成五二・三％、反対四六・八％であった。

（３）「北欧均衡の理論」によれば、スウェーデンの西側への接近は、ソ連との間に「友好親善相互援助条約」を結んでいるフィンランドに対するソ連の軍事的・政治的圧力の増大につながる。それゆえ、スウェーデンによる中立政策の放棄は、フィンランドが東側陣営に事実上組み込まれることを意味した。

（４）一九八〇年代にスウェーデンは経済危機に見舞われる。これは多分に国際経済の構造的変化の結果として生じたものであるが、多くの国民はそれが社民党政府の経済政策の失敗に起因したものであると考えた。

スウェーデン政府は経済危機からの脱出をEU加盟に求めた。

(5) EU加盟に伴い、スウェーデンは「中立政策」から「非同盟政策」へと政策転換を図ったことになる。この場合の「中立政策」は政治的非同盟政策と経済的非同盟政策を内容としており、「非同盟政策」は狭義の非同盟政策、つまり、軍事的非同盟政策を意味している。

(6) 「スウェーデンは、他のEU諸国あるいは北欧諸国が災害や軍事攻撃にさらされた際には、それを傍観することはしない。同時に、スウェーデンは自国が同じ状況に置かれた場合には、これらの国が同様の行動をとることを期待する」

(7) 国防費は一九六〇年代初めまで対GDP比四～五％であったが、一九七〇年代には三％に、二〇〇九年には一・二％にまで削減された。

(8) ヨーランソン・スウェーデン軍最高司令官は、軍備縮小の結果、本格的な侵略が生じた場合にスウェーデン軍が自国領土を防衛できるのは一週間程度にすぎない、と述べている。この発言は、防衛費予算をめぐる国内論議のきっかけとなった。

(9) ストルテンベルグ報告書は、北欧地域の軍事協力を強化する前提条件として、すべての北欧諸国が相互連帯宣言をすべきだと提言しているが、NATO加盟国であるノルウェーとデンマークはこれに強く反対した。

(10) EU構成国二八カ国のうち二二カ国がNATO加盟国であり、EU域内総人口の九五％を占める。

(11) ラスムセン・NATO事務総長は、スウェーデン国営テレビとのインタビューで、NATOに正式加盟していない国の安全保障にNATOは責任を負わない、と断言した（二〇一二年一一月）。

(12) 重要なポイントは、(一) 国際法に違反したロシアの侵略行為に対する強硬路線、(二) NATO加盟の拒否 (三) 領土防衛能力の増強と、抑止力の重視、(四) 米国および北欧諸国（特にフィンランド）との防衛協力の強化である。

(13) ヘンドリック・エストニア首相は、米国との二国間協定を優先させるスウェーデンの政策は、NATOの集団防衛体制を弱体化させるものであり、スウェーデンは集団防衛体制に穴をあけようとしていると批判している。

（14）最近の世論調査（「Dagens Nyheter」二〇一五年九月一三日）によれば、四一%が加盟賛成、三九%が反対、二〇%が未定となっている。また保守四党支持者間では、加盟支持が六一%、反対に、社民党、環境党、左党の三党では不支持が五二%となっている。

【主要参考文献】

五月女律子（二〇一二）「スウェーデンの安全保障政策における「非同盟」」日本国債政治学会編『国際政治』第168号
五月女律子（二〇一三）『欧州統合とスウェーデンの政治』日本評論社
塩屋保（一九九三）「欧州統合とスウェーデン」『法学新報』第99巻第9・10号
塩屋保（一九九四）「スウェーデン」有賀貞他編『講座国際政治②外交政策』東京大学出版会
塩屋保（一九九四）「外交政策」岡沢憲芙他編『スウェーデン政治』早稲田大学出版部
塩屋保（一九九五）「中立政策のクレディビリティ」『北欧史研究』第4号
吉武信彦（二〇〇三）「中立・非同盟諸国とヨーロッパの再編成——スウェーデンを中心として」植田隆子編『現代ヨーロッパ国際政治』岩波書店
吉武信彦（二〇一五）「スウェーデンの安全保障政策の展開——単独主義、国際主義、地域主義の相克」岡澤憲芙他編『スウェーデン・モデル』彩流社
Agrell, Wilhem (2011) *Fredens illusioner: det svenska nationella försvarets nedgång och fall*, Stockholm, Atlantis
Dalsjö, Robert (2006) *Life-Line Lost: The Rise and Fall of Neutral Swedens Secret Reserve Option of Wartime Help from the West*, Stockholm: Santeus Academic Press
Dalsjö, Robert (2017) *Trapped in the Twilight Zone? Sweden between Neutrality and NATO*, FIIA Working Paper 94
Gotkowska, Justyna (2013) *Sitting on the Fence: Swedish Defence Policy and the Baltic Sea Region*, Center for Eastern

Studies 33, Warsaw

Gustavsson, Jakob (1998) *The Politics of Foreign Policy Change*, Lund: Lund University Press

Holström, Mikael (2011) *Den dolda alliansen: Sveriges hemliga NATO förbindelse*, Stockholm, Atlantis

Westberg, Jakob (2015) *Svenska säkerhetsstrategier 1814-2014*, Stockholm, Studentlitteratur

Wahlbäck, Krister (1986) *The Roots of Swedish Neutrality*, Stockholm

Statens Offentliga Utredningar (SOU) (1994), *Om kriget kommitt: Förberedningar för mottagande av militärt bistånd, 1949-1969*, Stockholm

Statens Offentliga Utredningar (SOU) (2002), *Fred och säkerhetspolitik 1969-1989*, Stockholm

Regeringens proposition 05:0 (2004), *Vårt framtida försvar: Försvarspolitiskt inriktning 2005-2007*

Regeringens proposition 09:140 (2008), *Ett användbart försvar,* Stockholm

Försvarsdepartment Fö2013:B (2014), *Försvarspolitiskt samarbete: effektivitet, solidaritet, suveränitet*, Stockholm

Försvarsdepartmentet Ds 2014: 20, *Försvaret av Sverige: Starkare Försvar för en osäker tid*, Stockholm

Regeringens proposition 2014/15:109, *Försvarspolitisk inriktning: Sveriges försvar 2016-2020*, Stockholm

第一四章　「移民を送り出す国」から「移民を受け入れる国」へ

清水　由賀

一．祖国最後の地、ヨーテボリ

スウェーデン第二の都市であり最大の港湾都市、ヨーテボリ。ここはストックホルムからつながり国土を東西に横切るヨータ運河の終着点であり、北海への出入口となっている。街を一望するには、ヨーテボリ中央駅向かいにある大型ショッピングセンター、ノードスタン前のニルス・エリクソン通りを北に進み、ヨータ運河（ヨータ川）に出ると良い。川に面して立つ、赤と白のコントラストが印象的な展望塔から、港や街の景色が一望できる。その向かいにあるオペラハウスとも合わせた一帯は、港町ヨーテボリを代表する地区となっている。そこからヨータ川に沿って南に進むと、軍艦などの中を見学することのできる海洋センターへと出る。さらにその前も通り過ぎると左手に、黄色がかったレンガ造りの、歴史を感じさせる建物があらわれる。川に面しているというよりも、やや内陸に入った位置にあり、川との間には広場ができている。ここが、かつて約一〇〇万人のスウェーデン人が祖国での最後の一歩を踏みしめた場所である（Emigranternas hus 2017）。

いまから一五〇～一〇〇年前、スウェーデンでは人口の大移動が起きていた。移動の起点は中北部・

【写真１】奥の四角い建物が旧税関。2-3 階に移民博物館がある。手前はかつてのレンガ倉庫。（2016 年 8 月筆者撮影）

【写真２】かつてアメリカへと渡る船が出たヨータ川沿いの通りは、「移民通り」、この先の大型客船乗り場となっている埠頭は「アメリカ埠頭」と名づけられている。（2016 年 8 月筆者撮影）

中南部、経由地はヨーテボリ、そして主な目的地は、アメリカである（Emigranternas hus 2017）。一八五〇年〜一九三〇年の間に、一五〇万人近くがこの国を離れ、うち約一二〇万人がアメリカへと移住した[1]。特にイリノイ州、アイオワ州、ミネソタ州が主な行き先となった。二〇世紀初頭、イリノイ州シカゴには約一五万人のスウェーデン人移民一世・二世が住み、当時からスウェーデン第二の都市であったヨーテボリの人口よりもその数は多くなっていた（Isaksson 1997: 5）。さきの黄色いレンガ造りの建物は、旧税関であり、人びとが出発前に手続きをする場所であった。現在はその二〜三階に移民博物館（Emigranternas hus）が入っている。建物の前の広場はかつての荷さばき場であり、今でも倉庫広場（Packhusplatsen）と呼ばれる。そこからさらに南へと、群島へのフェリー乗り場になっている石の埠頭 Stenpiren を右手に見ながら進むと、大型客船乗り場へと続く道がある。その道は、現在「移民通り Emigrantvägen」、そしてその先の埠頭は、「アメリカ埠頭 Amerikakajen」と呼ばれている。

二　移民を送り出す国

大量移民の始まりは、宗教的自由を求めて新天地へと移住したエリック・ヤンソンと彼に従う者たちであったとされている。(2) 一八四六年、中北部ウップランド地域、ビスコップスクッラ出身のエリック・ヤンソンをはじめとする一団はアメリカのイリノイ州へと移住し、土地を開拓して宗教的共同生活の場を築き、そこを故郷の名にちなんでビショップ・ヒルと名付けた。この宗教的コミューンは後に解体されるが、一八四五年～五〇年の間にこの地に移り住んだ約一二〇〇人の人びとが故郷へと書き送った大量の手紙は、新聞にも取り上げられ、西イリノイの豊かな土地の様子を人びとに知らせ、移住機運を高める役割を果たしたとされる（Norton 1997: 211）。

大量移民の背景には、スウェーデン側からの押し出し要因として人口爆発、交通手段の発達、大飢饉などがあり、アメリカ側からの引きつけ要因としては、一八六二年に制定されたホームステッド法、そして先に移住した人びとからもたらされた新天地の情報などがあった。

一八二〇年～六〇年代、スウェーデンを代表する詩人でありヴェクショーの司教であったE・テグニエル（Esaias Tegnér）が言うところの「平和・薬・ポテト」により、人口爆発が起きていた（Norborg 1993: 9）。一八一四年以降平和の時代の到来により出生率が上昇し、死亡率は天然痘ワクチン接種の義務づけ、穀物の代わりのじゃがいもの普及などにより低下していた。出生率は一八〇一年～一八一〇年で二・〇四だったのに対して、一八二〇年代は一一・〇二、一八三〇年代は八・三二、一八四〇～五〇年代も一〇以上にのぼった（Stomberg 1970: 676）。一八一〇年代末、約二五八・五万人だった総人口は一八三〇年代末には約三一四万人、一八六〇年代末には約四一七万人に増加した（Norborg 1993: 10）。

しかし、増加した人口を吸収するほどの労働市場はなく、また農村の生活は天候に大きく左右された。いまからちょうど一五〇年前に発生していたスウェーデン「最後の大飢饉」（一八六七年〜六九年）は、多くの人が移住する重大な転機となった。二〇一七年夏、ピテオ新聞に掲載された記事によれば、一八六七年は五月になっても気温はストックホルムで三・三度と通常より七度も低く、ノルボッテンの海岸沿いの地域では約〇度であった。つづく夏は湿気ったうえに短く、作物が育つ時期が相当に遅れた。さらに追いうちをかけるように九月のはじめには深刻な霧が北部の大部分で発生して作物の大部分がだめになった。翌年、翌々年も不作が続き、一八六七年〜六九年に飢餓で亡くなった人の数は推計二〇〇〇〜一万人にのぼり、この三年間だけで移出した人の数は、約六万人にのぼった（*Piteå-tidning*, 2017/8/14）。

アメリカでは一八六二年ホームステッド法が制定され、外国人でも自身で開拓し定住すれば、無償もしくは無償に近い金額で、土地を所有することが可能になった。その事実と初期の移出者たちが語るアメリカの様子は、多くの手紙が送られ、その一部が新聞に掲載されたことなどにより、人びとに伝わることとなった（Norton 1997: 211; Emigranternas hus 2017; Stomberg 1970: 677）。一八五〇年代には郵便制度が導入され、新聞も広く普及するようになっていた。一八四二年には義務教育制度が始まり、多くの人は少なくとも二年程度は学校に通い、簡単な読み書きはできるようになっていた（Emigranternas hus 2017）。鉄道・蒸気船の発達に伴う旅行業（移民仲介業）の拡大も、情報伝播の役割を果たした。

国内移動を可能にした鉄道は、一八五三年の国会決議により一八五〇〜八〇年代にかけ、全国で敷設された。ヨーテボリ駅は一八五八年に開設、ストックホルム―ヨーテボリ間の路線は一八六二年に完成した。蒸気船は一八〇〇年代初頭に発展、商業化が進み、一八四〇年にはイギリスのキュナード・ラインが、一八六九年にはタイタニック号で知られるホワイト・スター・ラインが、大西洋横断の航行を始めた。そして一八六八年にはキュナード・ラインがヨーテボリにオフィスを開設、続いてスウェーデンに進出したホワイト・スター・ラインは、一九〇七年までにスウェーデン全国に三九もの代理店を開いた（Emigranternas hus 2017/08/09）。

当時の渡航チケットの値段は約一〇〇リクスドル（rixdaler）で、農場労働者や給仕職にとっては一年間の給与に相当する値段であった（Emigranternas hus 2017）。当時の家族は一〇名近くが一般的であり、全員が行くことは不可能であった。そのため、まずは家族のなかから一人を送り出し、先に移住した者はアメリカで懸命に働いてお金を貯め、次の者のチケットを買う。そしてまた次の家族が……というようにして一人また一人と移住していき、最終的に当時の人口の約四人に一人が移住していったという（Emigranternas hus 2017）。一方で、一九一二年ヨーテボリを出た後ニューヨークにたどり着くことなく沈没したタイタニック号には一三〇名のスウェーデン人が乗船していたが、多くは最も安いチケットで乗船できる第三等客室におり、生存者は三四名のみという悲劇も生んだ（Emigranternas hus 2017）。

その後、一九二四年にアメリカで移民を制限する法律が制定され、一九二九年には世界大恐慌が発生、一つの時代が終焉するとともにスウェーデンの「移民を送り出す」歴史も終わりを告げた。

三．移民を受け入れる国へ

一九三〇年、スウェーデンでは初めて移入人口が移出人口を上回り、「移民を送り出す国」から「移民を受け入れる国」へと転じた。それ以後、第二次世界大戦中・直後の北欧諸国やバルト諸国からの戦争難民移入期、一九五〇～六〇年代の北欧諸国や南欧諸国からの労働移民移入期、一九七〇～八〇年代の南米などからの政治難民移入期、そして一九九五年のEU加盟による域内移動の拡大と二〇〇〇年代以降の中東・アフリカ諸国からの難民移入期を経て、多くの難民・移民を受け入れてきた（清水二〇一六b）。結果、二〇一六年末現在では総人口の約一八％が外国生まれとなっており、本人はスウェーデン生まれで両親ともが外国生まれの者も合わせると二三・二％（SCB 2017）と、総人口の五人に一人が「外国のバックグラウンドをもつ者」となっている。人口構成は、一五〇年前とは大きく異なる。

急速な人口構成の変化による軋轢や、政策対応の要請は、一九六〇年代以降、各移入期ごとに発生していた。そして、移民に限らず一般市民を広く対象とする労働・住宅・教育・社会保障などに関してはスウェーデン人との平等を原則とし、さらに移民を対象とするスウェーデン語教育、母国語教育、外国語での情報提供、通訳・翻訳使用権、コミューン選挙の選挙権・被選挙権の付与、移民向け労働市場参入支援、民族的偏見・差別対策など、直接的政策も整備をしてきた(3)。その結果、移民の社会的統合のための政策枠組みについては、国際的な指標で高い評価がされている。代表的なものとして、最新のもので世界三八ヶ国を対象に、八分野、計一六七指標を用いて各国の移民統合政策を評価した「移民統合政策指標ＭＩＰＥＸ」では、二〇〇七、二〇一一、二〇一五年と、三回連続で総合第一位とされた。しかし、国内出身者と比べた失業率の高さや所得の低さ、居住の分離（セグリゲーション）など、問題は山積している(4)。さらに二〇一五年に発生した過去三十年で最大規模の庇護申請者・難民の移入は、これ以上の受け入れに対する反発も増大させた。

かつて多くのスウェーデン人移民にとって祖国最後の地となったヨーテボリでは、二〇一六年末現在、外国生まれが約二五・二％、外国のバックグラウンドをもつ者は三四％（SCB 2017）と、三人に一人にのぼる。ストックホルムやマルメ同様、セグリゲーションや移民の背景をもつ者の社会的排除などが問題となっている。一方で、その問題解決のための公的な取り組みの柔軟さや、移民人材の活躍も印象的である。二〇一〇年から全国で実施されているスウェーデン社会導入クラス（Samhällsorientering）はここから始まった。[5] またその講師陣や、移民支援の拠点となっているインテグレーション・センター（Integrationscentrum Göteborg）スタッフなどとして、多くの移民の背景をもつ人びとが貢献をしている。[6] 新規参入者も包摂し、人材として活かすさまざまな取り組みに、今後も注目したい。

【註】

（1）移出民総数については、資料により一二〇〜一五〇万人と開きがある。ヨーテボリ移民博物館（2017）では「一八五〇〜一九三〇年の間に、一三〇万〜一四〇万人」、スウェーデン統計局のレポートでは「一八五〇年から一九三〇年の間に、一五〇万人」（SCB (2004), *Demografiska Rapprter 2004:5.*, s.14）、スウェーデン移民の研究の中心地であるヴェクショー移民研究所（Svenska emigrantinstitutet）兼移民博物館（Utvandrarnas hus）では「一八四六〜一九三〇年に一三〇万人」としている（Svenska emigrantinstitutet ウェブサイト 2017/09/18 閲覧）。この数の開きは当時の移出統計が厳密にとられていなかったことが理由にあり（Lars-Göran Tedebrand "Sources for the History of Swedish Emigration", in Runblom *et al.* 1976, pp.76-93 参照）、研究は続けられている。

（2）スウェーデン政府はビショップ・ヒルが築かれてから一五〇年後の一九九六年をスウェーデン―アメリカ移民一五〇周年記念の「移民の年 Migrationsåret」としてさまざまな記念プログラムを開催した。国王と王妃もこの年、アメリカ・エリス島を訪問した。この記念行事の最終報告書として出版された書籍が、

Isaksson (1997) である。

（3）清水（二〇一六a）を参照されたい。

（4）清水（二〇一七）を参照されたい。

（5）インテグレーション・センター二〇一六年八月八日インタビューより。

（6）二〇一六年八月八日訪問

【引用・参考文献】

清水由賀（二〇一七）「スウェーデンの労働市場における移民の現状とツーリズム産業の可能性：移民の社会的統合への最初の入り口として」『東北福祉大学研究紀要 第四一巻』二一五～二二九頁

清水由賀（二〇一六a）「スウェーデンにおける移民統合政策の起点：一九六〇年代末から七〇年代中期の整備過程と背景要因」早稲田大学社会科学研究科編『ソシオサイエンス』第二二号、一～一六頁

清水由賀（二〇一六b）「スウェーデンにおける在住外国人環境」、岡澤憲芙・斎藤弥生編『スウェーデン・モデル：グローバリゼーションのなかの揺らぎと挑戦者』彩流社、第四章、九九～一二四頁

Bergh, Andreas (2013) *Den Kapitalistiska Välfärdsstaten*, Studentlitteratur, ss.26-32

Emigranternas hus (2017) "Welcome to the House of the Emigrants in Gothenburg"

Emigranternas hus 2017/08/09 展示

Isaksson,Olov (red.) (1997) *Utvandrare och invandrare i Sveriges historia 1846-1996*, Migrationskommittén & Svenska emigrantinstitutet

Norton, John (1997) "Bishop Hill -Dreams Beyond the Sesquicenl", in Isaksson (1997) ss.211-216

Norborg, Lars-Arne (1993) *Sveriges historia under 1800- och 1900-talen*, Almqvist & Wiksell

Piteå-tidning 2017/8/14, "Senaste svälten i Sverige" s.18

Statistiska Centralbyrån: SCB（スウェーデン統計局）ウェブサイト < https://www.scb.se> 2017/10/01 閲覧

Stomberg, Andrew A. (1970) *A History of Sweden*, New York: AMS Press, pp.675-679

Utvandrarnas hus（ヴェクショー移民博物館）展示、二〇一六年八月一一日、二〇一七年八月一〇日訪問

Runblom, Harald, Hans Norman and Uppsala migration research project (eds.) (1976), *From Sweden to America: a history of the migration*, Minneapolis: University of Minnesota Press, pp.76-93, 94-113

第一五章　バルト海東岸からのまなざし
――エストニアのスウェーデン・イメージ

小森　宏美

一．はじめに

バルト三国とスウェーデンの歴史的関係は、実は、この三国とロシアの関係と比べて勝るとも劣らず深いと言える。現在のエストニアとラトヴィアの領域の多くの部分は、一六世紀にスウェーデンの支配下に入った。後で述べるように、エストニアでもラトヴィアでも、このスウェーデン時代は、「古き良き時代」として肯定的に語られる。一方、リトアニアにとっては事情が少し異なる。一四世紀以降ポーランドとの同君連合を形成していた同国は、スウェーデンとはむしろ、この地の覇権をめぐっての競合関係にあった。とりわけ、スウェーデン王ヨハン三世の息子がジグムント三世（在位一五八七年～一六三二年）としてポーランド王位につき[1]、続いてスウェーデン王にも即位すると、国内外での摩擦や対立によりポーランドとスウェーデンの争いは激化した。スウェーデン王グスタヴ二世アドルフ（在位一六一一年～一六三二年）によって大学が創設されたことをはじめとして、教育分野で著しい進展があったと考えられているエストニアやラトヴィアのような歴史的記憶は、リトアニアにはないと言える。バルト三国とよくひとくくりにされるエストニア、ラトヴィア、リトアニアではあるが、歴史的経験を共有するようになったのは、それほど古いことではない。言うまでもなく、対外関係にも違いがある。

そうした違いを踏まえ、本章では、特にスウェーデンとの関係の深いエストニアのスウェーデン・イメージを、歴史的事象や政治的動向と照合しつつ提示したい。エストニアとスウェーデンの関係は、この地域がロシア帝国に併合される前にさかのぼり、その歴史が、エストニア人のアイデンティティ形成の一つの礎石になっている。だが、それは非対称な関係でもあった。誤解を恐れずに言えば、スウェーデンにとってのエストニアは、エストニアにとってのスウェーデンほどには重要ではないのである。そうした非対称な関係性を描くことが、スウェーデンの多角的理解の一助となることを期待して、筆をとることとする。

二 「古き良きスウェーデン時代」

(一) 独立以前

ロシア、ポーランド、スウェーデンが国家として台頭してくると、バルト海東岸は、これらの当時の強国が角逐する場となり、何度も国家的帰属が変更された。エストニアにとってのスウェーデン時代は、一五八三年から一七〇一年までの一〇〇年あまりである。しかも、それは北エストニアに限ったことで、南エストニアとサーレマー島がスウェーデン支配下に入ったのは十七世紀のことであった。その後も戦争は断続的に続き、ようやく平和が訪れるのは一六六〇年代になってからである。

「古き良きスウェーデン時代」という人口に広く膾炙している表現は、この長くても一〇〇年程度（といっても、エストニアにとってのソ連時代の倍の長さだが）のスウェーデン時代に対するエストニア人の憧憬を表している。「抑圧的であった」ソ連時代を経て出てきたイメージと考えられがちであるが、後で述べるように、実際には、二〇世紀初頭にはこの言説が生まれていた。そうした肯定的なイメージはある種の神話になっている感もあるが、歴史的根拠がないわけではない。まさにスウェーデン時代に、農奴制が確立したことは間違いないものの、その一方で、大学の創設や各教区に初等学校を開設することを目指す教育改革が行われた。この時期には、教育の促進にとって必須であるエストニア語の正書法の改革が、ベンクト・ゴットフリード・フォルセリウスによって行われた。ただし、議論に時間がかかったために、一六四三年に完成していた聖書のエストニア語訳が出版されたのは、一七九九年になってからのことであった。とはいえ、正書法に関する議論の決着を待たずして、この時代にタリン（レヴァル）やタルト（ドルパト）につくられた印刷所から出版された書籍は少なくない。それ以前にはエストニア語の本も国外で印刷されていたのである。後に影響を及ぼしたこうした歴史的事実に加え、裁判制度改革やカール一一世の土地回収政策(2)がエストニア人農民に利したと捉えられ、「スウェーデン神話」の土台となったのである。

（二）独立後

その土台の中で最も目に見える形で残っているのが、大学である。現在、タルト大学本館の裏手に、グスタヴ二世アドルフの銅像が立っている。言うまでもなく、この銅像は、大学創設者であるスウェーデン国王を記念して建てられた。もともとは一九二八年に建立されたのであるが、ソ連による併合後、一九五〇年に撤去された。独立回復後、早くも一九九二年に再建され、現在に至っている。

この銅像は、スウェーデンの下にあった一七世紀がエストニア民族にとっての黄金時代として認識されていることを示している。それは同時に、文明化の担い手としてのバルト・ドイツ人の歴史的自画像への対抗でもあった（Kuldkepp 2017: 33）。「古き良きスウェーデン時代」を歴史として叙述したのは、ヴィレム・レイマン（一八六一年～一九一七年）である。レイマンの歴史叙述を編集した『エストニアの歴史』は、専門的な歴史研究ではないものの、エストニア人によって執筆されたエストニア史学史上最初の通史であるといってよい。そこでは、エストニア人に対する善き、面倒見のよい支配者としてスウェーデンが評されている（Reiman 1920）。とはいえ、そうした歴史叙述がなされる以前から、すでに一八世紀には民衆の間でスウェーデン支配の復活が待望されていたことが指摘されている（Kuldkepp 2013: 323）。ロシア帝国時代に教育を受けた歴史家であるマティアス・ヨハン・エイセン（一八五七年～一九三四年）も、スウェーデン王が、バルト・ドイツ人貴族に対するエストニア人農民の保護者として物語られていることを明らかにした（Eisen 1922）。スウェーデン時代の理想化は、ロシアとドイツという二つの「歴史的な敵」と表裏の関係にある。早くも一九三〇年代には歴史研究が進み、スウェーデン時代の実態も知られるようになるのであるが、(3) 神話としてのスウェーデン時代は、その後も社会的記憶の中に一定の位置を占め続けるのである。だがそれは、エストニア人の側の一方的な思いであった。

三　現実のスウェーデン

(一) 両大戦間期独立時代

一九九〇年代後半、「北欧の国としてのエストニア」という、トーマス＝ヘンドリク・イルヴェス前エストニア大統領（在職二〇〇六年～二〇一六年）が外相時代に掲げて話題を呼んだこのエストニアの国家アイデンティティは、実は、すでに二〇世紀初頭には、少なくとも外交政策上の重要な柱になっていた。

独立の可能性が検討されるようになると、スウェーデンおよびフィンランドとの同盟やあるいは国家連合形成は、安全保障上の選択肢となった。その端緒は、政治指導者ヤーン・トニソン（一八六八年～一九四一年?）による一九一七年八月のバルト・スカンディナヴィア連合提案であった。これは、ドイツとロシアの間の緩衝地帯として北欧・バルト諸国連合を形成することでこの地域に対する大国の関心を維持し、また、来るべき第一次世界大戦の講和会議において共通の政治的理想を実現するという主張であった（Maanõukogu protokoll nr. 30-a, 30-b, 25. August 1917）。この時点では、非現実的であるとしてエストニア議会（ロシア二月革命後に選出された地方議会）での支持を得られなかったものの、スウェーデンをはじめとする北欧諸国に対するこうした期待は、両大戦間期、政治エリートや知識人の間で、政治イデオロギーの左右を問わず共有されていたと言ってよい。

しかしその一方で、小国エストニアの独立に対するスウェーデンの懐疑は深かった。一九一八年二月二四日、ドイツ軍が首都タリンに迫る中、エストニア議会から権限を委譲された救済委員会は独立を宣言し、その承認を求めてスウェーデンをはじめとする諸外国に外交使節を派遣した。だが、イギリスやフランスからは得られた事実上の独立承認すら、スウェーデンから得るには時間がかかった。こうした慎重さの理由として、エストニア（とラトヴィアおよびリトアニア）に関わることが危険であるとのスウェーデンの認識があった。当時のニルス・エデーン首相（在職一九一七年～一九二〇年）によれば、バルト三国が独立の承認を得る可能性は高くはなく、またそれを得たとしても彼らの独立が続くとは考えられなかった。バルト三国に関われば、今後復活するであろうロシアとの戦争に巻き込まれる恐れがあった（Carlgren 1995: 10）。

スウェーデン側のこうした慎重な姿勢が示されても、エストニアの政治家や知識人らの期待が他に向かうことはなかった。とりわけ、独立したにもかかわらず、依然としてドイツ文化の強い影響の下にあったエストニアでは、ドイツ文化とロシア文化の両方の支配から逃れる手段として、スウェーデンおよびフィンランドに熱いまなざしが向けられていたのである。

あくまで学術的な主張の装いの下になされたものではあったが、地理学者のエトカル・カント（一九〇二年～一九七八年）の提唱したバルトスカンディア構想の目的は、バルト三国をロシアの自然で統合された一部分と見なす認識の否定にあった。(4) このバルトスカンディアという概念を最初に構想したのは、イェーテボリ大学の地理・民族学者であるステーン・ド・ヤール（一八八六年～一九三三年）である。カントはそれを継承し、歴史と現状からバルト海沿岸に位置する小国群の共通性を描き出した（Kant 1935）。ちなみに、カントはエストニア民族主義者クラブという右翼民族主義的組織に属する人物であった。このことは、エストニアの民族主義者が、北欧の国々とつながることで、その独自性・独立性の維持が可能になると考えていたことの一つの証左である。

こうした構想は、両大戦間期に権威主義的政治指導者であったコンスタンティン・パッツ（一八七四年～一九五六年）も共有していた。第二次世界大戦が勃発し、エストニアへのソ連軍の駐留が進む中、当時大統領であったパッツは、駐エストニア・フィンランド大使への書簡に、エストニアを救うにはフィンランドとの大フィンランド形成しか方法はない、という見解を書き残した（Grabbi 2005）。さらに、大統領補佐官を務めたエルマル・タンベックが回想録の中で証言しているように、ソ連軍による占領からの解放後について、フィンランドとの国家連合に加えて、リトアニアおよびラトヴィアとのバルト国形成、北欧諸国との国家ブロック形成を、パッツは構想していた（Tambeck 1992: 275）。

おそらく、こうした構想にはほとんど実現の見込みはなかった。自国を危険にさらしてまで、バルト三国の安全保障に関与する理由はスウェーデンにはなかった。そのことは、ソ連によるバルト三国併合に対して、スウェーデン政府がとった対応に表れている。ヨーロッパの少なからぬ国が、この併合を少なくとも法的には承認しない立場をとったのに対し、スウェーデンは、事実上も法的にも、併合を認めたと見なすことができる（Mälksoo 2003: 121）。事実上の承認は、アメリカ合衆国を除く大半の国が行ったと言えるから、ここでは、法的承認の根拠として次の三つを挙げておく。第一に、一九四〇年七月、スウェーデンの銀行に保管されていたエストニア（リトアニア）の金がソ連国営銀行に移転された。第二に、同年八月、駐ストックホルム・エストニア公使館（ラトヴィアおよびリトアニアも）の閉鎖と建物のソ連政府への引き渡しが行われた。翌四一年五月には、相互に経済的損害に対する請求や補償を相殺する協定がソ連との間で締結された。第三に、第二次世界大戦終結後の四六年一月にソ連に引き渡された軍事捕虜三〇〇〇人の兵士の中に、約一五〇人のバルト三国の人々が含まれていた（エストニア人は七人、大半はドイツ兵）。この引き渡しに際し、当時のエステン・ウンデーン・スウェーデン外相（在職一九四五年～一九六二年）は、「バルト三国の主権ある、独立国としての将来を期待するのは、全くの幻想にすぎない」や「バルト三国の人々が今やその一部となった、新しいロシアとその政治形態を受け入れるもう一つのパトリオティズムを希望する」、などと発言している（Carlgren 1995: 75）。ただし、兵士とは異なり、難民としてスウェーデンに逃れてきた一般の人々については、帰国は個人の意思に任せるとして、最後までソ連政府の介入を拒否する姿勢をスウェーデン政府が貫いたことを述べておかなければ、不公平であろう。また、エストニアの亡命政権が、エストニア国民評議会の名のもとに、スウェーデンで活動していたことは忘れてはならない。

（二）独立回復とスウェーデンの変化

前項で見た、エストニアをはじめとするバルト三国から距離をとるスウェーデンの態度は、独立回復後、大きく変化した。そこに冷戦の終焉とソ連の解体という国際環境の大変動が影響を及ぼしていることは間違いない。その変化はペレストロイカ期に徐々に表れてきたが、その時点ではまだ、両義的なスウェーデンの立場も見られる。

一九八九年、まだ独立回復の道筋も不透明な段階で、スウェーデンはタリンとリーガに領事事務所を開設した。このことは、スウェーデンが、政治的なうねりの中にあったバルト三国の情勢を直接知ることのできる立場にあったことを意味している。他の西側諸国には認められなかったそれが、スウェーデンには認められたということになる。他方で、当時のスウェーデン外務省には、バルト三国の動きに対する慎重論が強かった。一九八九年一一月、領事事務所開設直前にエストニアとラトヴィアを訪問したステーン・アンデション外相（在職一九八五年～一九九一年）は、エストニアでの記者会見で記者からのやや挑発的な質問に答える形で、「エストニアは占領されているわけではない」という見解を示した。ソ連による併合を認めた過去はまだ生きていた。すでにペレストロイカの枠組みを越えようとしていたバルト三国での急速な動きについていけていなかったのである。一方、ともに記者会見に臨んだ共産党のインドレク・トーメ・エストニア閣僚会議議長（共和国首相）は、同じ質問に、「占領されていることを認めなければならない」と答えたという（Ahlander 1993: 61）。

バルト三国の独立回復は、スウェーデンにおける社会民主党から穏健連合党率いる四党連合政権への政権交代（一九九一年秋）と時期的に一致していた。一九九三年一一月、カール・ビルト首相（在職一九九一年～一九九四年、穏健党党首）が行った「バルト三国が攻撃を受けた場合に、スウェーデンが中立でいることは困難である」という趣旨の発言は、スウェーデンの伝統的な非同盟中立政策ないし、冷戦後に定義しなおされた中立を目的とした平時における軍事的非同盟という立場からの逸脱であった。これに対し、社会民主党のピエール・ショリーは、スウェーデンの軍事介入は問題外であるとしてこの発言を一蹴した。スウェーデンの政界も世論も一枚岩ではなかった。だが、ビルト首相の論考「バルトのリトマス試験紙」（Bildt 1994）で示された、バルト三国の抱える問題にヨーロッパがいかに関わるかが今後のロシア・ヨーロッパ関係を占う試金石になるという見方に従うように、九〇年代のスウェーデンは、バルト三国の国内外政治の安定のために積極的な役割を果たしたのである。とはいえ、そうした積極的な政策が、ロシアを挑発するものであってはならないという根本的な考え方に変化はなかったように思われる。

四．政治資源としての北欧

（一）対外関係

イルヴェス外相（在職一九九六年～一九九八年、一九九九～二〇〇二年）による「北欧の国としてのエストニア」をキャッチフレーズとする外交戦略は、EU加盟交渉という背景抜きに理解することはできない。一九九〇年代半ばから二〇〇四年のEU・NATO加盟まで、エストニア政治の最優先課題は、その二つの組織への加盟において、他の中東欧諸国に遅れをとらないことであった。そうした中で、「バルト」というエストニア、ラトヴィア、リトアニアを旧ソ連構成共和国として一塊で扱うことを自明のものとする地域概念が障害になると、イルヴェスは考えたのである。

それ以前からエストニアの北欧アイデンティティを訴えていたイルヴェスの発言の中で、最も端的に彼の考えを表しているのは、一九九九年にスウェーデンの国際問題研究所で行った演説である（Ilves 1999）。そこで彼は *Yuleland* という地域概念を提唱している。Yule はクリスマスを意味する語であるが、この語（エストニア語では jõul、スウェーデン語では Jul）を使う国家群に国民性などの点で共通点が見られるというのである。この *Yuleland* に含まれるのは、北欧五か国とイギリス、そしてエストニアである。ラトヴィアとリトアニアはここには含まれない。共通の文化、言語、宗教的伝統などは三国の間には存在しないとして、イルヴェスはバルト・アイデンティティを否定する。この三国に共通するのは、外側から押し付けられた不幸な経験、すなわち、占領、強制移送、併合、ソヴィエト化、集団化、ロシア化であると喝破したのである。

（二）国内政治

国内向けにも、北欧、とりわけスウェーデンは肯定的イメージを喚起するものとして、エストニアでは多用されてきた。独立回復直後、社会民主主義者が選んだ政党名は、「穏健」であった。言うまでもなく、政治イデオロギー的には異なる立場にあるカール・ビルト率いる政党と同名である。その後も、イデオロギーの左右を問わず、スウェーデンの肯定的なイメージは政治戦略として利用されてきた。たとえば、改革党（自己認識は別として、ネオリベラリズムの旗手に位置づけられる）は、二〇一五年の国会選挙にあたり、エストニアは新しい北欧にならなければならないというスローガンを掲げた。ここで念頭に置かれているのは、個人的にも経済的にもその自由度が世界トップクラスである北欧諸国と同様の生活水準と安全を達成することである。その北欧に「新しい」という形容詞を付けたのは、「古い」北欧よりも技術面においてダイナミックかつ柔軟になることが目指されていたからである。社会経済政策上左に位置する政党では、社会民主党（二〇〇四年まで「穏健」）がやはりスウェーデンをはじめとする北欧を引き合いに出している。その内容を要約すれば、われわれはかなりの努力の末、電子サービスでは世界最上の部類に入っている。もう少しの努力で北欧になれるだろう。生産性はまだ低いが、それを克服すれば、スウェーデンになれるだろう、というものである（Sutrop 2017: 12）。スウェーデンは、豊かさや幸福を想像させるのに最も身近で最も具体的な目標なのである。

五．むすびにかえて

北欧の推理小説家へニング・マンケル（一九四八年〜二〇一五年）の作品に、クルト・ヴァランダー警部が活躍する人気シリーズがある。その二作目である『リガの犬たち』（Mankell 1992）では、ラトヴィア出身の刑事が事件に巻き込まれ、また主人公のヴァランダー警部が未亡人となったバイバと親しい関係になる（その仲はなかなか進展しないのであるが）。日本でも人気の北欧推理小説では、マンケルに限らず、バルト三国からの移民が犯罪に巻き込まれるという筋書きが少なくない。イルヴェス前大統領が一九九〇年代に批判した、バルト三国には犯罪が多いという「偏見」は、少なくとも表象レベルでは依然根強いのかもしれない。

そうした「偏見」の原因として、バルト三国の経済政策や社会福祉政策と貧困問題がある。独立回復後、脱ソヴィエト化を掲げ、EU・NATO加盟に邁進するエストニアの諸政党は、改革党を中心に、ネオリベラズムに分類される政策をとり続けてきた。そうした政策は、短期間での市場化を成功裏に進めることに資したものの、同時に、社会的格差の拡大につながった（小森 二〇一三）。だがそうした状況は、必ずしも上からの政策のみによって維持されてきたわけではない。

心理学者のアヌ・レアロは、エストニアの北欧性を評して次のように喩える。すなわち、それは平凡なスポーツ選手のようである。身体的にはすべての前提条件がそろっているが、精神が身体についていっていない、と（Realo 2017: 65）。

【註】

（1）母のカタジナがヤギェウォ朝出身。選挙で選ばれた。
（2）貴族の領地を王領地とした政策。
（3）他方で、このことは両大戦間期の歴史家がスウェーデン時代に対して強い関心を持っていたことを示している。両大戦間期に認められた博士論文のうち一本を除く他のすべては、スウェーデン時代を主題としたものであった（Kuldkepp 2013）。
（4）バルトスカンディア構想は、エストニア人だけが提唱したわけではない。リトアニア人のカズィス・パクスタスは、『バルトスカンディア連合』をアメリカで出版した。（Kazys 1942）。

【参考文献】

小森宏美（二〇一三）「過去の克服としての『新自由主義なるもの』――エストニアの社会正義観と改革党の成功」村上勇介・仙石学編『ネオリベラリズムの実践現場』京都大学出版会。

Ahlander, Dag Sebastian (1993) *Mäng Baltikumi pärast*, Tallinn.

Bildt, Carl (1994) The Baltic Litmus Test, *Foreign Affaires*, 9/10.

Carlgren, Wilhelm M. (1995) *Rootsi ja Baltikum; Maailmasõdade vahelisest ajast sõjajärgsete aastateni Ülevaade*, Tallinn.

Eisen, Mattihas Johann (1922) Rootsi mälestused Eestis, *Eesti Kirjandus*, 1.

Grabbi, Hellar (2005) Pätsi kiri Soome saadikule juulis 1940, *Tuna*, 1.

Ilves, Toomas Hendrik (1999) Estonia as a Nordic Country, <http://www.americanrhetoric.com/speeches/toomasilvesestonianordiccountry.htm>

Kant, Edgar (1935) Eesti geograafilisest kuuluvusest, *ERK*, 7/8.

Mankell, Henning (1992) *Hundarna i Riga*, Stockholm（ヘニング・マンケル／柳沢由美子訳二〇〇三年『リガの犬たち』創元推理文庫）。

Kuldkepp, Mart (2013) The Scandinavian Connection in Early Estonian Nationalism, *Journal of Baltic Studies*, 44, 3.

Kuldkepp, Mart (2007) Eesti põhjamaise identiteedi ajaloost, Tiia Kõnnussaar et al., *Eesti ja Põhjamaad-Eesti kui Põhjamaa: kõned, artiklid, esseed*, Tartu.

Maanõukogu protokoll nr. 30-a, 30-b, 25. August 1917 (1993) Heino Arumäe ja Tiit Arumäe (eds.), *Jaan Tõnisson Eesti välispoliitikas 1917-1920: Dokumente ja materjale*, Tallinn.

Mälksoo, Lauri (2003) *Illegal Annexation and State Continuity: The Case of the Incorporation of the Baltic States by the USSR*, Leiden/Boston.

Pakstas, Kazys (1942) *The Baltoscandian Confederation*, Chicago.

Realo, Anu (2017) Eesti kui Põhjamaa: füüsilised eeldused on olemas, kuid vaim ei tule järele, Tiia Kõnnussaar et al., *Eesti ja Põhjamaad-Eesti kui Põhjamaa: kõned, artiklid, esseed*, Tartu.

Reiman, Villem (1920) *Eesti ajalugu*, Tallinn.

Sutrop, Margit (2017) Eesti kui põhjamaa-kas soovmõtlemine või reaalne eesmärk? Tiia Kõnnussaar et al., *Eesti ja Põhjamaad-Eesti kui Põhjamaa: kõned, artiklid, esseed*, Tartu.

Tambeck, Elmar (1992) *Tõus ja mõõn I*, Tallinn.

おわりに

藤井 威

一．序

一九九七年九月、私は駐スウェーデン特命全権大使に任ぜられ、ストックホルム・アーランダ空港に降りたった。当時は五七歳、それまで、(旧) 大蔵省主計局、内閣府官房内政審議室など内政関係の仕事を担当してきた私は、外交関係の経験に乏しく、大使の重責に緊張しつつ、チャレンジ精神を新たにしていた。

二．福祉国家戦略の評価

スウェーデンという国は、わが国では世界でも最も進歩した福祉国家という理解はたぶんほとんどの人の持つ共通のイメージであろうが、もう少し具体的に踏み込むと次の二通りの考え方があるようである。

第一は、極めて積極的、好意的な見方であり、高水準の福祉システムのもとで、公平公正な社会への着実な歩みを続けており、それに伴うコストの負担を市民は「喜んで」受け入れており、「住みよい社会」を実現しているという評価を持っている。第二は、これとは逆に、高水準に見合う負担は、税、社会保険負担、分担金、手数料など著しく高水準であり、国民の不満は大きい。すなわち、公的負担と物価高の下で生活水準へ影響しており、他方、生産や企業活動についても自由な活動が制約され、生産性の上昇には限りがあって、国際競争力も低いという好ましくない評価を持っている。いずれの評価も一理はあるようだが、どちらが正解に近いのだろうか。

この問いかけに対してきちんと回答するためには、次の二点についてしっかりした考え方を持っていなければならない。第一に、そもそも「福祉」とは何かという問いへの回答であり、第二に、その上で判断を下すにあたり、公共部門あるいは政策策定担当者の見地からではなく、市民一般の立場（受益者の立場）からの回答でなければならない。

（一）「福祉」とは何か

一般市民の求める「財」は、市場経済において、市場の力によって需要と供給が一致し、権力的、あるいは政策的に介入する余地はないものがほとんどである。しかし、市場で需給調整を行いえない財もかなりある。一般道路のように、コストの全部を公共負担としない限り提供できない財やコストの一部を公共負担とする必要のある財である。後者の典型的な例として、「狭義の福祉」がある。通常、年金、医療や介護、育児などのサービスがこれに含まれ、これらの財のコストを全額市場に任せれば、これを必要とする市民の経済力を超え、社会的に必要な供給量を確保できず、コストの一部を公共負担とする必要のある財である。これと同様の扱いを必要とする財としては、基礎教育サービスがある。さらに、市民に負担を求める財としては、都市再開発や交通、エネルギー供給の分野等にもあらわれる。これら全般を含めた財は市場財との対比の上で「公共財」とよばれ、個々の公共財の供給量と公共負担の投入割合の決定は市民の感覚にゆだねられる。近代的な福祉国家とはこのように理解すべきであり、そこに個人や特定の利益団体のエゴイスティックな主張が意義を持つ場合、「福祉国家の破綻」は避けられない。

(二) 福祉と国家形成戦略成功の条件

先進各国の福祉国家形成は短期間で一定の成果を得ることは著しく困難であり、相当の長期間を必要とする。一般市民の政治的成熟のもとで、総体としての判断が、それぞれ国家の経済・社会一般の特殊性をふまえて、適切につみ重ねてゆく歴史的過程が必要だからである。福祉国家形成戦略を長期にわたって遂行し、そのかちえた成果に先進諸国の賞賛を得ているスウェーデンの成功の背景を探ってみよう。

スウェーデンの福祉国家形成戦略路線を確立した政治的勢力は、左派の社会民主労働者党(社民党)であり、同党の長期にわたる努力を支持し続けた市民層のキーワードは、「持続性」と「次世代の市民への配慮」の二点であったと言える。すべての市民はそれぞれ重層的な集団の一員である。たとえば、一個人の属する人的集団の最小のものは家族であり、やや大きな集団は隣近所であり、その上に集落があり、府県や州があり、国家があり、さらにEUや国連などの大規模団体がある。個人の生活や事業活動はすべてこの重層的な集団をベースとしている。その上で、さらに重要な原則が重なってくる。各市民は、種々の活動の上で発生する問題は、まず自分で解決しなければならない。やや問題が難しくなり、夫婦では処理できない場合、隣近所に助力を頼む。助力は基本的にお互いさまである。もう少し問題が大きいと、集落に、たとえば集落の寄合いの有力者とか、青年団や消防団の若者や、菩提寺の和尚や、鎮守の社の神主に相談するだろう。古代から現代に至るまで、種々の問題はこのようにして処理をされてきた。この原理は、「補完性の原則」と言われ、個人の活動が複雑化し、このような形では処理が難しくなり、重層的な構造を持つ地方自治制度への発展が不可避となっても、福祉システムに設計は、活動的な地方自治と補完性の原則が、いきいきと働いていることが必須の条件となる。この状況があって初めて、市民レベルで福祉システムの内容と公的資金の投入程度を長期的な視野に立って、後世代の人々の判断も充分に勘案しつつ行うことができる。まず福祉の水準を決め、受益者の負担はできるだけ小さく、さらに、後世代に負担を先送りするようなエゴイスティックな判断は、スウェーデンの市民の経てきた歴史的環境の下ではありえないのであり、より端的に言えば、国であれ、地方公共団体であれ、赤字の累積は断固拒否するのである。

三．スウェーデンにおける福祉と国家形成戦略の成功

（一）豊かな社会へのチャレンジ——経緯の概略

スウェーデンにおける成熟福祉社会形成戦略は、世界大戦戦間期の一九三二年、ハンソン社民党第二代党首による単独内閣成立から始まり、現在に至るまで五つのステージに分けてみることができる。その概略は以下のとおりである。

●第一ステージ（一九三二年～一九四六年）

ペール・アルビン・ハンソンの時代——福祉社会の枠組みの形成
・社会民主労働党初代総裁ヤルマール・ブランティング路線継承・中立政策の堅持と福祉社会枠組みの形成
●第二ステージ（一九四六年～一九六〇年）
ターゲ・エランデル在任前半の時代——成長促進と福祉国家建設準備
・穏健かつ堅実な話し合い路線を確立し、ハンソンの福祉枠組みに花をつけるための経済成長の確保
・緊急措置を必要とする事項の選択的な集中努力
●第三ステージ（一九六〇年～一九八三年）
ターゲ・エランデルの在任後半とその後継者の時代——漸進的増税と福祉水準引き上げ
・着実で漸進的な増税路線と福祉、教育充実政策の推進
・地方公共団体の行政力と財政力の増進と活用
・高福祉高負担型福祉国家形成戦略
・パルメの時代と増税路線の終結
●第四ステージ（一九八三年～二〇〇六年）
民主開放経済の時代——福祉国家成熟と持続性追求
・成熟福祉国家の実像解明へ
・家族政策の内容と経済的・社会的効果の追求
・出生率の上昇、人口政策の成功、格差是正効果
・高齢者福祉政策

・年金改革

●第五ステージ（二〇〇六年〜二〇一四年）

フレドリック・ラインフェルト中道右派内閣の時代——福祉国家持続性確保のため安定成長の確保と効率性追求

・二〇一四年選挙　社民党政権復帰

とりわけ重要なステージは一九六〇年代に始まるエランデル首相在任後期とその後継者の時代—第三ステージである。国民一人当たりGDPというマクロの数字で見た富裕度が一九六〇年頃にアメリカに次ぐ世界二位グループに入ってきた時点をとらえ、エランデル首相の指導下に高福祉高負担国家への本格的な歩みを開始する。教育面及び公共福祉面で一歩一歩改善改良を進め、国民に対して漸進的な負担増を求め、国民もこれに応じてゆく。一九六〇年におけるこの国の国民負担率は二六—二七％程度（現在のわが国の水準とほとんど同じ）、社会保障給付費の対GDP比は一一％程度（わが国の一九八〇年の水準とほぼ同じ）であったが、二〇年後の一九八〇年には、国民負担率はほぼ倍の五〇％（国民の懐具合をマクロ的に示す国民所得に対する比率では約七〇％前後に達する高水準）となり、社会保障給付費の対GDP比は三二％の高水準に到達していた。そして社会保障給付費の増加のなかで、医療や年金、あるいは高齢者サービス、失業対策などの充実とバランスをとりつつ、家族政策に対する公的支出水準の充実を実現している。より最近の二〇〇七年時点のOECDの計算によると、社会保障給付費の対GDP比は二七・七％（フランスは二八・八％、わが国は一九・三％）、うち家族政策公共支出の対GDP比は三・三五％（フランスは三・〇〇％、わが国は〇・七九％）に到達している（ちなみに家族政策費水準はスウェーデンがフランスをやや上回っているが、フランスは公的支出のほか高水準の税制上の措置を実施しており、実質的にはフランスがスウェーデンを超える福祉国家と言うことも可能である）。

（二）スウェーデンの具体的な福祉到達水準

家族政策と老人介護政策について、五つのステージを経た「驚くべき」高水準の状況を概観する。

（イ）家族政策

育児休業制度については、休業日数とその間の所得保障額の休業前所得水準との比率が問題となる。一九七〇年代に成立した時点で、前者は二一〇日間、後者は九〇％であったが、その後着々と改善が進み、二〇〇六年以降は三九〇日間、給付率は八〇％に、さらに九〇日間は一日につき一八〇クローネの定額給付となっている。合計四八〇日間の休業は、両親あわせてほぼ二年間の育児専念が認められたと言える（財源は両親保険と言われる制度による）。

保育所整備については、施設整備、保育士の養成と供給、世帯負担コストの低廉化が三点セットで進められた。まず一九七五年には、各種の保育所と幼稚園とを「就学前児童プレスクール」とし、運営方針や助成システムを、「エデュケア」として統一的に取り扱う措置が採用され、一九七六年には、七～一二歳の学童を放課後預かる「余暇センター」が制度化された。就学前プレスクールと余暇センターの所管は一九九五～九八年、伝統的な社会省と教育省の分割体制から教育省に一本化され、その整備も着々と進んで、一九九〇年代半ばには、いわゆる「待機児童」は存在しなくなる。〇～一歳児のケアは育児休暇取得の両親が、二歳児からはプレスクールが担当する生活スタイルがほぼ定着し、プレスクール利用児童数は一九七〇年頃の一万人足らずの水準から、二〇〇四年には三六・四万人に達した。これはプレスクールで利用対象の二～四歳児童総数の九〇％近い数字である。世帯負担利用料の低廉化も進み、二〇〇二年には、運営主体コミューン（わが国の市町村に当たる）が利用料の上限を定めるマックスタクサ方式が導入され、現在ではフルタイム保育コスト一万クローネ／人・月のほぼ五％の水準まで低下している。

（ロ）介護政策

スウェーデン大使在任から二〇年以上たった最近の時点における介護政策の実態を視察する機会があり、各種の高齢者福祉施設を訪問し、施設整備の大部分が終了し、豊かな公的財源が事業の実施に充当されている実状について認識を新たにした。

高福祉高負担をベースにした福祉国家づくりは、一九六〇年代からの「漸進的増税路線」で本格化する。同路線が一九八〇年代に終了した後も、高齢者介護に投入される公的資金は高水準で推移している。高齢者介護費のＧＤＰ比は、一九九五年以来二・五％のラインを維持しており、日本の一％弱の水準とは格段の差がある。施設介護についての状況の概略を列挙する。

（１）何よりも設備が十分に備わっていることは、うらやましい限りである。広く快適な個室、居心地の良い談話室や運動室、レストランなど、至れり尽くせりである。また美しく整備された散歩用庭園も見事で、よく成長したりんごの木がちょうど収穫期を迎えており、入居者の手でつみとり、ジュース加工などが行われている施設もあった。

（２）介護者の適切な配置が行われ、報酬や労働条件も一般的オフィスの水準と大差なしである。介護者は准看護師の資格を持ち、常時、技能向上のための訓練が行われている。各入居者には介護の責任を負う個別の介護者が指名されており、各入居者の性格、ニーズを的確に把握する態勢ができていた。

（3）入居者の個人負担は著しく低廉である。

以上の施設状況のなかで、介護度の悪化や徘徊、奇声、粗暴行為などの問題行動は少なく、発生しても介護者たちはプロとして適切に対応している。その高度な技能への自信は見事なものである。笑顔の見られない入居者はほとんど発見できなかった。

（三）「施設から在宅へ」

我々視察団は各種介護施設を訪問し、「施設から在宅へ」の標語のもとで、在宅介護が重点政策になりつつあることを実感した。

高齢者比率の上昇と要介護高齢者の増加は、スウェーデンでも大きな課題となっている。そのような中で、二〇〇〇年代初頭から、「施設から在宅へ」という政策の転換が始まり、二〇〇六年九月発足のラインフェルト中道右派内閣もこの政策を推進した。

この政策の目的は、高齢者が長年慣れ親しんだ環境の下で、残存能力を活用しつつ生きがいを見出そうというものである。介護度の進行を防ぐ効果が期待でき、また、個人のニーズに適した介護サービスの提供も可能となり、十分に理解できる方針であった。さらにこの方針は、施設整備に関連するコストの低下のほか、訪問介護士の適切な配置と、効率的な訪問介護計画の策定により、高齢化の進展による介護需要が増えても、公的な投入資金の増加は回避できると考えられた。実際、介護費の公的負担の対ＧＤＰ比率は横ばいとなっている。

四．スウェーデンの福祉国家形成成熟の社会的、経済効果

(一) 福祉と国家成熟期の公共資金使途概観

本稿三（一）において、スウェーデンの福祉国家形成戦略の経緯を五ステージに区分して概説し、高福祉高負担社会への本格的な試行は、社民党エランデル内閣及び後継者パルメ内閣の手により実施された第三ステージ（一九六〇年～一九八三年）のほぼ二〇年間にわたり漸進的増税路線の採択がハイライトであり、一九八〇年初頭の国民負担率は、GDP比五〇％に達したことを説明した。それ以降の負担率は、この水準と同じ程度で推移している（【表1】）。増税のキープレーヤーは、国税である付加価値税と地方住民税であった。結局エランデルは、一九四六年から一九六九年まで二三年間連続して総理をつとめるが、在任後半には着々と増税路線を続け、国民はこの路線についてきたのであり、国政選挙一一回を乗り切ることになる。その背景を検討してみよう。

【表1】　漸進的増税路線

	穏健党	1980年初期	2003年
国民負担率対GDP比	26～27%	50%	50%
付加価値税	税率4.2%で導入	23.46%	25%
住民税率(県＋市町村)	14%台	30%台	31%
社会保障給付費	11%	32%	32%
(参考)日本の社会保障給付費	5%	11%	19%

出所：筆者作成。

(二) 漸進的増税路線成功の背景

第一に、人間生活の上でコミュニティの果す機能を評価し、受け入れる感覚が国民の間に根付いていた（いわゆるふるさと感覚である）。補完性の原則参照。

第二に、大きな公共部門への歩みをあせらずあわてず、市民や反対政党との対話をじっくり続けながら穏健な政治手法に徹して実施した。

第三に、増税を漸進的に実施することにより、福祉や教育面での国民サイドの受益感覚に着実に訴えた。

第四に、財政赤字による将来世代への負担転嫁を無責任と考え、極力回避したため、増税と受益とを直接結び付けることが可能となった。

【表2】　国民負担と使途の国際比較　(2003対 GDP比[単位：%]

		穏健党	アメリカ	イギリス	ドイツ	フランス	スウェーデン
穏健党	国民負担率(税・社会保険料)	26.4	25.5	36.6	34.7	48.4	50.4
	財政収支	−6.6	−5.5	−3.7	−3.8	−3.6	+1.0
	潜在的国民負担率	33.0	31.0	39.7	38.5	52.0	49.4
使途	社会保障給付費	18.6	16.6	21.4	28.4	29.1	31.9
	教育費公的支出	3.4	5.0	5.0	4.2	5.8	6.2
	(控除)その他の支出—雑収入	11.0	9.4	13.3	5.9	17.1	11.3

出所：OECD資料に基づき筆者作成。

第五に、増税の主役を累進性のほとんどない付加価値税と単一税率制の住民税としたことにより、市場経済の成功者の積極的貯蓄と旺盛な企業意欲を確保し、着実な成長と増税路線を矛盾なく結び付けることに成功した。

第六に、増税を漸進的に実行することにより、生産面で経済全体として高負担に対応していくゆとりを生み出した。

エランデルは、福祉国家建設戦略の成功のうちにあとを四二歳の秘蔵の愛弟子ウーロフ・パルメに託して二三年間の長期政権を退任するが、市民は彼を「スウェーデン国民の父」とたたえることとなる。スウェーデン市民のこのような感覚は、既述の、福祉国家形成戦略成功条件を満していたのである。

(三)　福祉国家の公共資金使途の国際比較

スウェーデン及び主要な先進国における公共資金の使途を極めて単純な形で示すと【表2】のとおりである。

スウェーデンと日本の数字を比較してみよう。二〇〇三年の国民負担率は、スウェーデン五〇・四％、日本二六・四％であるが、実際に使われている金額は、財政の赤字分も含むので、日本ではこれが六・六％あり、合計三三％分の仕事をしていることになる。スウェーデンは黒字一％があり（事実上財政部門の貯蓄）、四九・四％の仕事をしていることを示している。この一％の貯蓄は、将来の景気悪化等にそなえるため、および過去の景気悪化時に計上した財政赤字の累積を償還するため、という二つの意味がある。表面的な国民負担率に財政収支を加減算した率を「潜在的国民負担率」と言う。このような簡単な表からもいくつかの興味深いポイントが読みとれる。[1]

（1）総体としての経済規模のうち、公共財への資金投入割合（潜在的国民負担率）は、スウェーデンと日本との間に大きな差があり、とりわけ、社会保障給付費や教育費への公的資金の投入割合の差は、著しく大きい。

（2）公的資金投入のうち、国債などの借入金に依存する割合は、日本が特に目立つ。

（3）社会保障給付費、教育費を除く「その他の支出」には、産業対策（農業、中小企業などを含む）、国防費、ＯＤＡ、その他公共部門の雑多な経費の集合であり、具体的内容には国の政策上の特色によりかなりの差はあるが、総計とし

【表3】 社会保障給付費の内訳　（2003対 GDP比［単位：%］

	日本	アメリカ	イギリス	ドイツ	フランス	スウェーデン
社会保障給付費	18.6	16.6	21.4	29.4	29.1	31.9
医　療	6.2	6.9	6.7	8.0	7.6	7.1
年　金	9.2	6.9	6.9	12.3	12.6	10.4
その他の福祉　家族政策 老人介護 労働市場政策 生活保護等	9.2	6.9	6.9	12.3	12.6	10.4
家族政策	0.75	0.70	2.93	2.01	3.02	3.54
子育て直接コストの公費負担（家族手当）	0.19		0.84	0.83	1.11	0.85
就業と子育ての両立のための公的施策	0.45	0.09	1.82	0.66	1.53	2.40
出産・育児休業給付	0.12		1.24	0.26	0.34	0.66
保育・就業前教育	0.33	0.32	0.58	0.40	1.19	1.74
その他の家族政策	0.11	0.29	0.27	0.53	0.39	0.30

出所：OECD資料に基づき筆者作成。

ては、大きな差はない。たとえば、日本とスウェーデンの両国にはほとんど差はない。

（四）社会保障給付費の内訳の国際比較

スウェーデン及び主要な先進国の社会保障給付費の対GDP比を示すと【表3】のとおりである。

社会保障給付費を医療、年金、その他の福祉の三本柱に分けて見ると、日本の医療、年金分野での公的資金の投入比率は、諸先進国と見劣りせず、これだけ見ると日本もりっぱな福祉国家並みになっている。

国民負担の低さに対応して、わが国の社会保障給付費の低さが目立つが、その主因は「その他福祉」の率が、米国以外の福祉先進国より著しく低位にあることに起因することは一目で分かるだろう。

「その他福祉」とは、主として、家族政策、高齢者福祉政策、労働市場政策及び生活保護政策の四項目からなる。生活保護を除く三項目は「現金給付」の性格よりも、「福祉関連サービス供給」という性格を持つ分野であり、集落やコミューンのレベルに委ねられる性格を持つ。

スウェーデンの家族政策は、女性の機会均等、共同参画を主たる政治目標としており、これにより、女性の就業率の上昇と公共部門における女性の就業者数の増大が認められる（【表4】【図5】【表6】）。

このような就業構造の変化により、経済の成長力の回復が顕著であり（【図7】）、出生率も最近のボトム一・五〇から一・八九となり（【図

【表4】　15～64歳の男女別就業率

（単位：％）

	1965年	1985年	2000年	2012年
合　計	71.6	82.8	790.	80.3
男　性	89.3	86.3	81.5	82.6
女　性	53.8	79.3	76.4	77.9
	増税時期		成熟時期	

出所：スウェーデン政府資料。

【図5】 就業構造の変化

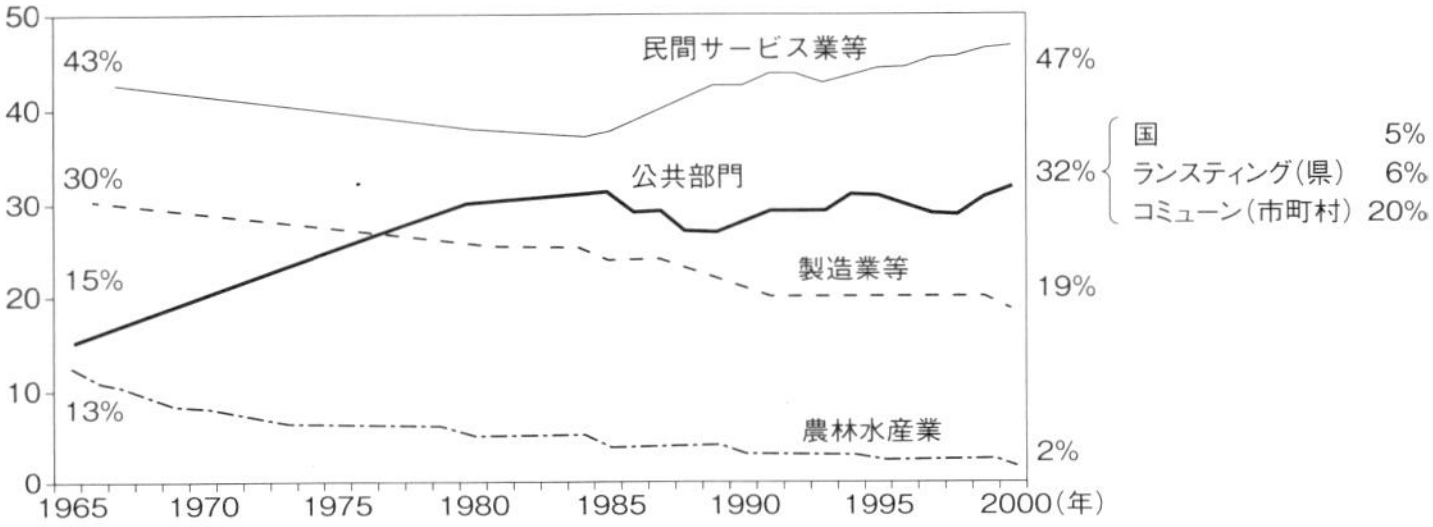

出所：スウェディシュ・インスティチュート資料。

【表6】 コミューン就業者の内訳

高齢者ケア・ヘルスケア	33%	計51%
児童福祉	18%	
教　育	22%	
レクリエーション・文化	3%	
行　政	9%	
技術サービス	15%	

出所：スウェーデン政府資料。

【図7】 スウェーデンのGDP実質成長率

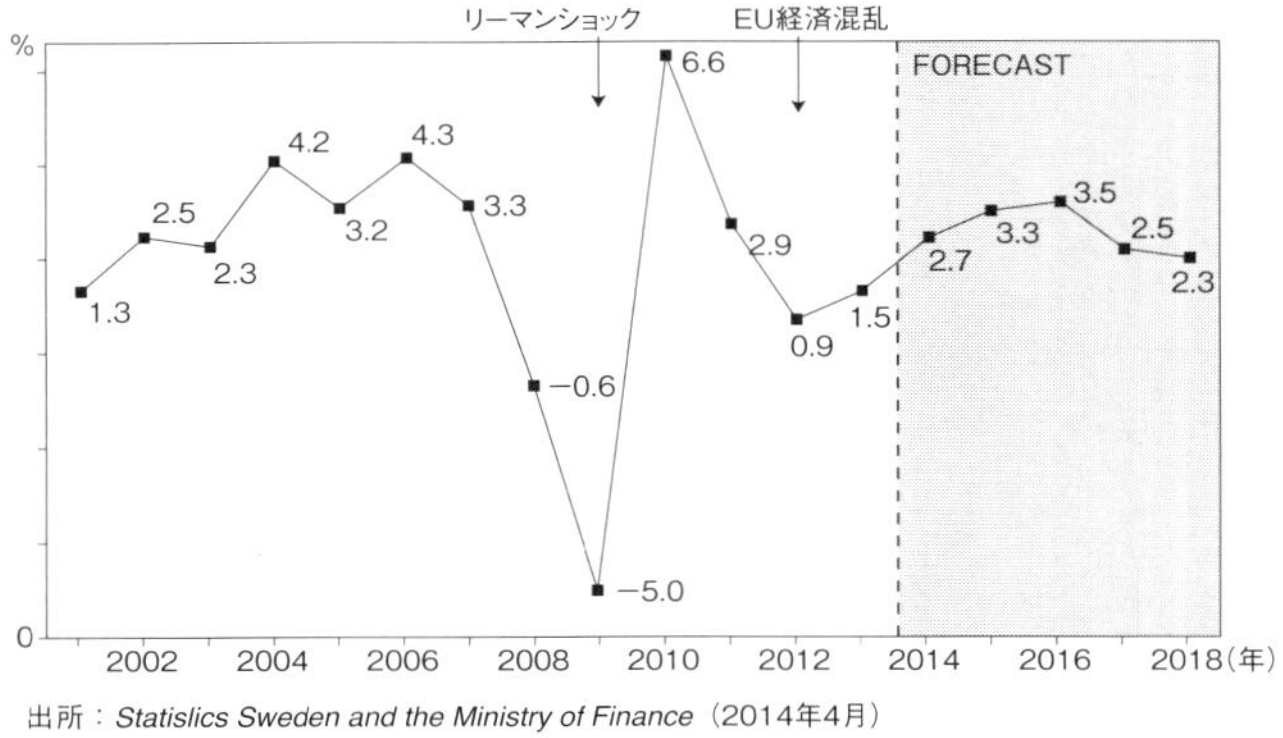

出所：*Statislics Sweden and the Ministry of Finance*（2014年4月）

8】）、人口置換水準に限りなく近付き、人口問題は解消したと評価できる。

【表3】の下側に、「その他の福祉」のうちの家族政策の内訳を示している。スウェーデンの家族政策への公的資金投入GDP比率は日本の四・七倍にも達する。さらにその内訳を見ると、日本の制度が家族手当中心であるのに対し、スウェーデンの制度は主として女性の就業と子育ての両立のための制度（保育所の整備と育児休業――育児休暇と休業保障費の充実）に重点が置かれていることは、スウェーデンの家族政策の政策目的に対応するものと言えよう。

【図8】 日本とスウェーデン合計特殊出生率の推移

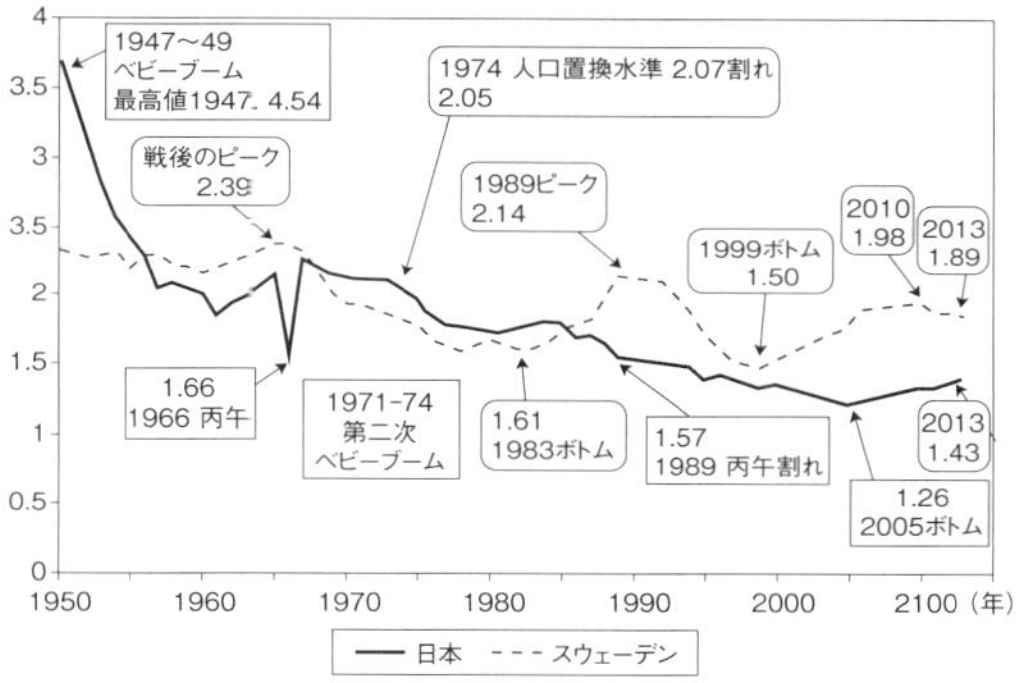

（注）：（角丸枠）印はスウェーデン出生率の推移に関する主要事項。
（四角枠）印は日本出生率の推移に関する主要事項。
出所：筆者作成。

（五）高福祉高負担システムの所得再分配効果

高福祉高負担システムは、制度そのものに所得再分配効果を内包し、公正・公平な社会を作る効果のあることは当然であるが、高負担を法人税や所得税などの直接税の累進構造に求めるよりも、消費そのものに広く薄く賦課する付加価値税に依存する方が望ましいと主張する。直接税に依存して、（イ）高所得層への超高率課税を行うことは、高福祉に伴う高コストを賄うほどの高収入は期待できない、（ロ）高所得層の租税回避行動を誘発し、行政コストが高くつく、（ハ）経済全体の総貯蓄を減少させ、健全な成長率をそこなう、などの弊害が大きいと主張するのである。実際、間接税中心の租税体系は、スウェーデンの高成長を支えていると言えそうである。

消費全般に広く課税する付加価値税そのものの所得再分配効果は、育児政策を例にとって簡単に説明することができる。たとえば、幼い子供二人を持つ世帯について階層別年収に対する租税負担額と家族政策による児童手当とプレスクールの公費負担による受益を比較してみよう。二人の子供を持つ単身世帯の平均年収は、一五〇千クローネ（一クローネ—一五円）で、直接税、間接税合計五八・九千クローネの負担であるが、幼い子二人に関する児童手当とプレスクールコストの世帯受益額は一五八千クローネであり、この家族の受益超過は二六八・三％に達する。二人の子供を持つ平均的世帯の場合、平均年収三五〇千クローネ、租税負担一四〇・五千クローネ、受益額一五八千クローネであり、一一二・五％の受取超過である。他にもいろいろの受益があるはずで、世帯平均前後の年収以下の階層は二人以上の子供のいる場合、ほとんどが受益超過となっているであろう。

【表9】　相対的貧困率国際比較　（単位：％）

	市場所得段階	公共部門の介入後の段階	順位
デンマーク	23.6	5.3	1位
スウェーデン	26.7	5.3	1位
チェコ	28.2	5.8	3位
日　本	26.9	14.9	27位

出所：OECD資料。

①相対的貧困率の国際比較

ＯＥＣＤの発表している「加盟三〇カ国総体的貧困率比較（二〇〇〇年代半ば）という係数を【表9】に示す。

「相対的貧困率」とは、国民一人一人の所得の中位値（通常、平均よりやや低く出る。日本の場合、二六〇万円であった）の１／２（日本の場合一三〇万円）を貧困線としそれ未満の人々の比率を言う。高福祉国の場合、公共部門の介入によって貧困率が著しく改善されている。福祉サービスなどの社会保障給付が、低所得階層に有利に働くことによる効果が大きい。日本の相対的貧困率は三〇ヵ国中二七位、日本の下にいる国は、アメリカ、トルコ、メキシコの三ヵ国だけである。

②地域間格差拡大の防止効果

公平という点では、地域間格差についても同じことが言える。中央と地方、都市と農山漁村というような地域間格差はスウェーデンのような、高度に発達した福祉国家では著しく小さいのである。たとえば、スウェーデンの広大な国土の北部は一部が北極圏に属し、広大なツンドラ地帯を形成しており、人口密度は極度に小さい。日本の例から推察すれば、この地域に散在する小規模集落の多くは、限界集落か、あるいは廃屋しか残らぬ沈黙の集落となっているであろう。スウェーデンではこのような状況は全く見られず高齢化率も、全国平均よりわずかに高い水準にとどまっている。地域の活力は維持され、住民はふるさとに誇りを持って生活している。

国、地方ともに市民に高い負担を課す以上、教育サービスや福祉サービスの水準に大きな差があっては、市民は納得するはずがない。教育施設や医療、高齢者施設の充実と一定のサービス水準の確保は、公共部門の当然の責務であり、このような施設とサービスが地域経済、社会のソフト・インフラストラクチャーとしての機能を発揮しているのである。地域毎の財政力を調整するための「財政調整制度」はスウェーデンにも存在するが、その規模はごく小さいものですんでいる。

五．第五ステージ　ラインフェルト中道右派内閣の成立と敗北

二〇〇六年選挙において高福祉高負担路線を主導し長期政権を築いた社民党中心の中道左派路線は、最右翼穏健党のラインフェルト党首の主導する中道右派四政党の連合に敗北した。ラインフェルト政権の政策は基本的に高福祉高負担路線を維持しつつ、公共政策の効率性を高め、着実な成長路線を堅持することを強調し、高福祉高負担を維持する限り一応の支持をえた。しかし、八年間の政権担当の後、中道左派に僅差で敗れ、社民党党首ロベーン政権が成立する。その背景として、やや過大な減税措置や福祉水準の若干の切り下げに一般市民の懸念が生じたほか、この国の寛大な移民政策に正面から反対をぶち上げたスウェーデン民主党が市民の懸念のはけ口となり、また、EU加盟諸国における超右派政党伸長の流れに乗ったことの影響が大きかった。スウェーデン型福祉モデルを形成し、支持してきた中道勢力は、スウェーデン民主党の議会勢力を除くと、左、右ともに議会内で過半数に及ばず、この国特有の穏健な合意形成方式による議会運営の目途が立たなくなった。

この懸念はただちに現実となり、ロベーン内閣の最初の議会において、スウェーデン民主党のかく乱的動きにより、内閣提案の予算案が否決され、政界はかつてない混乱に陥る。結局、内閣はスウェーデン民主党の要求を入れ、来る三月二二日に再選挙を行う旨表明する。スウェーデンも反移民など極端な政策で政治が混乱するのではないかと注目されたのである。

しかし左・右両中道勢力はスウェーデン型政治を堅持し、スウェーデン民主党の政治的影響力を皆無に近い状態にすることに成功する。

結局、二〇一四年一二月二九日、左右の中道政党六党（左翼党を除く）の政策枠組協議成立により収拾された。その内容は次のとおりであった。
（１）政策の予算枠組は仮のものとして、野党（中道右派四党）は棄権し、議会を通過させる。
（２）国防、安全保障、年金制度及びエネルギーの四重要課題については、今後、協議により合意を目指す。
（３）この合意は二〇二二年（次の次の選挙の年）まで有効とする。二〇一五年四月に春の財政法案を提出する。
なお、次の二案が合意の内容として追加的に存在すると理解されている。
（１）雇用者負担、付加価値税増税、地方税率引き上げなどは引き続き検討課題となるものであり、必ずしも否定すべきと決まったものではない。
（２）内閣構想にある所得税率引上げは、二〇一五年秋の予算枠組法案まで先送りして検討する。

合意の第三点有効期間八年の規定は、次回選挙で社民党が敗れ、穏健党政権が出来ても有効であることを穏健党に保証したものと言われる。協議とコンセンサスを内容とするスウェーデン型政治手法が継続し、福祉システムの安定維持に成功した。中道諸政党が歴史的に積み上げてきたスウェーデン型福祉モデルと穏健な合意型成政治プロセスは、少なくとも八年間は堅持されることが決定された。

六．まとめにかえて

スウェーデン型福祉社会モデルは、一般市民と議会、民間の調査団体と独立調査員の長期にわたる絶えざる努力の結晶であり、堅固な安定性を誇り、世界の注目の的であり続ける。本書は、この国のさまざまな側面を総体としてとらえ、研究する試みであり、政治、経済、全般にわたって危機的状況になやむわが国の将来設計に資するところ大なるものがあろう。

【註】

（1）この数字は二〇〇三年であり、やや古い。最近の数字におきかえると日本の国民負担率は大差なく、赤字がふえて潜在的負担率はやや高くなり、財政の不健全は大きくなっている。社会保障給付費の割合はやや上り、その他経費の割合は、その分、低下している。

日本・スウェーデン議員連盟名簿（二〇一八年一月一五日現在）

加盟議員数　衆議院議員二六名
　　　　　　参議院議員　九名

＊衆・参の別、氏名、所属政党及び選挙区

衆	今村　雅弘	自民党	比例九州	
衆	衛藤征士郎	自民党	大分２	議員連盟会長
衆	岡本　充功	希望の党	比例東海	
衆	小渕　優子	自民党	群馬５	
衆	柿沢　未途	希望の党	比例東京	
衆	亀岡　偉民	自民党	比例東北	
衆	河村　建夫	自民党	山口３	
衆	神田　憲次	自民党	比例東海	
衆	北村　誠吾	自民党	長崎４	
衆	後藤　茂之	自民党	長野４	
衆	齊藤　健	自民党	千葉７	
衆	鈴木　淳司	自民党	比例東海	
衆	辻元　清美	立憲民主党	大阪10	
衆	中川　正春	無所属	三重２	
衆	長妻　昭	立憲民主党	東京７	
衆	中野　洋昌	公明党	兵庫８	

衆	西村　明宏	自民党	宮城3
衆	西村　康稔	自民党	兵庫9
衆	藤井比早之	自民党	兵庫4
衆	松島みどり	自民党	東京14
衆	松原　仁	希望の党	比例東京
衆	三ツ林裕巳	自民党	埼玉14
衆	宮下　一郎	自民党	長野5
衆	山井　和則	希望の党	比例近畿
衆	柚木　道義	希望の党	比例中国
衆	和田　義明	自民党	北海道5
参	猪口　邦子	自民党	千葉
参	江崎　孝	民進党	比例
参	太田　房江	自民党	比例
参	川田　龍平	無所属	東京
参	末松　信介	自民党	兵庫
参	谷合　正明	公明党	比例
参	藤末　健三	民進党	比例
参	藤田　幸久	民進党	茨城
参	横山　信一	公明党	比例

日瑞一五〇年委員会委員（二〇一八年一月）

衛藤征士郎（日本・スウェーデン議員連盟、衆議院議員）
小渕　優子（日本・スウェーデン議員連盟、衆議院議員）
山井　和則（日本・スウェーデン議員連盟、衆議院議員）

藤井　威（元駐スウェーデン王国日本国特命全権大使）
渡邉　芳樹（元駐スウェーデン王国日本国特命全権大使）
山崎　純（現駐スウェーデン王国日本国特命全権大使）

内田　立国（在スウェーデン日本国大使館勤務経験者）
渡辺　慎二（在スウェーデン日本国大使館勤務経験者）
上田さやか（在スウェーデン日本国大使館勤務経験者）
森田　華子（在スウェーデン日本国大使館勤務経験者）
中村　秀一（在スウェーデン日本国大使館勤務経験者）
宇野　裕（在スウェーデン日本国大使館勤務経験者）
藤原　禎一（在スウェーデン日本国大使館勤務経験者）
井上　誠一（在スウェーデン日本国大使館勤務経験者）
森　浩太郎（在スウェーデン日本国大使館勤務経験者）
伊澤　知法（在スウェーデン日本国大使館勤務経験者）
岡部　史哉（在スウェーデン日本国大使館勤務経験者）

日瑞150年委員会委員

岡澤　憲芙（早稲田大学名誉教授）
川野　秀之（玉川大学名誉教授）
塩屋　保（東北学院大学名誉教授）
トゥンマン武井典子（ヨーテボリ大学名誉教授）
秋朝　礼恵（高崎経済大学）
穴見　明（大東文化大学）
小川　有美（立教大学）
加藤　晴子（Tacton AB）
木下　淑恵（東北学院大学）
小森　宏美（早稲田大学）
斉藤　弥生（大阪大学）
三瓶　恵子（K International）
清水　由賀（東北福祉大学）
鈴木　満（リンネ大学）
多田　葉子（ルンド大学）
中間　真一（（株）ヒューマンルネッサンス研究所）
福島　淑彦（早稲田大学）
藤田菜々子（名古屋市立大学）
宮本　太郎（中央大学）
山田　清志（東海大学）
吉武　信彦（高崎経済大学）

３．推進委員会の活動
(1) 日本・スウェーデン外交関係樹立150周年のPR
(2) 日本・スウェーデン外交関係樹立150周年事業の準備・実施等に係る助言
(3) その他、推進委員会の目的を達成するために必要な活動

４．委員長，委員
(1) 推進委員会は、委員長と複数名の委員で構成される。
(2) 委員長と委員は、外務省欧州局長が委嘱する。
(3) 委員長、委員は無報酬とする。
(4) 推進委員会事務局は、外務省欧州局とする。

日本・スウェーデン外交関係樹立150周年推進委員会

2018年1月1日付けで、日本・スウェーデン外交関係樹立150周年の諮問・助言機関として、日本・スウェーデン外交関係樹立150周年推進委員会が設立され、経済界および学術界から委員が選出された。

［委員長］　安西　祐一郎　独立行政法人日本学術振興会理事長
［委員］　秋田　正紀　株式会社松屋代表取締役社長執行役員
岡澤　憲芙　早稲田大学名誉教授
佐藤　義雄　住友生命保険相互会社取締役会長代表執行役
（日本経済団体連合会ヨーロッパ地域委員会委員長）
中曽　宏　日本銀行副総裁
宮園　浩平　東京大学医学系研究科長・医学部長
（委員の掲載は50音順）

また、同推進委員会の概要については以下のとおり。

1．目的

2018年は、日本・スウェーデン外交関係樹立150周年にあたることから、日本・スウェーデン外交関係樹立150周年推進委員会（以下、推進委員会）を設立し、日本・スウェーデン外交関係樹立150周年における各種記念事業を推進する。

2．推進委員会の設置期間

2018年1月1日から2018年12月31日まで
（異なる決定を行わない限り、2018年12月31日に解散する。）

◉**塩屋 保**…しおや・たもつ…（第 2 部第 13 章）

東北学院大学名誉教授
中央大学法学部卒業、中央大学大学院法学研究科修了（法学修士）、ストックホルム大学国際大学院修了。ウプサラ大学客員研究員、東北学院大学法学部教授。
専門；国際政治学、平和学。
主著：『講座国際政治学』（東京大学出版会、共著）、『スウェーデンの政治』（早稲田大学出版部、共著）、『構造的暴力と平和』（中央大学出版部、共訳）など。

◉**清水由賀**…しみず・ゆか…（第 2 部第 14 章）

東北福祉大学総合福祉学部講師
早稲田大学社会科学研究科博士後期課程単位取得満期退学
専門：比較福祉政策
主著：「スウェーデンにおける在住外国人環境」「開花期のスウェーデン・モデル」（岡澤憲芙・斎藤弥生編著『スウェーデン・モデル：グローバリゼーション・揺らぎ・挑戦』彩流社 所収）など。

◉**小森宏美**…こもり・ひろみ…（第 2 部第 15 章）

早稲田大学教育・総合科学学術院・教授
早稲田大学大学院文学研究科単位取得退学
専門：エストニア近現代史、バルト地域研究
主著:『エストニアの政治と歴史認識』（三元社）、『パスポート学』（北海道大学出版会、共編著）、『エストニアを知るための 59 章』（明石書店、編著）など。

◉**藤井 威**…ふじい・たけし…（おわりに）

元駐スウェーデン大使
東京大学法学部卒業。大蔵省主計局次長、経済企画庁官房長、大蔵省理財局長、内閣官房内政審議室長を経て、退官後、1997 年から 2000 年まで駐スウェーデン特命全権大使兼ラトヴィア特命全権大使としてストックホルム在勤。その後、地域振興整備公団総裁を経て、現在みずほコーポレート銀行顧問。
主著：『スウェーデン・スペシャル［Ⅰ］～［Ⅲ］』（新評論）など。

◉**加藤晴子**…かとう・はるこ…（第2部第7章）

TactonSystems 社地域担当マネージャー
米国・ウィッテンバーグ大学政治学部卒、スウェーデン・ストックホルム大学情報工学研究科 修士課程終修了

◉**トゥンマン武井典子**…トゥンマン・たけい・のりこ…（第2部第8章）

ヨーテボリ大学文学部言語文学学科名誉教授・博士
東京大学フランス語フランス文学科卒、ストックホルム大学日本学博士
専門：　日本近・現代文学
主著 : *Forbidden Colors – Essays on Body and Mind in the Novels of Mishima Yukio*. Acta Universitatis Gothoburgensis 14. Göteborg.
Gathering in Moonlight – Horiguchi Daigaku and a crossroads in modern Japanese poetry. Stockholm East Asian Monographs No. 2. Stockholm.
Nakahara Chuya and French Sympolism. Japanological Studies 3. Stockholm.
Shiki – Japanska haiku-dikter för fyra årstider. translated by Noriko Thunman and Per Erik Wahlund. Painorauma Oy, Raumo: OrientA など。

◉**藤田菜々子**…ふじた・ななこ…（第2部第10章）

名古屋市立大学大学院経済学研究科教授・博士（経済学）
名古屋大学経済学部卒、名古屋大学大学院経済学研究科博士後期課程修了。
専門：経済学史、制度経済学。
主著：『ミュルダールの経済学――福祉国家から福祉世界へ』（NTT 出版）、『福祉世界――福祉国家は越えられるか』（中央公論新社）など。

◉**三瓶恵子**…さんぺい・けいこ…（第2部第11章）

ケイ・インターナショナル代表、文学修士
お茶の水女子大学人間文化研究科博士課程中退。ウプサラ大学客員研究員。
専門：教育学
主著：『ピッピの生みの親――アストリッド・リンドグレーン』（岩波書店）、『人を見捨てない国スウェーデン』（岩波ジュニア新書）、『女も男も生きやすい国、スウェーデン』（岩波ジュニア新書）など。

◉**吉武信彦**…よしたけ・のぶひこ…（第2部第12章）

高崎経済大学地域政策学部教授・博士（法学）
慶應義塾大学大学院法学研究科後期博士課程単位取得退学。在スウェーデン日本国大使館専門調査員、ノルウェー・ノーベル研究所客員研究員。
専門：国際関係論、地域研究（北欧）。
主著：『日本人は北欧から何を学んだか――日本・北欧政治関係史入門』（新評論）、『北欧・南欧・ベネルクス（世界政治叢書第3巻）』（ミネルヴァ書房、共編著）など。

◉穴見 明…あなみ・あきら…（第2部第2章）

大東文化大学法学部教授
東京教育大学文学部卒、名古屋大学大学院法学研究科博士課程前期課程修了、同研究科後期課程中途退学。名古屋大学助手、静岡大学人文学部教授を経て現職。
専門：政治学、行政学
主著：『スウェーデンの構造改革』（未来社）

◉木下淑恵…きのした・よしえ…（第2部第3章）

東北学院大学法学部教授・修士（学術）

一橋大学法学部卒、早稲田大学社会科学研究科博士後期課程満期退学。

国立国会図書館調査員、早稲田大学助手を経て、現職。

専門：地域研究（北欧）、比較福祉国家、地方自治。

主著：「P.A.ハンソンと『国民の家』」（岡澤憲芙編著『北欧学のフロンティア』ミネルヴァ書房、所収）、「スウェーデンの女性環境」（岡澤憲芙・斉藤弥生編著『スウェーデン・モデル：グローバリゼーション・揺らぎ・挑戦』彩流社、所収）、『スウェーデン議会史』（早稲田大学出版部、共訳）など。

◉鮎川 潤…あゆかわ・じゅん…（第2部第4章）

関西学院大学法学部教授・博士（人間科学）
東京大学文学部社会学科卒、大阪大学大学院人間科学研究科中途退学。南イリノイ大学フルブライト研究員。スウェーデン国立犯罪防止委員会・ケンブリッジ大学・ウィーン大学・デラウェア大学客員研究員。
専門：犯罪・少年非行研究、刑事政策、社会問題、メディア研究。
主著：『少年非行――社会はどう処遇しているか』（左右社）、『再検証――犯罪被害者とその支援』（昭和堂）、『犯罪学入門』（講談社現代新書）『少年犯罪――ほんとうに多発化・凶悪化しているのか』（平凡社新書）など。

◉福島淑彦…ふくしま・よしひこ…（第2部第5、6章）

早稲田大学政治学術院教授・Ph.D（Economics, 経済学）
慶應義塾大学経済学部卒、慶応義塾大学大学院経済学研究科前期博士課程修了（経済学修士）、ストックホルム大学　経済学部博士課程修了（Ph.D in Economics）。ストックホルム大学客員研究員。
専門：労働経済学・公共経済学・社会保障論。
主著：「北欧の労働市場」（『北欧学のフロンティア』ミネルヴァ書房、編著者：岡沢憲芙、所収）、「少子化の政治経済学」（『少子化政策の新しい挑戦』中央法規出版、編著者：岡沢憲芙、小渕優子　所収）他、論文多数。

【監修者】

◉岡澤憲芙…おかざわ・のりお…(序章)

早稲田大学名誉教授
1944年上海生まれ。早稲田大学政経学部卒。早稲田大学社会科学部教授、ストックホルム大学・ルンド大学客員研究員。北ヨーロッパ学会・会長、スウェーデン社会研究所・所長、比較政治学会・会長などを経歴。
スウェーデン国王より【北極星勲章】を叙勲さる。
スウェーデン国王より【ポジティブ・スヴェリエ賞】を受賞。
専門：比較政治学、政党論。
主著：『スウェーデンの挑戦』(岩波新書)、『政党』(東京大学出版会)、『北欧学のフロンティア』(ミネルヴァ書店)、『男女機会均等社会への挑戦』(彩流社)、『スウェーデン・モデル：グローバリゼーション・揺らぎ・挑戦』(共編著、彩流社)など。

【執筆者】(掲載順)

◉斉藤弥生…さいとう・やよい…(第1部第1章、第2部第9章)

大阪大学大学院人間科学研究科教授・博士(人間科学)
学習院大学法学部卒、スウェーデン・ルンド大学政治学研究科修了(行政学修士)。ヴェクショー大学、ルンド大学・ストックホルム大学・オスロ大学客員研究員。
専門：社会福祉学(高齢者介護・地域福祉論)・行政学。
主著：『スウェーデンにみる高齢者介護の供給と編成』(大阪大学出版会)、『スウェーデン・モデル：グローバリゼーション・揺らぎ・挑戦』(共編著、彩流社)、『体験ルポ：日本の高齢者福祉』(共著、岩波新書)など。

◉秋朝礼恵…あきとも・あやえ…(第1部第2、3、4章)

高崎経済大学経済学部教授・修士（学術）
東京大学経済学部経済学科卒、人事院勤務を経て、早稲田大学大学院社会科学研究科博士後期課程満期退学。
専門：比較社会政策論、地域研究（北欧）。
主著：「スウェーデン・モデル：グローバリゼーションのなかの揺らぎと挑戦」（岡澤憲芙・斉藤弥生編著『スウェーデン・モデル：グローバリゼーション・揺らぎ・挑戦』彩流社、所収）、「財政再建の政治経済学：痛みの分かち合い方」（岡澤憲芙編著『北欧学のフロンティア』ミネルヴァ書房、所収）など。

◉小川有美…おがわ・ありよし…(第2部第1章)

立教大学法学部政治学科教授
東京大学教養学部卒、同大学院法学政治学研究科博士課程単位取得退学（法学修士）。千葉大学法経学部助教授、ノルウェー・ベルゲン大学比較政治学研究科客員研究員。
専門：ヨーロッパ政治論・比較政治学
主著：『ポスト代表制の比較政治―熟議と参加のデモクラシー』（早稲田大学出版部、編著)、『市民社会民主主義への挑戦―ポスト「第三の道」のヨーロッパ政治』(共編著)

日本《にほん》・スウェーデン交流《こうりゅう》150年《ねん》
足跡《そくせき》と今《いま》、そしてこれから

二〇一八年四月二七日　初版第一刷

監修者――岡澤憲芙
編者――日瑞一五〇年委員会©
発行者――竹内淳夫
発行所――株式会社 彩流社
〒102-0071
東京都千代田区富士見2-2-2
電話：03-3234-5931
ファックス：03-3234-5932
E-mail：sairyusha@sairyusha.co.jp
印刷――モリモト印刷（株）
製本――（株）難波製本所
装丁――渡辺将史

Sairyusha

2018, Printed in Japan
ISBN978-4-7791-2460-0 C0020
http://www.sairyusha.co.jp